应急管理理论与实务丛书由暨南大学应急管理研究中心资助出版

本书为 2013 年广东省高等教育教学改革重点项目"基于云计算的 ERP Ⅱ 管理咨询创新人才培养的探索与实践"项目成果

大型复杂信息系统采纳中的应急管理

利用符号资本打开 ERP Ⅱ 黑箱

王惠芬　唐秋鸿　林毓铭　著

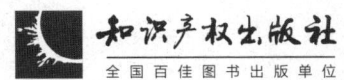

知识产权出版社

全国百佳图书出版单位

图书在版编目（CIP）数据

大型复杂信息系统采纳中的应急管理：利用符号资本打开 ERP II 黑箱/
王惠芬，唐秋鸿，林毓铭著. —北京：知识产权出版社，2014.7

ISBN 978 – 7 – 5130 – 0406 – 0

Ⅰ.①大… Ⅱ.①王…②唐…③林… Ⅲ.①信息系统—研究 Ⅳ.①G202

中国版本图书馆 CIP 数据核字（2014）第 073528 号

内容提要

近 20 年来我国企业在 ERP/ERP II 实施过程中出现了"时髦论""油水分离论"和"喜新厌旧论"等，其中产生了复杂的应急管理事项和象征行为，本书选择广东省某企业关键用户与实施顾问采纳 ERP II 的案例，研究了大型复杂信息系统的应急管理机制及其符号权力交互过程。本书整合社会学领域的布尔迪厄"场域—习性"理论打开了大型复杂信息系统实施成功或者失败的黑箱，并以系统动力学方法模拟仿真了信息系统实施场域的符号权力再生产机制，挖掘了信息系统绩效释放的动态过程。本书揭示了 ERP II 采纳过程中行动者的应急策略和应急实践，挖掘了场域实践中符号再生产过程中的象征行为机理，研究内容和方法超越传统的信息系统"技术"和"社会"之间存在的虚假二元对立。本书首次引入了关系型思维，融合了社会学与符号学方法，对于大型复杂信息系统的应急管理、信息系统设计和实施、信息系统教学和研究有参考作用。

责任编辑： 贺小霞　　　　　　　　　　**责任出版：** 刘译文

大型复杂信息系统采纳中的应急管理
利用符号资本打开 ERP II 黑箱

DAXING FUZA XINXI XITONG CAINAZHONG DE YINGJI GUANLI
LIYONG FUHAO ZIBEN DAKAI ERP II HEIXIANG

王惠芬　唐秋鸿　林毓铭　著

出版发行：知识产权出版社 有限责任公司		网　　址：http：//www. ipph. cn	
社　　址：北京市海淀区马甸南村 1 号		邮　　编：100088	
责编电话：010 – 82000860 转 8129		责编邮箱：2006HeXiaoXia@ sina. com	
发行电话：010 – 82000860 转 8101/8102		发行传真：010 – 82000893/82005070/82000270	
印　　刷：保定市中画美凯印刷有限公司		经　　销：各大网上书店、新华书店及相关专业书店	
开　　本：720mm×1000mm　1/16		印　　张：11.75	
版　　次：2014 年 7 月第 1 版		印　　次：2014 年 7 月第 1 次印刷	
字　　数：200 千字		定　　价：42.00 元	

ISBN 978-7-5130-0406-0

前　言

大型复杂信息系统（IS）在导入组织的过程中引起企业的变革，变革管理中的企业怎样采取应急管理措施一直受到关注，但是 IS 采纳中的应急管理到底涉及哪些权力变革，企业怎样在复杂的实施环境中主导信息系统的最终实现，企业怎样采取应急措施应对 IS 采纳复杂过程，一直是学术界和实践领域的关注课题。

中国企业界在 30 年来的 MRPⅡ/ERP/ERPⅡ实施过程中出现了大量失败案例，大型复杂信息系统的实施也出现诸如"赶时髦""找死论""油水分离""喜新厌旧"等现象。学术界往往把这些失败事件和现象产生的原因归结于某些关键失败因素，如企业员工素质低、一把手工程不到位、软件不适应企业等。然而大型信息系统在某些企业却能取得成功，而且实施存在区域性差异问题。企业在采纳大型信息系统如 MRPⅡ/ERP/ERPⅡ时，同样的软件在不同的企业甚至同一集团下属的不同公司都表现出不同的实施结果，企业采取的应急策略不同导致系统实施结果不一样。此外，即便是在同一个组织，信息系统的应急策略也是随着项目实施的程度及模块的难易程度而变动的。因此，本研究认为，MRPⅡ/ERP/ERPⅡ采纳失败是源于某些关键失败要素不能解释其中复杂的社会技术交互过程，更难以揭示参与其中的行动者的应急行为及其策略，也不能完全揭示 MRPⅡ/ERP/ERPⅡ采纳过程中的复杂权力变革。

本书主要从大型复杂信息系统入手探讨组织场域中的角色地位、角色之间的社会互动问题。信息系统采纳中行动者的应急行为及其象征性表达是如何形成的？这是本书的中心问题。为了说明这一问题，我们在本项研究中选择了位于广东省的 D 市某企业 ERPⅡ采纳为个案进行实地研究，并结合文献资料分析法、无结构访谈法和扎根理论对信息系统实施过程中的应急行为及符号权力作用机制进行了解释：一方面，本书解释了组织为什么能忍受信息系统采纳带来的管理模式巨大变革，并且不惧其他企业信息系统失败带来的影响，艰难地

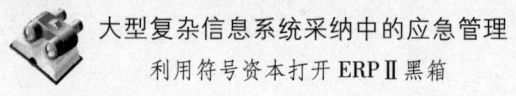
对企业进行改造；另一方面，本书解释了企业进行信息化改造的社会力量是如何形成的，如果将组织看作符号权力场投射的空间，组织又是如何通过它来进行生产性实践的。

本书整合了布尔迪厄"场域—习性"理论以及福柯的权力论，通过分析符号权力形成机制的思路和方法来分析和透视企业实施信息系统过程中的应急行为和策略，从符号权力再生产角度打开企业实施 ERP/ERPⅡ 黑箱。在综合运用场域实践理论的基础之上，本书沿循两条线索对组织 IS 采纳展开阐释：一个是信息系统采纳场域——组织的关系，其背后是符号权力—组织—关键用户之间的关系；另一个是信息系统实践场域——关键用户—顾问实践之间的关系，其背后是符号权力—资本的运作—再生产之间的关系。这两条线索横贯组织实践的时空场域，决定着企业信息系统采纳的成败。

本书中符号权力斗争的场域更多地指向 MRPⅡ/ERP/ERPⅡ 实施的实践场域，它是社会大场域中的一个子场域，这一子场域又与其他的亚场域嵌套在一起，比如顾问群体、关键用户群体、MRPⅡ/ERP/ERPⅡ 厂商群体等。过去 30 年企业主要是 MRPⅡ/ERP 实践，当前企业实施的主要是 ERPⅡ 系统。ERPⅡ 采纳场域具有独特的逻辑：ERPⅡ 的形成受东西方管理思想、管理者的偏好以及管理实践等客观条件的制约；由于偏好带有主观色彩，这一场域既包含纯粹的"客观世界"，又是一个充满各种价值理念的"主观生活世界"。本书将主要以 ERPⅡ 为例揭示大型复杂信息系统的应急管理机制。

首先，本书对 ERPⅡ 采纳的场域进行了分析。在 ERPⅡ 采纳中，信息的控制和资源的动员不是通过企业本身，而是通过顾问和关键用户的交互实践来完成的，正是顾问和关键用户的权力结构组成了 ERPⅡ 采纳的社会空间，即场域。场域中参与符号斗争的行动者不完全是被动的，恰恰是顾问、关键用户和 ERPⅡ 厂商这些职业群体的应急策略和应急实践决定了信息系统实施的成败。

其次，本书分析了符号资本在信息系统采纳中的作用机制。信息系统采纳关系到关键用户的整体利益，这些利益构成了一个复杂的符号网络。关键用户资本的再生产和地位与信息系统之间存在紧密的结构关系。而顾问和关键用户在符号资本、符号权力的运作过程中充满了斗争，而且行动者运用符号权力支配关键用户，从而完成了通过信息系统来控制关键用户的支配方式，使得符号权力得以再生产。因此，符号权力的运作机制是由顾问与关键用户共谋完成的。

　　最后，反观 MRPⅡ/ERP/ERPⅡ实施过程中的"水油分离"乃至"水乳交融"，实际上不是彻底的企业行动者的反抗与沉默，而是充满争执与通融，这一过程极为复杂，不是简单的二元对立所能涵盖的。本书应用布尔迪厄的社会资本实践理论，超越"技术"和"社会"之间存在的虚假二元对立，在象征符号论和社会物质性理论的基础上构建了综合框架，剖析了复杂信息系统引起的实践逻辑变迁，包括人们拥有的符号权力及其角色位置对信息系统采纳的应急机制。

　　研究还发现：组织 IS 采纳过程中充斥着为获取符号权力的实践行为，ERPⅡ就是这些行为的符号表现，目的是获取符号权力，实现超越经济利益之上的资本价值。IS 采纳场域中顾问和关键用户凭借自身的符号资本，拥有相应的地位，形成了不同的互动关系，从而影响到 IS 采纳的绩效。保持顾问和关键用户在资本初值上的一个相对的平衡，可实现顾问和关键用户之间的协同，增进相互学习，使顾问和关键用户双方都可以获得更多的知识，实现"最佳实践"和"企业传统"的趋同融合，提高 IS 采纳的成功率。将这些活动、过程和符号放入 IS 场域进行分析，可以清楚地认识到符号权力的巨大力量，从一定程度上解释我国 30 年来 MRPⅡ/ERP/ERPⅡ应用的困惑。这些困惑的产生大部分根源于没有看到 IS 采纳场域中的符号权力的影响——"时髦论"是企业决策者为追求符号合法性而采购 IS 的结果；"找死论"是由于外部合法性压力而被迫采纳 IS；"油水论"的部分原因是符号权力对顾问和关键用户的共谋行为产生了影响；"喜新厌旧"也是企业为了追求符号权力获得额外象征价值的一种象征行为。

　　本书的创新之处主要体现在：

　　（1）从符号资本角度对大型复杂信息系统采纳的应急机制进行了分析。20 年来，在中国经济高速发展的大场域中，出现了大量企业信息系统实施的失败案例，这是困惑现有理论界很久的现象。大部分学者仅仅从成功或者失败因素上进行研究，忽视了对系统漂移、权力和冲突所带来的应急行为及策略的研究。本书首次运用批判实在论的研究范式，从机制层面研究了信息系统采纳的应急机制。

　　（2）构建了符号权力应急机制理论模型。本书率先结合象征信息学理论和布尔迪厄的实践场域理论剖析 ERPⅡ系统的采纳和实施过程，构建了基于符

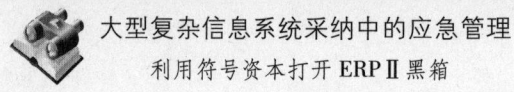

号权力的组织 IS 采纳应急机制研究框架，打开了 ERP/ERP II 的实施黑箱，拓展了信息系统采纳的理论视野，具有一定的理论创新性。

（3）构建了符号权力的生成、影响机制模型，并实现了对案例的仿真。本书构建了符号权力的生成、影响机制模型，分析了符号权力所产生的后果。一方面，通过分析 IS 采纳场域的符号行为和活动过程，找出这些活动背后隐藏的符号价值和产生这些象征价值的符号资本，构建了符号权力的生成机制模型。运用该模型可以解释融入象征性行为的合法性应急机制，从而更好地理解企业信息化采纳中出现的各种漂移问题。另一方面，本书构建了符号权力的影响机制模型，将指导企业重视 IS 采纳的符号行为及象征性需求分析，对企业行动者的符号权力和符号行为进行动态控制。

本书弥补了传统信息系统应急管理对权力和机制研究的不足，使得符号学的行为力量与社会场域的资本力量得到结合。本书把社会学里的实践逻辑引入 IS 实践并与场域资本结合，打开了 IS 采纳过程中符号权力的影响黑箱，使得 IS 研究从传统的组织管理学突围到社会学领域，从大资本角度深挖影响信息系统创新成败的影响机制，可为组织 IS 创新提供新的理论及指导。

目　录

1 绪论 ……………………………………………………… 1
　1.1 本书的写作缘起 ………………………………………… 1
　　1.1.1 大数据时代的社会物质化引领信息系统的本体思考 ……… 1
　　1.1.2 大型复杂信息系统采纳是长期持续的应对过程 ……… 2
　　1.1.3 大型复杂信息系统的实施黑箱难以打开 ……………… 2
　　1.1.4 SAP 画皮门折射出大型复杂信息系统采纳场景
　　　　　在社会、经济、管理和文化上的多重性 ……………… 3
　1.2 我国 30 年来的信息化实践及 MRPⅡ/ERP/ERPⅡ应用历史回顾 ……… 5
　1.3 IS 采纳的传统研究理论——技术采纳模型的不足 …………… 7
　　1.3.1 从批判信息学及社会学视角研究 IS 采纳 ……………… 8
　　1.3.2 本书研究的突破口：大资本理论与信息
　　　　　系统符号交互学的融合 ………………………………… 9
　　1.3.3 本书研究的关键问题 ………………………………… 10
　1.4 本书的研究目的和意义 ………………………………… 12
　　1.4.1 研究目的 ……………………………………………… 12
　　1.4.2 研究意义 ……………………………………………… 12
　1.5 本书的研究方法和思路 ………………………………… 14
　　1.5.1 研究方法 ……………………………………………… 14
　　1.5.2 技术路线 ……………………………………………… 15
　1.6 本书的结构 ……………………………………………… 16
　1.7 本章小结 ………………………………………………… 18

2 国内外 IS 研究综述 ……………………………………… 19
　2.1 介绍 ……………………………………………………… 19

2.2　主要概念界定 ……………………………………………………… 19

　2.2.1　大型复杂信息系统 ……………………………………… 19

　2.2.2　IS 采纳及 IS 应急管理 ………………………………… 21

　2.2.3　符号资本及符号价值 …………………………………… 23

2.3　信息系统概述 ……………………………………………………… 24

2.4　ERPⅡ综述 ………………………………………………………… 28

　2.4.1　ERP/ERPⅡ概述 ………………………………………… 28

　2.4.2　ERP/ERPⅡ发展的几个阶段 ………………………… 29

　2.4.3　ERP/ERPⅡ功能模块 ………………………………… 30

　2.4.4　ERP/ERPⅡ产品的生命周期 ………………………… 32

　2.4.5　ERP/ERPⅡ的重要性 ………………………………… 33

　2.4.6　ERP/ERPⅡ采纳动机及收益 ………………………… 34

　2.4.7　ERP/ERPⅡ采纳中的组织变革 ……………………… 35

　2.4.8　ERP/ERPⅡ研究现状评估 …………………………… 36

2.5　组织 IS 采纳研究综述 …………………………………………… 37

2.6　对 IS 采纳及 IS 应急管理研究现状的讨论 …………………… 41

　2.6.1　符号资本的引入可以帮助我们理解组织

　　　　 IS 应急管理的社会动力所在 …………………………… 41

　2.6.2　打开信息系统实施黑箱可以更清楚地展示

　　　　 符号资本的影响机制 ……………………………………… 42

　2.6.3　研究哲学上需要摆脱二元论思想的禁锢 …………… 42

　2.6.4　研究方法上需要开拓视野，不局限于单一的实证研究 ………… 42

2.7　本章小结 …………………………………………………………… 43

3　基于布尔迪厄实践理论的 IS 应急管理研究框架 ………………… 44

3.1　问题的提出 ………………………………………………………… 44

　3.1.1　《圣经》通天塔 ………………………………………… 44

　3.1.2　为什么是布尔迪厄 ……………………………………… 45

3.2　研究的理论基础 …………………………………………………… 47

　3.2.1　把布尔迪厄社会理论引入 IS 采纳 …………………… 47

　3.2.2　布尔迪厄的实践场域理论 ……………………………… 49

　3.2.3　符号权力的几个突出特点 ……………………………… 56

　　3.2.4　文化资本和符号资本的测度 ···················· 57

　　3.2.5　组织 IS 采纳场域分析 ························ 58

3.3　研究问题 ···································· 62

3.4　研究框架 ···································· 63

3.5　本章小结 ···································· 65

4　研究方法和数据收集 ····························· 66

4.1　研究范式的选择 ································ 66

　　4.1.1　批判实在论引入 IS 实施 ···················· 66

　　4.1.2　跨越实证主义的事件层，把批判实在论的机制引入

　　　　　　IS 系统的实施 ·························· 67

　　4.1.3　从机制和结构层研究符号资本在信息系统应急管理中的作用 ······ 69

　　4.1.4　IS 采纳的应急管理事件层研究是不足的 ··········· 69

　　4.1.5　从机制、结构层研究 IS 采纳中的符号资本交互过程 ···· 70

4.2　研究方法选择：从实证主义走向批判实在论指导下的质性研究 ··· 71

　　4.2.1　用扎根理论获取场域关键变量 ················ 72

　　4.2.2　用系统动力学模型构建扎根理论的关键变量相互作用关系 ··· 73

4.3　质性研究的样本选择 ···························· 75

4.4　数据收集 ···································· 77

　　4.4.1　资料来源 ······························ 77

　　4.4.2　资料收集工作 ·························· 78

4.5　数据分析及软件工具 ···························· 79

　　4.5.1　扎根理论数据分析 ······················ 80

　　4.5.2　系统动力学仿真符号资本在 IS 应急管理中的作用机制 ······· 81

4.6　研究质量的控制 ································ 82

4.7　本章小结 ···································· 84

5　IS 应急管理中符号资本作用机制分析 ··················· 85

5.1　引言 ······································ 85

5.2　OB 公司 ERPⅡ项目概况 ························· 86

　　5.2.1　OB 公司基本情况 ························ 86

　　5.2.2　OB 公司 ERP 采纳历史 ···················· 87

　　5.2.3　项目目标及实施组织情况 ··················· 89

5.3　IS 应急管理场域角色结构分析 ················ 90

5.4　打开黑箱——OB 公司 IS 采纳历程中各种应急事件及象征行为 ······ 93

　　5.4.1　ERPⅡ 厂商采用"最佳管理实践"标榜现代管理模式,

　　　　　　成为 ERPⅡ 软件选型和竞标的应急策略 ·········· 95

　　5.4.2　企业决策者通过"赶时髦"来规避决策风险 ······· 98

　　5.4.3　IS 实施中的各种应急管理事件 ············ 100

5.5　OB 公司应急管理行为中的象征行为分析 ········· 109

5.6　符号权力在 ERPⅡ 应急管理中的作用机制模型 ······ 110

　　5.6.1　核心变量的获取 ················ 110

　　5.6.2　系统动力学模型的构建和阐述 ········· 111

5.7　结论及讨论 ······················ 116

　　5.7.1　作为符号资本的 ERPⅡ 所具有的象征价值 ······ 116

　　5.7.2　符号资本对各角色的象征价值 ·········· 117

　　5.7.3　结论 ························ 118

5.8　本章小结 ······················ 119

6　应急管理的机制分析及仿真 ················ 120

6.1　引言 ························· 120

6.2　OB 项目中不同模块的应急管理事件 ··········· 121

　　6.2.1　财务模块"越俎代庖"的应急管理事件 ······· 122

　　6.2.2　供应链模块"水乳交融"的应急管理事件 ······ 123

　　6.2.3　生产模块"水油分离"的应急管理事件 ······· 124

6.3　OB 项目的应急管理机制分析 ·············· 126

　　6.3.1　应急管理事件追溯 ··············· 126

　　6.3.2　机制分析 ··················· 127

6.4　应急管理事件机制的结构模型 ·············· 128

　　6.4.1　知识资本对 ERPⅡ 采纳活动的影响 ········ 130

　　6.4.2　符号资本对 ERPⅡ 采纳活动的影响 ········ 134

6.5　系统动力学仿真 ··················· 138

　　6.5.1　财务模块"越俎代庖"互动过程模拟 ········ 139

　　6.5.2　供应链模块"水乳交融"互动过程模拟 ······· 142

　　6.5.3　生产模块"水油分离"互动过程模拟 ········ 144

6.5.4 各种不同的资本初值下的角色总体效益仿真 …………… 145

6.6 结论及讨论 ……………………………………………… 146

6.6.1 知识资本决定 IS 采纳效果 …………………………… 147

6.6.2 符号资本影响知识资本的获取 ……………………… 148

6.6.3 顾问和关键用户之间需要资本均衡 ………………… 149

6.6.4 讨论 ……………………………………………………… 149

6.7 本章小结 ………………………………………………… 150

7 结束语 ……………………………………………………………… 151

7.1 主要研究结论 …………………………………………… 152

7.2 创新之处 ………………………………………………… 154

7.2.1 理论创新 ………………………………………………… 154

7.2.2 研究方法创新 …………………………………………… 156

7.2.3 实践创新 ………………………………………………… 156

7.3 研究局限 ………………………………………………… 157

7.4 研究展望 ………………………………………………… 158

7.5 本章小结 ………………………………………………… 158

参考文献 …………………………………………………………… 159

图　目

图 1 - 1　扎根理论研究的程序[17] ……………………………… 15

图 1 - 2　研究的技术路线 ………………………………………… 16

图 2 - 1　信息系统的主要研究流派 ……………………………… 24

图 2 - 2　符号意义三角[73] ………………………………………… 27

图 2 - 3　金字塔研究框架[74] ……………………………………… 27

图 2 - 4　ERP 特性（Uwizeyemungu and Raymond 2004）[87] … 28

图 2 - 5　组织 IS 采纳的研究流派 ……………………………… 37

图 2 - 6　因素研究视角[138] ………………………………………… 38

图 2 - 7　技术流程视角（Sarker 2000）[138] …………………… 39

图 2 - 8　社会技术视角的钻石模型[155] ………………………… 39

图 2 - 9　组织 IS 采纳的社会物质性理论模型 ………………… 41

图 3 - 1　实践场域理论的核心概念 ……………………………… 48

图 3 - 2　再生产的基本模式[173] ………………………………… 50

图 3 - 3　IS 采纳过程中的符号暴力 …………………………… 61

图 3 - 4　组织 IS 采纳实践场域研究框架 ……………………… 64

图 4 - 1　本体的因果层次[197] …………………………………… 67

图 4 - 2　基于 CR 的研究范式 ………………………………… 70

图 4 - 3　研究方法选择 …………………………………………… 72

图 4 - 4　Nvivo 软件界面 ………………………………………… 80

图 4 - 5　Vensim 软件界面 ……………………………………… 82

图 5 - 1　OB 公司组织结构 ……………………………………… 89

图 5 - 2　OB 公司 ERPⅡ采纳场域的主要角色及位置 ………… 91

图 5 - 3　ERPⅡ符号意义的创建过程 …………………………… 94

图 5 - 4　ERPⅡ厂商"最佳实践"神话的象征意义 …………… 97

图 5 – 5　ERPⅡ厂商"创新"神话的象征意义 ……………………… 97

图 5 – 6　ERPⅡ厂商"大学"神话的象征意义 ……………………… 98

图 5 – 7　"赶时髦"的象征意义 …………………………………… 99

图 5 – 8　"一把手工程"的象征意义 ……………………………… 101

图 5 – 9　用户提出"个性化需求"的象征意义 …………………… 103

图 5 – 10　顾问配置系统的象征意义 ……………………………… 104

图 5 – 11　顾问获取权威的象征意义 ……………………………… 107

图 5 – 12　顾问运用做人策略的象征意义 ………………………… 108

图 5 – 13　ERPⅡ的象征价值形成过程 …………………………… 109

图 5 – 14　符号资本的生成机制模型 ……………………………… 111

图 5 – 15　ERPⅡ厂商符号资本增强机制 ………………………… 112

图 5 – 16　企业的符号资本生成机制 ……………………………… 113

图 5 – 17　用户符号资本调节机制 ………………………………… 115

图 5 – 18　顾问符号资本增强机制 ………………………………… 115

图 5 – 19　主要角色的象征行为及象征意义 ……………………… 117

图 6 – 1　财务模块实施的互动过程 ……………………………… 123

图 6 – 2　供应链模块实施的互动过程 …………………………… 124

图 6 – 3　生产模块实施的互动过程 ……………………………… 125

图 6 – 4　构建意义的互动机制 …………………………………… 127

图 6 – 5　符号资本影响机制模型 ………………………………… 129

图 6 – 6　财务模块实施互动模拟结果 …………………………… 139

图 6 – 7　财务模块人事变动模拟结果 …………………………… 141

图 6 – 8　供应链模块实施互动模拟结果 ………………………… 142

图 6 – 9　供应链模块人事变动模拟结果 ………………………… 143

图 6 – 10　生产模块实施互动模拟结果 …………………………… 144

表 目

表 2 – 1　大型信息系统的关键特性[26] ……………………………………　21

表 2 – 2　ERP Ⅱ 概念框架 …………………………………………………　31

表 4 – 1　机制定义 …………………………………………………………　68

表 4 – 2　OB 公司资料收集概况 ……………………………………………　79

表 4 – 3　公司访谈活动小结 ………………………………………………　79

表 5 – 1　OB 企业的关键用户来源 …………………………………………　92

表 5 – 2　本研究关注的行动者角色 ………………………………………　93

表 5 – 3　象征行为的象征意义对比 ………………………………………　109

表 5 – 4　OB 项目场域中的原始文本及代码抽取 ………………………　110

表 6 – 1　OB 项目中不同模块的应急管理过程总结 ……………………　126

表 6 – 2　各种资本初值下的总实践收益 …………………………………　145

第1章 绪 论

1.1 本书的写作缘起

1.1.1 大数据时代的社会物质化引领信息系统的本体思考

信息技术已经彻底渗透并融合到现实社会中，各种新型信息技术正在加速改变现实社会。进入大数据时代，人们更加关注数据背后反映的生活方式及个人风格，正是人们的社会生活规律映射到大数据上促进了企业把握消费行为的规律。例如，零售领域的淘宝、亚马逊、天猫、京东商城等各类电子商务业务交易量和交易金额呈爆炸式增长，仅在 2012 年 11 月 11 日这一天，淘宝网"11·11"购物节支付宝总销售额已经达到 191 亿元，其中天猫 132 亿元，淘宝 59 亿元。[1] 由此可以看出，信息技术支持下的商业模式是跨产业链的融合模式，是集结社会、经济、管理、文化的集成化商业模式，企业利用信息系统实现线上与线下电子商务的融合反映出人们社会生活的本来面目，给传统的零售卖场、金融业、制造业、文化业带来了巨大的冲击。

面对经济全球化和信息化这一不可逆转的趋势，社会上的各类组织（如企业、政府机构）在这波信息化浪潮中希望采纳先进的信息技术来实现流程优化、数据透明、缩减业务成本、提高客户响应能力和提高战略决策能力。[2] 组织开始将大约 50% 新的资本投资用于信息技术。[6] 在这一进程中，信息技术为社会、个人、企业、组织提供了便捷的生活方式，社会物质化趋势促使信息系统 IS（Information System，IS）的研究和应用需要跨越社会学、管理学、经济学、心理学等学科的研究，需要在科学哲学上对信息系统的本体进行重新思考。

1

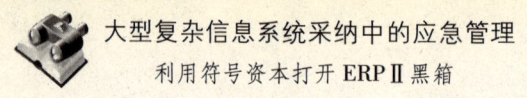
1.1.2 大型复杂信息系统采纳是长期持续的应对过程

为了成功实现信息技术采纳，组织不仅仅需要投入巨大的资源，包括软硬件投入、管理咨询和培训成本，还需要对组织现有流程进行改进。一方面，信息系统 IS 成为组织的一种核心资源[3,4]，帮助组织提高效率、降低成本，促进企业加强与合作伙伴的联系，提高企业核心竞争力。另一方面，信息系统的实施使得组织需要面对项目失败所带来的巨大灾难性溢出效果。[5]这些负面效果包括诸如经济损失、管理混乱、声誉下降等。

此外，信息技术自身的不断进步和更新换代也对组织 IS 采纳造成了严重的影响。例如，作为大型复杂信息系统的代表 ERP（Enterprise Resource Planning）系统从 20 世纪 80 年代的 MRP II（Manufacturing Resource Planning）的起源开始，企业持续采纳一般经历达 10 年的持续过程。随着信息技术复杂程度的增加，尤其是 ERP II（Extended Enterprise Resource Planning）的出现，IS 对于组织的诸多方面如供应链管理、供应商关系管理、客户关系管理和企业日常运作管理显得越来越重要。[7]这使得组织对新信息技术的吸收能力——如何顺利导入大型复杂信息系统并与组织实现无缝融合成为学术界日益关注的焦点。

大型复杂信息系统在导入组织的过程中引起企业的变革，而在变革管理中企业怎样采取应急管理措施一直受到关注，但是 IS 采纳中的应急管理到底涉及哪些权力变革，企业怎样在复杂的实施环境中主导信息系统的最终实现，企业怎样采取应急措施应对 IS 采纳的复杂过程，一直是学术界和实践领域关注的课题。

1.1.3 大型复杂信息系统的实施黑箱难以打开

过去 30 多年来，碍于中国人的情面和关系，我国企业 IS 采纳的失败案例一直难以得到公开公正的对待，一旦掀开就会引起轩然大波，导致 ERP/ERP II 实施过程的黑箱难以打开。2009 年的 SAP 画皮门事件（参考附录一）揭开了大型复杂信息系统实施过程的黑幕，在管理咨询和软件企业引起了极大的反响。但是，SAP 画皮门没有深描 ERP/ERP II 软件实施过程中咨询顾问与企业关键用户的交互过程，没有挖掘 SAP 系统配置和业务流程更改难以执行到位的本质原因。咨询顾问与企业采取了哪些应急行为导致系统最终走向并不清楚。

　　传统的 ERP 实施方法论强调企业需要管理变革和业务流程重组，但是 IS 采纳中涉及的权力变革甚至政治斗争一直是讳莫如深的黑箱，对于"手术很成功，病人却死了"的 IS 采纳失败问题更是众说纷纭，莫衷一是。

　　从下面典型的 SAP 画皮门事件可以看到大型复杂信息系统的场域广泛性、资本多样性及习性多重性。

1.1.4　SAP 画皮门折射出大型复杂信息系统采纳场景在社会、经济、管理和文化上的多重性

　　2009 年 8 月 3 日 13:07，2009 年 8 月 3 日《计算机世界》的记者陈淑娟以"画皮 SAP：世界最大软件公司的中国真相"为题目披露了大型复杂信息系统尤其是 ERP 系统在中国的实施现状，包括成功与不成功背后的光环、艰辛与多方博弈，使得信息系统的象征价值、实施过程的复杂以及实施顾问的作用凸显出来。

　　SAP 进入中国 20 年来，伴随着中国信息化的步伐，为中国企业的管理转型发挥了巨大的作用，但是 SAP 也存在异议。一方面，包括行业中最有影响力的标杆企业在内的用户从未停止过抱怨；另一方面，竞争对手、分析师、用户又纷纷坦言 SAP 的产品确实非常好。这个悖论的背后，真相何在？撕下美丽的"画皮"，SAP 中国到底是什么模样？

　　(1) SAP 代表企业的身份和地位，SAP 服务于世界 500 强中 80% 的企业，不选 SAP 又选谁？

　　有些企业用 SAP 就好像人买奢侈品一样，是用来充门面、显示身份与地位的。同时，这些人也存在一种心理假设，认为最贵的产品总不会出问题。多次采访钢铁企业、对 SAP 有很深了解的一位同行表示，用 SAP 产品对提升企业形象有很大的帮助，这意味着公司达到了规模化、集团化，有了一定的实力。"如果两家企业的老板碰上了，相互一交流，一个用国产的 ERP 软件，一个用 SAP 的软件，差别会很大"。上海机床厂所属的上海电气集团正在推广 SAP，上海机床厂信息技术部的相关人士告诉记者，上海电气集团甚至没有选型就直接决定采用 SAP，理由是上海电气要做世界 500 强企业，而 SAP 服务于世界 500 强中 80% 的企业，不选 SAP 又选谁呢？

　　(2) 碍于情面，实施失败不愿公开。SAP 在中国有一份长长的客户名单，

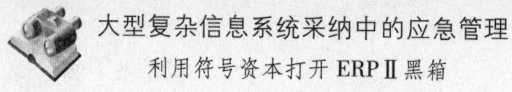
经常有一些客户在媒体上大谈 SAP 的应用如何成功。不为人知的是，用 SAP 用得很痛苦的企业名单也很长，只是这些信息都没有被公开。光环如此耀眼，以致很多花费了上千万元甚至数亿元来实施 My SAP 的中国用户都不愿意承认软件的实际应用并不成功，尽管私底下他们经常抱怨，后悔，甚至准备投诉。

采访中，很多受访者不约而同地提到了一个观点：中国的用户太不成熟，才会盲目地选择 SAP。A 先生表示，他参与的国内 SAP 项目几乎都有问题，比如报喜鸟、内蒙古伊泰等。中国电信几亿元的项目，最后只实施了成本模块、财务模块、项目管理等模块。"SAP 产品最好的地方应该是生产计划模块，估计国内 50% 的客户都没用起来。如果像中国电信这样只实施这几个小模块，国内 ERP 软件完全可以满足它的要求。"A 先生说。

"SAP 这么有名，失败肯定是自己的问题，说失败就像自己打自己嘴巴一样，所以很少有用户公开承认自己实施 SAP 失败了。"

（3）实施过程中的黑箱难以打开，多方博弈的细节未知。SAP 的参数设置实际上包括了软件的底层数据结构，功能较强，但实施非常复杂，不够灵活。如果企业的业务需要调整，就会涉及非常多的底层数据设置、参数和规则的调整，甚至可能影响已有的业务数据。这意味着用户需要自己拥有一支了解 SAP 产品以及公司业务的技术团队。而 SAP 产品的复杂性导致技术人员很难掌握 SAP 产品的内核，人才培养很困难，即便培养出来了，SAP 实施顾问的高收入又诱惑了这些人员的流失，导致很多用户不得不依赖于 SAP 的服务。

挑选实施公司时，一般看其实施成功率、在业界实施过哪些企业、有多少顾问、顾问的从业经验等。像这样自己有判断能力的客户还好说，大多数客户没有这个能力，SAP 推荐谁就选择谁，很容易就被忽悠了。管理软件实施过程中的多方博弈，将失败案例的影响降到最低。随着 SAP 在中国的名气越来越大，SAP 中国的客户名单越来越长，其中不乏一些非常知名的企业，加上很少有客户公开表示实施 SAP 失败，这些都助长了 SAP 的正面形象。

"很多实施公司仅仅因为与 SAP 关系好，所以接了实施的单子，还有很多顾问刚刚学到 SAP 软件的皮毛，就成为专家了，由这些所谓的专家去给客户实施，结果难以想象。"

（4）软件产品复杂，实施公司和实施顾问水平的参差不齐导致了实施的失败。当然，无论是用户还是咨询公司，都不否认 SAP 的产品非常好，是实施公司和实施顾问水平的参差不齐导致了实施的失败。

实施复杂,与 SAP 本身产品的复杂性不无关系。SAP 的 My SAP 产品通过复杂的参数表、层层定义来实现各种功能。系统可以通过 6000 个"开关"设置调整软件的业务流程。SAP 软件的参数设置非常复杂,例如对采购订单下达的过程进行管理,SAP 需要预先定义,先定义订单特征码,再定义相应的特征、分类、下达组、下达编码、下达标志、下达策略、工作流标志等,再通过一系列规则表值的设置,才能实现采购订单批准下达的过程。如果需要修改订单下达过程,用户必须从订单特征码开始修改。

虽然 SAP 号称产品里预置了很多功能,但还是需要做很多客户化的工作,用户上线测试发现很多功能实现不了时,就认为是实施公司服务不到位。如果进一步做更多的开发,用户需要付更多的钱。也就是说,用户花 80 万元买产品,结果却要花几百万元来实施,SAP 把这个大包袱甩给了实施公司。最后,很多实施商只能收回一部分预付款,导致国内实施 All – in – one 的企业生存异常艰难。

1.2 我国 30 年来的信息化实践及 MRP Ⅱ/ERP/ERP Ⅱ 应用历史回顾

SAP 画皮门事件仅仅是我国信息化实践中的缩影,回顾我国近 30 年来的 MRP Ⅱ/ERP/ERP Ⅱ 应用实践发现,企业在复杂的社会经济环境中一直在探索和实践信息化,其中发生过可歌可泣的成功故事,培养了金蝶、用友等国产软件公司,推动了我国的企业管理现代化进程;同时,也发生了许多令人困惑的实施难题,这些难题也曾经深深困惑着我们的跟踪研究。回顾我国 MRP Ⅱ/ERP/ERP Ⅱ 的应用历程可以发现,企业的管理信息化经历了以下四种典型的 IS 采纳历程,从中反映出组织 IS 采纳场景的复杂和企业应对措施的广泛。

第一阶段:20 世纪 90 年代追时髦的三个三分之一论。

20 世纪 80 年代到 90 年代中期,我国某些企业一窝蜂地上 MRP Ⅱ 系统,北京机械工业自动化研究所蒋明炜专家提出了"国外 MRP Ⅱ 软件三分之一可用,三分之一修改后可用,三分之一不可用"的"三个三分之一"论。我国企业在 MRP Ⅱ 应用过程中进行了艰难的探索,在信息系统的实施中看到了市场经济的本质——按需定产。

蒋明炜专家指出:"早在 20 世纪 80 年代中期,中国企业刚刚从计划经济的桎梏中解放出来，市场经济远没有建立，对国有企业的指令性计划仍占主流，物资短缺的情况十分严重，企业物资采购仍然依靠一年两次的订货会议，人们称它为'骡马大会'，国家为企业分配采购指标。在短缺经济的年代里，供应商是上帝，客户是'孙子'，谁能买到材料就是本事。所以，那时我们的MRP只能编制自制件的计划和外购件的投产计划，根本不能编制采购计划，更不要说准时生产了。在那个年代主要产品生产仍是国家指令性计划，价格也是国家规定的，那时企业没有销售部门，而是计划部，所以销售管理也是在80年代后期才有了需求。那时中国的财务管理也远没有像今天这样规范，一部分企业采用借贷记账，另一部分企业使用增减记账，主要财务报表也没有像今天这样与国际标准接轨。所以，那时国外标准 MRPⅡ软件在中国的应用确实存在需求不匹配的问题。'三个三分之一'的观点正是在这样的历史条件下提出来的。至今我仍然认为在当时的历史条件下这个论点是正确的。"

20世纪80～90年代的国内环境导致某些企业尤其是大型国有企业花巨资引进国外的 MRPⅡ系统，使用起来的功能却不多，追时髦导致信息系统采纳结果跟企业预想的结果并不一致。信息系统实施中，哪些因素导致了信息系统的漂移？怎样的实施过程导致了最终的系统实施漂移三分之二？

第二阶段：20世纪90年代末期的上 ERP "找死论"。

20世纪90年代末期我国某些企业一窝蜂地上 ERP 系统，出现了"实施ERP 热"[8]：看到别的企业上，自己企业也跟着上。"实施 ERP 热"引出了联想总裁柳传志的名言："不上 ERP 是等死，上 ERP 是找死。""找死论"凸显了我国企业上 ERP 的急迫，国有企业及软件公司对 ERP 管理理念和方法的普及使得企业认识到上 ERP 是企业现代化管理的必经之路，知道找死还要上。但是，这些 ERP 采纳行为被海尔总裁张瑞敏认为90%是失败的。

第三阶段：2003年以后10多年的"水油分离"到"水乳交融"论。

从2003年开始，中国企业和 ERP 软件公司在 ERP 之路上经过一系列的艰苦磨难终于化蛹为蝶，十几年来的 ERP 实践使得企业进入与 ERP 软件公司的"水乳交融"时期。如同水油论的提出者海尔总裁张瑞敏所言：海尔十二年来ERP 的采纳过程经历了从摩擦到磨合、从水油分离到水乳交融的阶段。刚开始引进 ERP 时，只是好看却并不好用，后来经过磨合，海尔现在已经离不开ERP 了。[9]

海尔的 ERP 之路是一个怎样的水油分离到水乳交融过程？海尔 ERP 采纳

中采取了哪些应急行为和措施来应对暂时的失败？ERP 是怎样嵌入企业的日常工作中的？企业的习性 10 年来有哪些变更？

第四阶段：2013 年换系统的"喜新厌旧"论。

当前，企业投资 ERP 更关注企业的成长性，为了赴国外上市或者适合国际 IT 审计的需要，在企业升级或采纳新的 ERP 系统。企业往往放弃原有的使用还不错的 ERP 系统，为了上市，不惜血本采用国际认可的 SAP 或者 ORACLE 公司的 ERPⅡ系统。例如，2012 年上半年，SAP 就获得了同比增长超过 30% 的好业绩。[10]走向国际运作的上市公司跟随国际管理机制趋同的大趋势，采用了不同文化背景下的信息系统，如何应对这种文化迥异的信息系统带来的管理机制的切换和转变，也是信息系统采纳应急管理的主要问题所在。

1.3　IS 采纳的传统研究理论——技术采纳模型的不足

20 世纪七八十年代学术界开始产生了 IS 采纳的研究，IS 领域顶尖期刊如 MIS Quarterly、Journal of Management Information Systems、Information & Management、Information System Research 等每年都刊载大量研究不同情景下的 IS 采纳问题的文章。IS 采纳尤其是 Davis 提出的技术采纳模型（Technology Acceptance Model，TAM）[11]已经在欧美国家得到广泛应用，为组织在 IS 采纳过程中应对管理变革和员工接受提供了较好的指导。以 TAM 为基础的相关研究是当前国内研究 IS 采纳和使用的主要模型，在电子商务的 IS 采纳方面有扩展模型。

但是，技术采纳模型并没有解决所有问题，尤其难以解释 IS 采纳失败的深刻根源。例如，ERP 的实施过程中经常因为咨询顾问的知识水平及影响力不足而导致用户的抵制，使得业务流程未得到足够的优化，从而出现"新瓶装旧酒"的现象，导致企业并没有获得 IS 采纳的最大好处。一些研究显示，超过 70% 的 ERP 实施未能取得他们预估的效益。[12]2011 年 11 月 15 日，海尔董事局主席张瑞敏在 SAP 全球最高级别的盛会——SAP 中国商业同略会暨全球技术研发者大会上感叹道：中国企业采用 ERP 失败的主要原因是企业管理和 IS 之间处于一种"水油分离"的状态。[9]这种"水油分离"的现象可以用技术采纳模型描述，但是难以说明为什么会产生"水油分离"。

由于对此类问题的研究存在盲区，没有很好的理论可以清楚解释此类困惑

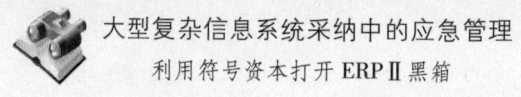

了企业家很久的问题。此外，国内外大量研究指出，信息技术本身并不能给企业带来价值和竞争优势，只有当信息技术和信息系统真正被内化为稀有的、不可模仿的、不可转移的企业资源时，才能成为企业的核心能力，带给企业可持续的竞争优势。这种优势的获得要通过信息系统内嵌的管理符号与组织原有符号的不断磨合、调适和创新来实现。信息系统本质上不只是作为一种技术平台引入企业，信息系统内嵌的管理思想必须与企业战略、业务流程、组织体系、组织结构、人员素质、组织文化等符号系统相互协调和对应才能形成企业能力。而不同的企业处于不同的发展阶段，采用不同的 ERP 系统，由不同的咨询公司实施，这种协调和对应关系是不同的，这也是很多 ERP 失败的原因。因此，为防止或应对组织 IS 采纳失败造成的各种恶劣影响，本书立足于 IS 采纳过程，从符号权力及其作用机制的视角入手，分析如何协调信息技术与具体企业管理结合的过程，不仅有助于研究者深刻地理解 IS 采纳过程中行动者采取应急行为的类型和措施，而且对企业在应急行为背后的象征意义和权力机制进行了分析，能够促进企业更有效地应对信息系统采纳的失败风险。

1.3.1 从批判信息学及社会学视角研究 IS 采纳

组织 IS 采纳过程中出现的困惑、问题和现象并非我国独有，这也是国外 IS 学者非常关注组织 IS 采纳的根本原因。IS 采纳的社会学问题也是国外信息系统研究者感兴趣的问题，尤其是批判信息学流派的学者对信息系统在权力变革、社会统治等方面的研究很有见地。但是，批判信息学领域的研究成果在国内并不多见。目前，国外学术界高度重视将社会学、符号学、心理学等领域的理论用于信息系统的研究，学者们试图从经济学、管理学之外研究 IS 采纳出现的社会和经济问题。这种趋势也表现在文献资料的发表上，仅 2010 ~ 2012 年，管理科学类的顶尖期刊 MIS Quarterly 就发布了多个专辑，号召大家将社会物质性理论、批判现实理论、符号理论引入 IS 研究。

社会学研究显然已成为目前西方主流 IS 研究者关注的重点之一。总体看来，这些研究特别是其中的符号交互性研究主要关注技术与行动者的行为特性的互动影响，关注 IS 实践中行动者的符号作用过程。但是，把社会学研究中的符号系统与信息系统符号交互理论进行结合的研究还没有，难以把握行动者所在场域及其资本的多寡对行为动机及其习性的变化。

1.3.2 本书研究的突破口: 大资本理论与信息系统符号交互学的 融合

传统的研究主要从过程和因果要素方面关注组织 IS 采纳的交互, 行动者 交互理论 ANT 和社会物质化理论关注行动者与物质的交互不可分离性, 但是 缺乏从权力角度对行动者行为的动机、抵制和接受进行研究, 对涌现的行动者 网络及交互的执行绩效缺乏从资本尤其是象征价值的研究。虽然符号交互论和 社会结构论也提到从文化、社会角度关注组织 IS 采纳, 但是主要把文化和社 会作为外部环境或者研究的场景, 而没有把文化本身作为资本, 没有把场景本 身作为资本作用的对象, 没有突破场景与对象作用的主客分离思路。

通过研究国外社会科学哲学尤其是布尔迪厄的主客二重性, 研究者发现把 资本尤其是符号资本的作用引入 IS 采纳可以破解 IS 采纳的诸多难题。本书的 研究重点就是把社会学的大资本实践论和符号交互学相融合, 提出信息系统采 纳的象征信息学理论, 从象征信息学角度剖析 IS 采纳的应急事件产生的根本 原因及其象征价值。

此外, 虽然 IS 领域的社会符号学研究在 20 世纪 60 年代早期已经开始, 但是并没有成为 IS 研究的主流。李提伦 (2004) 分析了语言行动视角的信息 系统未成为主流的原因: 不是进行功能性的研究语言。[13] 这其中的深刻原因是 没有对语言符号的权力作用进行分析。布尔迪厄说语言即权力, 本书对语言从 功能性上升到权力性进行了分析, 对语言权力尤其是符号权力进行了深刻 研究。

研究象征信息学本身就是研究信息作为象征的理论和实践。信息系统作为 象征系统, 是指信息系统是被人类赋予价值的符号系统。信息系统除了本身所 指的软硬件等客观实体外, 还有信息系统符号所指的本质性功能, 这些功能是 信息系统的解释者对信息系统赋予的价值。信息系统的解释者只有拥有符号资 本才可以拥有对信息系统的命名权, 这些符号资本用于的符号权力可以用来赋 予信息系统功能性价值, 而功能性价值的实现产生出象征价值。象征信息学就 是把研究信息系统作为象征来进行实践的科学, 研究人类赋予信息系统象征, 并把象征嵌入信息系统的实践过程, 重点研究信息系统的设计、实施和使用过 程中符合资本的作用并最终产生象征价值的过程。

通过过去 20 多年来跟踪研究我国 MRP Ⅱ/ERP/ERP Ⅱ 的理论和实践发现,

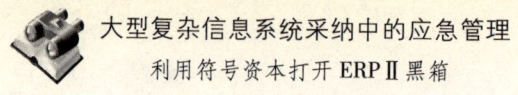
仅仅从经济学、管理学、心理学等领域难以找到我国大型信息系统采纳过程中遇到的问题的答案，研究者深刻体会到以上的"三个三分之一论""找死论""水乳交融论""喜新厌旧论"这一系列现象的背后有相关的作用规律。通过对布尔迪厄符号权力的研究可以发现，信息系统作为符号本身就是权力，信息系统作为权力的化身或者神话具有象征意义。我国企业 30 年来在 IS 采纳中发生的一系列应急行为可以从象征信息学领域找到解释。

信息作为符号和象征是符号学领域的研究重点，符号权力是社会学研究的范畴，二者的结合使得我们对信息系统的研究深入到权力层次。符号权力是指行动者拥有符号资本后获得象征价值的权力，通俗地讲就是用符号来指定某东西的权力，即命名权。命名权可以通过对某样东西的命名而获得超越正常经济收益之外的额外象征价值。获得命名权的资格需要符合资本的支撑，符号权力是符号资本的作用力。而符号资本是建立在知识和认可实践逻辑基础上的特权、声名、神圣性或荣誉的累积程度。

通过对符号权力因素对组织 IS 采纳的影响机制的分析，我们可以了解到组织为什么要甘于冒险花费巨大代价来上线这些与组织"水油分离"的 ERP 系统，分析出导致了 IS 和组织的"水油分离"产生系统实施漂移的原因。然而符号权力属于社会学研究范畴，相关的研究在国内 IS 学术界比较罕见，部分原因可能是因为社会学领域和 IS 领域之间存在研究范式的鸿沟。对 IS 领域的专家而言，社会学的研究范式定性有余而定量不足；而社会学领域的专家缺乏 IS 的相关知识，故鲜有学者对影响 IS 采纳效果的社会行为所造成的涌现事件，尤其是"符号权力"所导致的社会事件进行深入研究。现有文献也很少有对组织 IS 采纳过程中行动者进行的各种社会行为造成的应急机制进行梳理的成果。

本书通过对过去 20 年来 MRPⅡ/ERP/ERPⅡ 的研究重新进行梳理，结合国外流行的信息系统研究理论，以某典型企业 ERPⅡ 实施互动为例打开组织 IS 采纳过程的黑箱，来研究影响我国企业 ERP 采纳和管理变革的应急问题，对我国 20 年来在 MRPⅡ/ERP/ERPⅡ 采纳领域的理论和实践进行重新审视，挖掘符号权力对企业组织 IS 采纳的作用机制，并对其中的实践规律进行了总结和理论提升。

1.3.3 本书研究的关键问题

布尔迪厄认为场域中的行动者的行为习性可以用实践逻辑来解释，因为行动者的行为习性是不能直接表现出来的。另外，某些有意识的表现虽然不能够直接接触，但是可以通过揭示行为者的习性及其社会性的构建来把握行为的认知性（Bourdieu，1997）。[15] 本书引入布尔迪厄的实践场域理论对一个案例进行扎根理论分析，为了分析出信息系统采纳过程中风险产生的机制，本书构建了信息系统采纳过程中的符号权力影响机制并进行了系统仿真。本书的研究重点解决以下几个突出问题：

（1）在现有的文献中，研究者尚未查到利用布尔迪厄场域理论进行 IS 采纳研究的成果，如何构建一整套理论框架，用场域中的实践逻辑而不是表面的事件联系把组织 IS 采纳过程中的各个要素纳入 IS 实施游戏，对信息系统采纳过程中的符号权力作用机制进行研究，是一种全新的尝试和挑战。

（2）符号权力具有一定的隐蔽性，如何对 IS 采纳过程中的象征行为进行分析，挖掘符号权力的作用机制，是本书的难点所在。

（3）用资本结构和总量的多少以及行动者习性的生成而不是环境与个体对立的二元模型解释符号权力在 ERP Ⅱ 采纳过程中的作用机制是一种复杂、动态的交互过程，如何构造这种影响机制模型，并使用系统动力学工具进行仿真，也是本书的突破之处。

本书研究的两个核心问题，一个是通过分析信息系统应急管理场域—组织的关系，深入符号权力—组织—关键用户之间的关系，挖掘符号权力是怎样影响组织的 IS 采纳，从而造成 IS 采纳的应急行为。另一个是分析信息系统应急管理场域—关键用户—顾问实践之间的关系，挖掘其背后符号权力—资本的运作—习性再生产之间的关系，了解符号权力在实施中起作用的机制。

本书将通过对信息系统社会认同的象征行为进行分析，把组织 IS 应急管理研究从传统的管理因素分析、流程研究、经济学绩效评价拓展到权力机制。

在研究方法上，本书在国内首次以批判实在论的视角对信息系统采用“主位的”和“动态的”研究方法。本书不但采用社会学的扎根理论、案例研究方法，而且运用系统动力学建模方法深入挖掘组织采纳 ERP Ⅱ 过程中存在的各种象征行为产生机制。与传统的“客位的”研究方法不同，研究将针对 IS 应急管理场域中各角色的资本差异来区分不同象征意义和实施机制，从而在组织信息系统采纳的方法论和理论上有所突破，开创了象征信息学在国内外 IS 采纳领域和应急管理领域研究的先河。

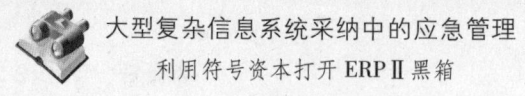

1.4 本书的研究目的和意义

1.4.1 研究目的

传统的研究方法对企业 IS 采纳中的应急管理难以从权力变革的角度进行分析，对于 IS 采纳过程中的应急事项及其处理措施主要是从认知和活动层面进行分析，难以深刻剖析权力结构及其作用场域。

在信息系统应急管理领域，可以借鉴 CR 方法剖析复杂信息系统引起的社会逻辑变迁，包括人们拥有的符号权力、社会场域中的位置变迁、习性的改变，还包括由于对信息系统嵌入的权力结构的抵抗和顺从导致的应急态度和生活习性的更迭，这些深刻影响人们在信息系统采纳中的应急行为。本书对信息系统采纳过程中人们难以察觉的符号权力进行了机制研究，从符号权力的角度对组织 IS 采纳过程的应急行为进行深描，彰显符号权力如何影响组织 IS 采纳过程中各角色的象征行为及象征意义，并最终提出符号权力在复杂信息系统实施过程中的作用机制模型。

研究目标如下：

探索符号权力如何影响组织 IS 采纳，从社会学领域来理解、说明和解释大型复杂信息系统的采纳过程如何受符号权力等社会因素影响。

对信息系统采用"主位的"研究方法，将理所当然的技术决定论和社会建构论结合起来，设计一个组织 IS 应急管理场域中符号权力影响下行动者互动机制模型，并进行系统仿真，对大型复杂信息系统尤其是 ERP Ⅱ 系统的采纳提出应急管理借鉴。

1.4.2 研究意义

国外在批判信息学领域对 IS 系统的意义及构建进行了批判性审视，但是把布尔迪厄的符号资本及其符号权力相结合进行研究的深度还不够，尤其在 IS 采纳的应急管理领域没有对符号权力的作用机制进行批判性研究。从批判实在论角度思考大型复杂信息系统的实施可以改变应急事件管理的观察角度，理解、把握、看待问题的方式可以从信息系统价值、实施过程、实施条件、实施逻辑层层深入，进入机制和结构层，对信息系统调节权力关系所涌现的应急事件及应急活动进行根源分析，对符号权力在界定信息系统实施理念、定义实施规则、调节和分配企业权力、释放象征价值中的作用机制进行剖析。

本书结合批判实在论及布尔迪厄的符号资本进行应急管理研究，主要是把批判信息学引入我国，而且希望把研究的范式从传统的实证研究引入质性研究，对个案的信息系统采纳黑箱进行深描。本书结合我们跟踪研究我国 20 年来 MRPⅡ/ERP/ERPⅡ理论与实践的成果，率先采纳象征符号学及社会实践学理论研究 IS 采纳的应急管理问题，具有以下理论和实践意义：

（1）把传统的 IS 采纳应急管理从管理学、经济学、信息学领域引入更广阔的社会学领域，跨越传统的主客分离、宏观微观分离的二分法思维，采用关系型分析模式分析 IS 采纳。20 年来，在中国经济高速发展的大场域中，出现了大量企业信息系统实施的失败案例，这是困惑理论界很久的现象，需要研究者打破思维惯性，构建全新的研究哲学和研究范式，对企业 IS 的组织采纳规律和采纳过程进行深入的动态研究。本书率先结合象征行为理论和布尔迪厄的社会学理论剖析 ERPⅡ系统的采纳和实施过程，拓展了信息系统采纳的理论视野，具有一定的理论创新性。

（2）本书在国内率先把批判实在论（Critical Realism，CR）[14]的科学研究范式引入信息系统研究领域，从 CR 角度来解释产生 IS 采纳的应急事件涌现及符号权力作用机制，为破解 IS 采纳失败率高的难题提供了新的理论解释，填补了信息系统在哲学思维方面的研究断层，能够促进国内外大型复杂信息系统的研究更加关注哲学基础，使得西方近 10 年来的哲学语言学转向及批判实在论在我国的 IS 采纳理论和实践研究领域得到传播，把大型复杂信息系统的采纳从现象导向研究转向机制导向研究，推动大数据时代下的 IS 哲学思考。

（3）尝试用系统动力学对组织 IS 采纳风险产生过程进行动态仿真和行为分析。对于普遍存在的同样的信息技术产生不同的应用效果这一现象，国内外学者在深入研究后得出的研究结论都将该过程归结于文化，但因其自身的概念复杂性以及难以测量，研究一直停留在理论探索阶段。本书引入系统动力学模型对该过程进行了动态分析和模拟，方法应用上有一定的创新。

（4）组织 IS 场域的构建具有不同的经济、文化、社会和符号资本的行动者，综合运用符号资本和知识资本行使符号权力的动态过程，本书构建了

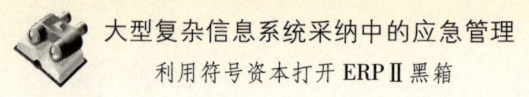

符号资本的影响机制模型。模型将指导企业重视 IS 采纳的象征行为及象征性需求分析，制定相应的应急措施来对企业行动者的采纳行为进行动态控制。

1.5 本书的研究方法和思路

1.5.1 研究方法

本书所选用的方法简介如下：

（1）文献研究。文献综述是学术研究的重要方法之一，其目的是总结前人研究成果，在此基础上定位本书的研究，并界定本书的研究问题。文献综述是理论推导和演绎以及创新的前提和基础。[16]本书先针对"信息系统""ERP""IS 采纳""布尔迪厄"等主题进行文献综述，对国内外核心期刊在信息管理领域的相关研究文献进行详细跟踪研究，总结现有 IS 采纳的主要研究理论、研究结论、发展趋势和研究断层，提出本书的研究定位和主要研究问题。

（2）扎根理论。[17]扎根理论研究是定性研究方法的一种，以研究者本人作为研究工具，在自然情景下采用多种资料收集方法，通过资料的收集与检验的连续过程，对社会现象进行整体性探究。扎根理论方法主要使用归纳法分析资料，将研究现象相同的特质归纳出更抽象的概念，若发现有不同特质，则可探究造成差异的情境或结构因素，在此基础上形成理论。扎根理论是通过与研究对象互动并对其行为和意义进行建构而获得的解释性理解，概念的构建是对实践活动的理论解释。

从社会学视角考察组织 IS 采纳中的应急管理在信息系统研究领域并不多见，需要运用扎根理论这一研究方法，通过不断的资料收集与理论探讨来界定研究的概念与问题，形成理论分析与系统动力学仿真的机制结构框架。扎根理论具有探索社会现象、对意义进行阐释以及挖掘总体和深层社会结构的作用。相关程序如图 1－1 所示。本书采用扎根理论方法对一家企业的 ERP Ⅱ 实施过程进行了深描，提出 IS 采纳场域的符号权力作用机制模型，对核心概念如应急事件、象征行为、象征意义、符号权力在 IS 场域进行了构建。

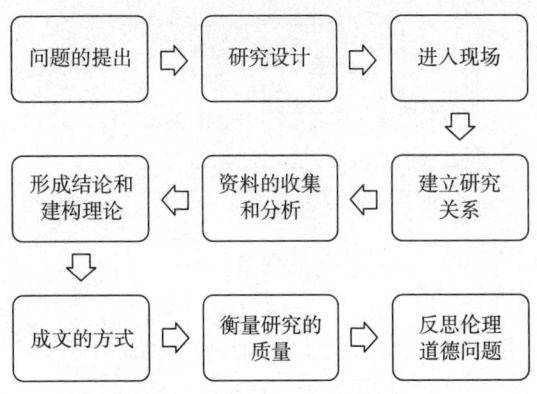

图 1-1 扎根理论研究的程序[17]

（3）系统动力学。系统动力学模型被证实是构建组织理论的强大建模工具[18,19]，近些年来在信息系统研究领域受到越来越多的关注。[20]在研究方法方面，Law 和 Urry 指出："用社会科学方法理解非线性关系和流是有问题的……"[21]（例如自我增强反馈环）也就是说，对方复杂的非线性关系和流仅仅用社会科学方法尤其是定性描述的方法还不够，采用传统的统计方法难以描述变量之间的虚拟组合，对于符合权力大小的张力研究需要进行模拟。相对于其他关于 IS 采纳的研究方法，系统动力学模型有其独特的优势，可以让本书聚焦于 IS 实施过程中顾问和关键用户之间存在的各种反馈环和反馈环中的非线性的组织结构和时间延迟分析，因此，本书借鉴国外系统动力学的最新研究成果，构造了符号权力在 IS 采纳中的仿真模型。

1.5.2 技术路线

本书的技术路线如图 1-2 所示。左边主要是探索归纳出研究所涉及的理论，中间是对主要概念的界定、数据的收集、基本理论的构建，右边主要是研究采纳的研究方法。

（1）本书在文献综述的基础上，对研究概念进行了界定，明确了本书的研究内容，并在 IS 领域的象征信息学理论和社会物质性理论的基础之上引入布尔迪厄社会学理论，提出了组织 IS 实践理论分析框架来分析 IS 采纳中的应急管理。本书中涉及三个关键理论，包括象征信息学理论、社会物质性理论和布尔迪厄社会学理论。

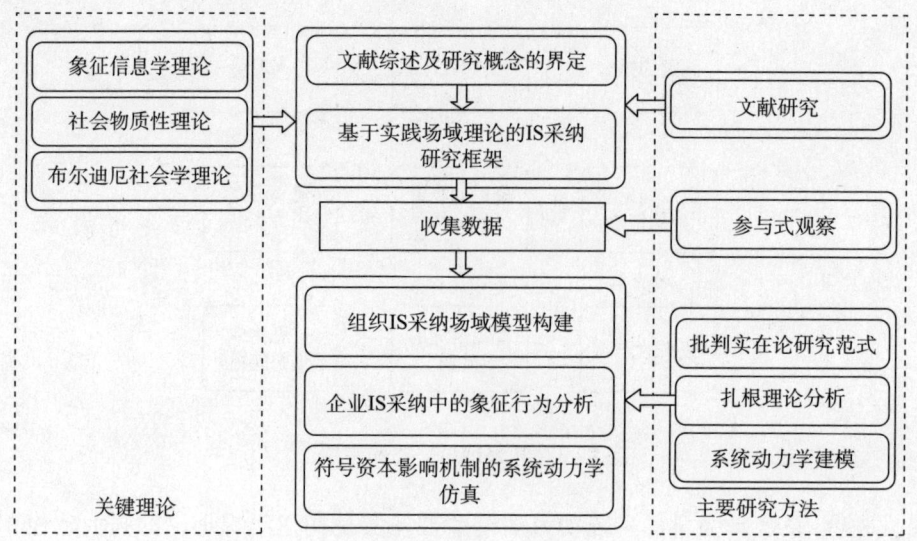

图 1-2　研究的技术路线

（2）根据所研究的问题特点，本书选取一家典型企业进行参与式观察，收集研究数据。

（3）根据从案例企业获取的数据构建组织 IS 采纳的角色场域模型，并对企业 IS 采纳过程中的象征行为进行符号意义分析，构建企业 IS 实施中各角色的符号权力的作用机制。

（4）建立符号资本对 IS 采纳活动的影响机制系统动力学模型，对企业 ERP 实施产生的不同模式和过程进行仿真模拟，并根据仿真结果提出 IS 场域风险应对的应急管理方法和措施。

（5）最后，本书对研究的主要结论与意义、创新点及贡献、不足之处、未来展望进行全面的总结。

1.6　本书的结构

本书共分七章，每章主要内容简介如下：

第一章介绍本书的研究背景、研究目的与意义、本书的研究方法与思路及本书的结构。

第二章讨论主要概念界定与文献综述，对信息系统从工具论、社会技术论到象征符号论的研究脉络进行了梳理，从"信息系统""ERP""组织 IS 采纳"三个维度对当前信息管理领域的研究进行了回顾和评述。从批判实在论及布尔迪厄的大资本论角度探讨了信息系统采纳中应急管理研究的突破口，给出本书后续研究的基本思路和框架。

第三章介绍布尔迪厄场域理论并把符号资本引入象征信息学研究理论，把信息系统采纳从传统的经济、管理领域拓展到社会学、符号学研究领域，把大型信息系统采纳的应急管理研究拓展到符号权力的作用机制中。本章重点介绍了"布尔迪厄社会学理论"的关键概念，然后结合"信息象征学"理论分析了组织 IS 采纳场域的结构，针对 IS 采纳过程进行了理论探讨和实践思考。在此基础上提出了基于"实践场域"理论和"信息象征学"理论的符号权力对组织 IS 采纳的理论模型与研究问题及假设，为后续研究工作的开展打下了基础。

第四章进行研究范式的选择和研究方案设计，采用批判实在论研究范式进行机制研究，利用扎根理论进行深入分析和系统动力学模拟仿真。综合考虑企业采纳信息系统的实际情况及研究对象选择标准，选择了 OB 公司作为研究样本，介绍了研究对象的背景，并遵循扎根理论研究规范进行参与式观察，进行数据收集和数据分析，完成后续理论分析的各项准备工作。

第五章依据第四章构建的理论模型对 OB 公司的 ERPⅡ采纳案例进行了 IS 采纳实践场域分析，通过扎根理论编码识别出企业采纳 ERPⅡ过程中符号权力的作用机制模型。本章对 OB 采纳 ERPⅡ系统过程中的应急事件进行了深刻描述，重点选取关键用户及实施顾问的应急行为，对于这些角色运用符号权力实施应急行为及其背后的象征意义进行了分析。

第六章根据符号权力的风险产生机制的研究发现，搭建了符号权力对 ERPⅡ采纳的作用机制模型。模型在角色个体层面借鉴社会学的理论方法，动态考察各角色的各种行为模式，并采用系统动力学工具对该模型进行了动态仿真。

第七章对全书的研究结论与意义进行了总结，指出研究的主要创新点及贡献，并客观分析了研究存在的不足之处。在此基础之上，对未来研究的广度和深度进行了探讨和展望。

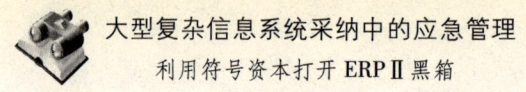
1.7　本章小结

　　本章首先对组织信息系统发展趋势和采纳过程的情况进行分析，以中国20 年来的 ERP 采纳现状为例，对困惑我国企业多年的 ERP 采纳的应急管理问题进行了分析归类，指出这些问题大多难以用技术和经济理论来应对。而学术界对这些问题的研究多采用技术采纳模型，缺乏对该过程的社会学风险分析和研究。本书引入社会学和符号学理论，对符号权力与 IS 采纳的互动关系进行机制分析，在此基础上界定研究目标和研究内容，设计研究路线和研究框架，最后选择解释研究与模拟仿真相结合的方法作为本书的研究方法。

第2章 国内外 IS 研究综述

2.1 介绍

本章的目的有三点：第一，对信息系统进行综述。本书主要关注点为企业级 IS 应用，将以大型复杂信息系统 ERPⅡ为例对组织 IS 采纳过程中的应急管理进行研究，所以，要研究 ERPⅡ系统，就需要从大型信息系统开始回顾，阐述大型信息系统和传统的小型信息系统分别在复杂度、制度安排、成本和结果上的不同之处。第二，对本书所涉及的概念进行梳理。现有的信息系统概念主要关注技术层面，而 ERPⅡ系统不只是技术系统，需要采用更广阔的视角来分析，通过新的视角界定清楚研究对象的核心内涵。第三，对现有的组织 IS 采纳研究过程进行综述，发现该过程的应急管理存在的理论问题。通过综述，我们发现需要一个新的理论框架来研究 ERPⅡ采纳的应急管理过程。

2.2 主要概念界定

2.2.1 大型复杂信息系统

根据百度百科，信息是指音讯、消息、通信系统传输和处理的对象，泛指人类社会传播的一切内容。人通过获得、识别自然界和社会的不同信息来区别不同事物，得以认识和改造世界。在一切通信和控制系统中，信息是一种普遍联系的形式。1948 年，数学家香农在题为"通讯的数学理论"的论文中指出："信息是用来消除随机不定性的东西。"美国数学家、控制论的奠基人诺伯特·维纳在他的《控制论——动物和机器中的通讯与控制问题》中认为，信息是"我们在适应外部世界、控制外部世界的过程中同外部世界交换的内容

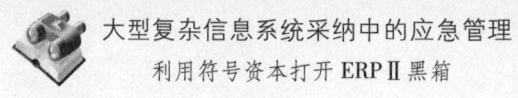

的名称"。英国学者阿希贝认为，信息的本性在于事物本身具有变异度。

信息系统（IS）在管理学领域又称管理信息系统，是由人和机器组成、配合默契的人机系统。人员包括高层管理人员、中层职能人员和基层操作人员；机器包含计算机硬件及软件、各种办公设备及通信设备。[22]

本书所指的信息系统（IS）主要是指组织管理各个环节应用中常见的信息技术和信息系统如 ERPⅡ系统，而不是组织中个体日常生活中使用的简单软件如 QQ、Excel 和 Word 之类。尽管业界对信息系统已经有大量的研究，然而信息系统究竟是什么、它们如何被采纳、如何使它们变得受用户欢迎等问题仍然没有彻底解决。考虑到信息系统对个人、组织和社会越来越重要[7]，有必要建立一个理论框架来理解大型信息系统的几个新方面。

在文献中，大型信息系统虽然有不同的定义和名称，如企业系统[3]、全球IT 基础设施或者信息技术[23,24]、水平信息系统[25]和基础设施[26,27]，但是信息系统研究者存在一种共识，认为大型信息系统跟传统的单独信息系统的区别主要体现在这几个方面：复杂性、大小、设计、成本和目标等。[5,26,27]

Markus 认为，大型信息系统如 ERP 系统就像基础设施，类似于城市里的路和桥。[5]与之类似，Rolland 提出组织中的大型信息系统应该被看成基础设施而不是工具，因为它们的部署要受原有的数据库限制。[28]根据 Star 和 Ruhleder[26]的看法，基础设施或者大型信息系统是沉入原有的结构、社会安排和技术中去，而不是创建新的。企业信息系统通常因为过于复杂和庞大导致很难被修改。[3]水平信息系统跟传统信息系统的不同在于它们如何为组织中不同的团体或者不同的组织提供支持。[25]

大型信息系统的设计和实施需要大量资源和冒一定的组织和技术风险。[5,29]例如，对大型企业来说，花 1 亿美金去实施 ERP 系统是很平常的事，这种实施成本已经大大超过传统的信息系统实施成本。[30,31]Ashurst 等指出，近 30 年来信息系统失败率依然很高。[32]此外，大型信息系统意味着需要实践跟不同的技术紧密地关联和集成在一起，相应地，这些系统变得更脆弱，带来无法预料的副作用。[25]一个系统的单点失败会引发灾难性后果。[5]但是，即使在经济低迷的情况下，企业花费在信息系统上的经费仍然在增加。[33]

Star 和 Ruhleder 的最近研究将大型信息系统作为信息基础设施进行研究，强调社会关系构成基础设施。[26]他们描述信息系统的采纳过程为："这些复杂的、互联的信息系统趋向在旧的代码上逐渐累积，新模块的设计是为了增强性能和修补问题……它们跟旧的功能和模块紧紧耦合在一起，受制于非线性的交互过程。"他们认为大型信息系统具有三个关键特性，分别为嵌入性、继承性和增量性，如表 2 - 1 所示。

表 2 - 1　大型信息系统的关键特性[26]

关键特性	说明
嵌入性	信息系统嵌入其他结构、社会安排和技术中
继承性	信息系统并非全新的系统，它在原有系统的基础上构建，继承了原有系统的优缺点
增量性	因为信息系统是庞大的、分层的、复杂的，变动之处往往在于局部，所以不能自上而下进行改变；改变需要时间及协商和调整其他方面的相关系统

大型信息系统的实施不同于小型或者独立的信息系统。例如，ERP 软件将组织的多种业务功能集成在使用单个、中心数据库的系统中。[34]而小型信息系统像 GDSS 设计用于个体群组，协调相对少的一组人。大型信息系统用来获得实时数据访问组织范围内无缝的集成、高效和控制[35,36]，能有效节约成本，提高组织生产率。大型信息系统的角色是支持和提供更大的时空活动的协同，支持发展和使用不同形式的格式化信息。[37]大型信息系统一般是打包好的软件，实施和维护这些软件包跟传统的信息系统不同。实施这些系统具有较高的难度和组织挑战。例如，一种典型的 ERP 包含 8000 ~ 10000 个配置表和 800 ~ 1000 个业务流程。[38]维护 ERP 比传统的系统更为复杂，因为企业范围内的集成带来额外的技术和组织复杂性，现在这些实施角色由供货商和第三方来承担。[34]

2.2.2　IS 采纳及 IS 应急管理

在信息技术采纳领域，IS 采纳用多个相近的词汇来表示。韦氏大词典定义"采纳"为个体与组织对新技术认识和执行的过程。相同或相近的词汇有实施（Implementation）、融合、接受、吸收、扩散和使用等。这些词汇基本都可以表示 IS 采纳的意思。总体看来，关于 IS 采纳目前并没有统一的定义，组织 IS 采纳也没有一致的研究模型。

在 IS 领域，"采纳、接受和吸收"泛指用户（个体或组织）愿意使用 IS 技术，强调行为主体的主观行为和意愿。技术"扩散"是指新技术在组织内被使用者接受并使用的过程，是从行为客体的角度出发。系统"使用"是组

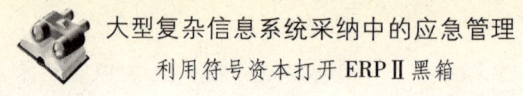

织应用 IS 的行为、状态或方法，将 IS 转化为组织绩效这个价值链过程中的一个关键环节。[39] "实施"和"融合"主要是围绕过程展开的，这一过程涉及主体的行为、主观意愿和态度等多个方面。

从组织 IS 采纳过程实践的因果顺序来看，组织 IS 采纳分为采纳前期、采纳中期和采纳后期三个阶段的实践过程。采纳前期主要是认知信息系统，从组织外传播媒体获取有关信息，组织中的决策者根据这些信息选择 IS 产品；采纳中期主要是推进组织信息化的采纳实施，并在实施进程中影响组织内部个体；采纳后期，组织个体迫于组织压力或组织权力使用 IS，在使用交互过程中形成个体对 IS 的认知理解及行为习性，产生愿意使用 IS 的态度、意愿，组织内部多个个体的习性特点和组织本身所表现出来的习性特点，最终形成组织使用 IS 的习性。这三个过程也可以用组织认知—个体使用—个体习性改变—组织习性变化这样一个实践逻辑过程来描述。某些情况下组织可能在某个子过程或两个子过程之间停滞不前，这种现象称为 IS 采纳过程中的迭代和交错。因此，组织 IS 采纳并不等同于组织购买实施了 IS。完成了 IS 的采纳接受，也不等同于可以发挥 IS 的内在价值。IS 采纳过程是一个复杂过程，IS 要被组织充分利用而进一步产生管理创新，需要很长的一段时间成本和艰苦的努力。

IS 应急管理是应对于大型复杂信息系统实施中的组织变革问题提出的。IS 应急管理是指组织在对信息系统采纳过程中的突发事件的事前预防、事发应对、事中处置和善后恢复过程中，通过建立必要的应对机制，采取一系列必要措施，应用科学、技术、规划与管理等手段，保障信息系统实施安全，促进信息系统健康发展的有关活动。

本书主要研究 IS 应急管理组织变革，探讨组织 IS 应急管理机制的结构，分析组织为防止 IS 采纳失败，如何将责任、权力、利益等要素在组织成员之间进行合理配置，形成有效的制约、协作关系，从而使其能够在一定的外部环境下维持其 IS 的采纳并持续朝向目标运行的内在机理。

在企业经营管理的语境下，这里的组织成员在不同的层面可理解为个人、团队、部门甚至整个公司（如在研究企业合作关系时）。从系统的角度看，应急管理机制大体可表现为应急管理系统的结构及其运行。结构对于应急管理系统主要是指基于职能的组织划分（如部门、岗位、角色）以及在此基础上建立的报告、组合、沟通合作关系；运行是在结构的基础上，组织成员为共同完成某个任务，而对各自工作的内容、数量、方式、时间分布所作的有关联的调节。

对于权力我们应注意到，它与资本及能力具有密切的联系。权力的赋予很大程度上是对资源获取能力的赋予。资源在组织管理的环境下表现为人、财、物，也表现为信息、知识、方法工具、经验。

本研究认为，组织 IS 采纳是指在组织面临内外部压力的情况下，选择适合本企业的信息系统产品并作出投资决策和技术使用行为，组织中个体用户在外部顾问的指导下，将 IS 中嵌入的管理思想与组织内部的传统规则趋同一致，并形成组织个体新的行为习性的过程。组织 IS 应急管理既应对了 IS 的引入—实施—使用—创新的应急管理，也保证了组织 IS 价值的实现。

2.2.3　符号资本及符号价值

符号资本最先出现在布尔迪厄《区隔》一书中[40]，虽然在所有关于资本的论述中符号资本是着墨最少的，但它是布尔迪厄最重要和最复杂的观点之一。他的所有学说"又可以被大家解读为不断地探索符号资本的各种效应和形式的努力"[41]。

本书采用布尔迪厄的定义：符号资本是建立在知识和认可实践逻辑基础上的声名、特权、荣誉或神圣性的累积程度。[42]从中我们可以看出符号资本具有以下几个特点：受到社会大众认可，能够生产和再生产，可以累积，非实体，无具体形式，具有象征性并以符号化方式存在，可以是声名、荣誉、精神、神圣性或特殊性和具有稀缺性的特权资源。这类资本能增强信誉和可信度的影响力。

显然，场域中符号资本的生产离不开一整套认可和社会评价体系，它是通过对特权、声誉的认可，在其生产和再生产过程中长期积累而成的。所谓符号价值，就是社会公众对客体满足其需要程度的价值判断，它让符号资本得以产生权力。同时，符号资本的积累又会深刻地影响符号价值，成为符号价值的重要尺度。符号价值可以解释企业负责人在 ERP Ⅱ 选型时的"赶时髦"现象，企业家不仅要考虑 IS 本身具有的文化资本（功能），更要考虑其符号资本（社会声誉），由此产生了种种烧钱赶时髦现象。

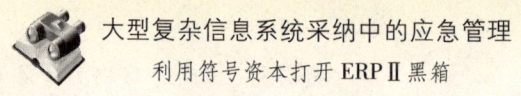
2.3 信息系统概述

从社会科学研究的角度考虑，本书综合了信息系统的三种核心理论主张，其理论演化关系如图 2 - 1 信息系统的主要研究流派所示。

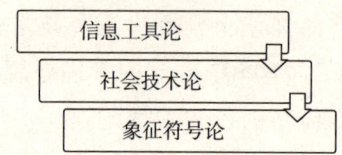

图 2 - 1 信息系统的主要研究流派

（1）信息工具论。持该观点的信息系统研究者通常认为信息系统严格上是一种技术制品，信息系统被当成软件包或者是可以随时随地加入的应用。Orlikowski 和 Iacono 分析了 2001 年前 10 年的信息系统的研究文献，认为持该观点的学者在信息系统领域占主导地位。[43]

信息工具论者认为："信息系统是一种通用的、标准的知识""具有信息处理能力""通常一个或者多个关键的元素可以代表信息系统的基本面、属性或者价值。"按照此类观点，信息系统是人工制品，是一种可以实现设计者的设计意图、能完成计算任务的技术制品。信息系统是什么及其如何工作大部分与技术相关。这种观点认为信息系统独立于研发和使用它们的社会和组织，被假定是稳定的、可定义的、不变的和容易转换的。信息系统的一些关键方面可以通过一套定量的方法测量，例如人们的采纳观念、IT 扩散率或者花费的费用等。信息系统通常被视为可以进行实证研究的因变量或自变量。

信息工具论者将信息系统视为独立实体模型，关注信息系统明确的经济、物理或者信息处理特性，信息系统所处的设计、实施和使用社会环境大部分被忽略。该模型简化了信息系统分析，但是不能解释组织在设计和实施信息系统时所面临的许多问题，也不能解释信息系统对个体、组织和社会带来的冲击。[44,45]从这些观点来看，信息系统是价值中立的、通用的和固定的黑箱。

根据对信息工具论的观点综述，对照国内的 IS 领域应用现状，本书发现主要以技术为依据的信息系统观点依旧比较流行，这将影响组织 IS 采纳研究，也对大型信息系统的研究例如 ERP II 的采纳带来一些束缚，因为它们在信息系统的组织、社会和心理方面缺乏解释力。因此，本书将从更广阔的视角来理解信息系统。

（2）信息社会技术论。持该观点的学者认为信息系统和社会、组织的环境需要协同考虑，关注于行动和技术的动态交互。很多研究者持本观点[45-54]，我国的学者黄丽华和胡安安等也从文化对信息系统的采纳影响进行过研究。[55]这个流派认为信息系统是个社会系统[45,47]，是信息技术的一个实例[52]和"计算网"[46]。社会技术论者认为，信息系统研发通常是一个社会过程[45,47,56,57]，这个过程由一系列协调有序的人的行动组成[51]，在某些过程部分使用了信息技术。[45]

Hirschheim 认为信息系统不是具有行为和社会结果的技术系统，而是一个依靠信息技术不断扩展功能的社会系统。[47]Lee 提到，信息系统就是信息技术的一个实例，同样的信息技术可以按不同方式实例化。[52]有很多组织和政治流程通过持续的管理、维护和改变信息技术来维持这个实例。作为社会系统或者信息技术的实例，将 IT 基础设施和环境分开来分析可以丰富大家的理解。[45]

在信息系统领域，持该观点的学者中存在两种流派：一种关注于新的信息系统是如何产生的，另一种关注新的信息系统是如何投入使用的。第一种研究流派主要关注信息系统研发的方法，另一种研究流派研究信息系统是如何以某种方式被使用的。[43]这两种流派被分别命名为社会技术方法和信息系统结构化开发方法。

这两种研究流派具有的共同点是 Kling 所描述的社会理论。[58]Kling 分析了计算机化的五个流派：技术乌托邦、技术反乌托邦、社会现实主义、社会理论和分析归约论。社会理论研究者关注在一些特别的情景下发展和测试概念和理论。例如，一方面，社会技术方法研究者比较重视依靠 Latour 的行动者网络理论[59]，这个理论来源于科学和技术交叉学科。[60-63]另一方面，结构化开发方法依靠吉登斯的结构化理论。[64,65]

社会技术论者将信息系统当成一种动态的社会构建过程，对技术流程的社会进化及涌现现象具有一定的解释力。然而这类研究还是过于关注现象，未能从本体层次上对信息系统给出一种完整的理论解释，无法解释信息技术系统产生价值的核心机制和动力。例如，吉登斯的理论认为技术只是虚拟存在，只有在实例化时才变成真实力量，它们只是一些"规则和资源"。但是组织所采纳

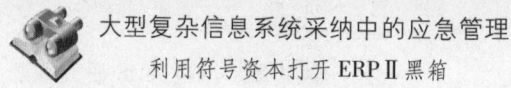

的 ERP 软件包中嵌入了丰富的针对组织成员的结构约束，这些不仅仅是一些"规则和资源"，在日常活动中已经对组织成员产生了潜移默化的作用。即使在没有使用 ERP 的情况下，组织成员也经常不由自主地按照 ERP 所嵌入的"规则"行事。此外，社会技术论者侧重的主要还是技术相关理论，对信息系统在企业系统中承担的角色认知不足，总体来说研究需要进一步挖掘信息系统采纳中的资本力量和冲突根源。

（3）信息象征符号论。象征也称为符号（Symbol），是事物、行为表现、事件、性质及关系等"意义"的载体。意义指的是包含认识、情感和道德在内的一般性思考，是具有知觉、观念、理解和判断的一种包容性的概念。为研究信息系统表达社会生活的根本性问题并且深入分析信息系统设计用于表达人们生活的象征意义，当前西方学术界将象征人类学发展到象征信息学领域。[53,66-71]该学派认为信息系统作为象征和符号承载了意义。这些信息系统的先驱们意识到信息系统不仅是具有计算功能的技术系统，而且根本上是一个依靠符号进行信息传播的社会交互系统。[67]一些社会学研究进一步强调，信息系统不仅仅是被动传递信息的渠道，它们更多的是承载人类活动和象征性行为的系统，人们通过信息系统建立自己的身份认同、关系协调和对环境的感知。信息系统包含各种类型的人类关系及决策活动。信息系统不应该被看成一种信号，而是必须被看成一种符号，体现出管理组织的身份认同和合法性行为。[68]

从象征信息学角度来看，组织是社会构造出来的、为追求合法性而产生政治动机、具有象征性行为的意义系统，这个系统通过社会、政治和象征性行为来维持。[69]组织过程则是社会中的一些角色与其他角色产生有意义的关系的过程。社会过程是实施权力的一种方法，它通过交流和协商来获得共识。组织不是一个单一的实体，它是由拥有不同权力参与者组成的同盟。拥有不同价值观的群体试图通过制定组织活动模式并鼓吹其合法性，保持和提高他们的小团体利益。当然，对于组织权力关系而言，那些可以取得合法性和接受的关系只有在组织成员所在的文化环境中才能被理解。

Gray 等从社会学角度指出，"组织"为符号和象征行为提供了重要的、公开的、一致的指标，为大众提供了一个了解组织意义的参考框架。[72]组织符号可以指任何事物、事件或现象，是组织成员为了表达组织特性，模仿人的情绪反应和条件行为而构造的。例如公司产品和徽标、有意行为和关系、仪式和典礼、标语中的语言、隐喻和笑话、神话和故事等都是符号。符号和象征行为不只是组织意义的简单反射，它们贯穿于整个组织生命周期中。符号可以帮助人们认识和理解组织活动，符号对了解组织内部隐藏的信号与辨别不同的合作伙伴和竞争对手是相当重要的。

　　符号学比较有名的研究框架是皮尔士的对象—能指—所指三角模型（见图 2 - 2）。皮尔士认为，真实世界的对象可以阐述为"可以被人感知的概念"和"符号对象"，例如语言、纸张或者跟其他人进行交流的电子表格。[73] DAVID 等扩充了符号意义三角，提出了信息系统的金字塔型研究框架[74]（见图 2 - 3）。根据该意义三角的角和边关系，信息系统研究者可以进行具体的理论构建。例如，研究"信息符号—对象"或是"信息符号—概念"之间的关系，甚至将三角合并在一起研究，研究"信息符号—概念—对象"的关系。将"信息符号—概念—对象"三个角之间的关系一起研究，而不只是研究其中两个角的关系，就可以实现整体的研究效果。研究者不仅要关注企业中的对象和信息系统符号，更要包含两者之间产生的精神概念。

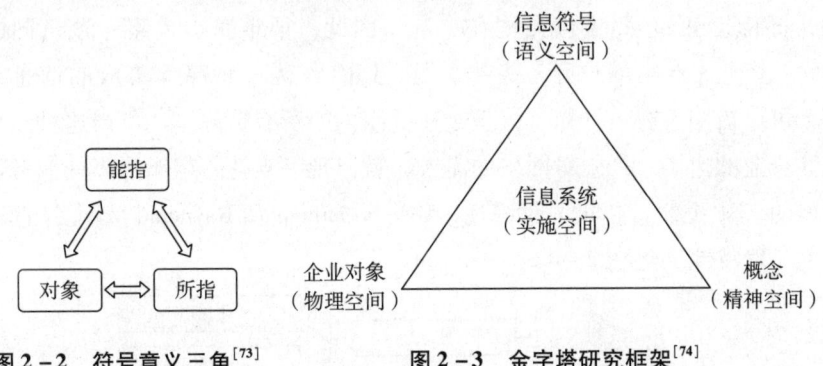

图 2 - 2　符号意义三角[73]　　　　　图 2 - 3　金字塔研究框架[74]

　　将 ERP 作为符号研究大大拓宽了信息系统的研究思路：不仅关注组织 IS 的技术功能，而且研究 IS 采纳的象征价值，挖掘 IS 采纳的社会空间本体深度，分析组织 IS 采纳的参与者的精神价值理念和解释 IS 象征价值的创造机制。但是从现有的文献来看，很少有人用该研究框架构建模型来解释 IS 符号的意义所在以及挖掘 IS 符号起作用的真正机制；模型也过于宏大和抽象，缺乏中间理论的构建。

2.4　ERP Ⅱ 综述

2.4.1　ERP/ERP Ⅱ 概述

ERP 是企业资源计划的简称。其他一些常用的术语有企业信息系统（EIS）[75]、企业范围系统（EWS）或者企业系统（ES）。企业系统就是集成了整个组织的事务数据和业务流程的商业软件包。[76]典型的 ERP 系统由多个模块组成，例如人力资源、销售、财务和生产模块，将嵌入在贯穿了整个组织的业务流程中的事务数据集成在一起。这些软件包也可以根据不同组织的一些特殊的需要而作有限定制。[77,78]如同 Klaus 等所述，在 IS 的文献中，ERP 有很多不同的定义。[79]一些学者不建议使用 ERP 这个术语。[80,81]其他一些人[82]则认为 ERP 不是一个用来表示不同对象的术语，而是一种分类（涵盖性术语），表示一定范围内相类似的产品。然而还有一种解释 ERP 的概念的依据是历史演变，将制造和供应链管理关联在一起。因此，很难获得大家一致认同的 ERP定义。但是，在文献中有一些共识是：ERP 作为一种高度集成的信息系统工具，可以被用于有效计划、管理企业范围内的所有资源。[83-86]当这种集成超出个体企业的边界，产生对网络的需求，就出现了支持跨组织边界的业务流程的扩展的 ERP 系统。借助文献综述，Uwizeyemungu 和 Raymond[87]列出了 ERP 系统的一般特性（见图 2 – 4）。

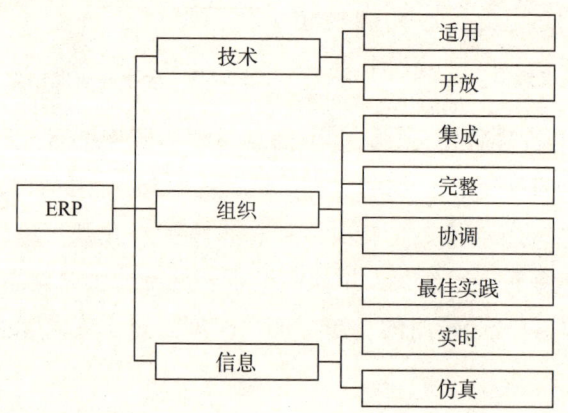

图 2 – 4　ERP 特性（Uwizeyemungu and Raymond 2004）[87]

2000 年美国调查咨询公司 Gartner Group 在原有 ERP 的基础上扩展后，提出了 ERPⅡ这个新概念。Gartner 给 ERPⅡ的定义是：ERPⅡ是一种商业战略系统，它的应用组件能提供专业化的流程支持，帮助企业内部以及企业之间的商务、运营和财务等流程实现协作、整合和优化，从而为企业、客户和股东创造价值。[88]

Gartner Group 在首次提出 ERPⅡ概念时，曾从角色、领域、功能、流程、体系结构和数据 6 个特征将 ERP 和 ERPⅡ进行了对比。总结 6 个特征的对比发现，从应用层面看，ERPⅡ冲破了企业内部和行业的限制，面向行业和企业联盟，并把触觉延伸到更加广阔的第二、第三产业。从功能层面看，ERPⅡ在继承并包含 ERP 理念的基础上，利用新技术整合企业内部和外部供应链，重构原有功能模块。企业内部整合包括 ERP、CRM、SCM、DSS、BI 等系统的集成，实行动态管理。企业外部则实现网上交易各方面的协同，从而建立一种全新的、开放的和实时的企业资源管理系统。从技术上看，ERPⅡ需要充分利用最新的网络技术和系统架构手段来推进企业内与企业间的信息传递与共享，从而达到协同商务。[88]Utagikar 认为，ERPⅡ与 ERP 应用有所不同，后者源于物料管理，而前者主要通过 e - CRM 优化面向客户的流程。[89]Norton 等认为 ERPⅡ终端用户的培训需求类型和数量不同于 ERP。[90]Koh 则强调 ERP 实施的关键成功因素同样也可以有助于 ERPⅡ实施。[91]

依据以上的文献资料和 ERP/ERPⅡ的概念可知，ERPⅡ是 ERP 的一种扩展和提升，是基于协同、信任和双赢机制的一种战略理念系统，是企业之间或者企业与客户之间的一种商业语言。

2.4.2 ERP/ERPⅡ发展的几个阶段

ERPⅡ系统的产生源于 20 世纪 70 年代的物料需求计划系统（MRP），后演化成制造资源计划系统（MRPⅡ）。Shankarnarayanan 提出，ERP 系统大致经历了 4 个阶段。[92]考虑到 ERPⅡ的出现，本书认为 ERPⅡ经历了 5 个阶段的发展。

（1）20 世纪 60 年代——大多数软件包针对传统的库存概念设计来进行库存管理。

（2）20 世纪 70 年代——关注于 MRP 系统，将主生产计划分解成物料需求计划和采购计划。

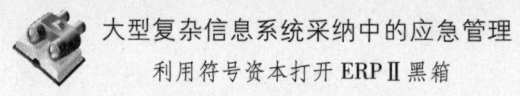
（3）20 世纪 80 年代——演化出 MRPⅡ 概念，将 MRP 扩展到工厂管理和销售活动管理。

（4）20 世纪 90 年代——MRPⅡ 功能扩展到工程、财务、人力资源和项目管理等领域，等于将企业内部所有的业务活动全部包含在内，从此 ERP 这个概念正式诞生了。

（5）2000 年至今——原有的 ERP 不能处理跨企业的业务，因此 ERPⅡ 扩展了 ERP 的功能，支持企业间的业务流程。

McGaughey 和 Gunasekaran 认为 20 世纪 70 年代出现的 MRP 主要由 MPS、BOM 和库存数据库组成，80 年代出现的 MPRⅡ 更关注质量、效率和集成。[75] Hoy 提出，ERP 系统继承了前任 MRPⅡ 的发展趋势，由强调物料的管理发展到强调对制造环境的整体视角。[93] 此外，ERP 系统为全部系统需求增加了技术要素，包括 C/S 分布式架构、面向对象编程（OOP），所有这些都是为了提高系统的可伸缩性。如今，建立在云计算技术之上的 ERPⅡ 系统（例如 SAP 公司 2007 年发布的 SAP BYDESIGN 系统）更具灵活性和可伸缩性。这种可伸缩性可以提供给客户更好的功能体验。

从 ERPⅡ 的发展阶段来看，系统从个体使用的软件包发展到支持整个供应链的跨组织信息系统，涉及的组织部门也由单一的库存部门延伸到几乎所有组织部门，无论在物理空间还是社会空间都得到了极大的扩展，如何应对 IS 社会空间的扩展的风险问题开始凸显。

2.4.3 ERP/ERPⅡ 功能模块

ERP 的功能通常分组成功能模块。通过这种模式，用户可以根据自己的业务利益来选择相应的模块实施。用户也可以根据本企业业务发展的现状增加额外的功能。尽管每个厂商都有自己对功能模块的分类方式，但是基本上这些分类大同小异。

在某些情况下，一些功能可能涉及多个模块，也就是说模块跟模块之间具有很强的关联性。因此，企业在实施 ERP 时，功能模块的上线顺序是有要求的。

国内外学者在对 ERPⅡ 的功能的分析方面虽然研究结论较为全面和统一，研究内容都以实现协同商务作为根本出发点，但研究的视角不同，在如何实现 ERPⅡ 功能的方法介绍方面探讨较少。

Weston 从 IT 的角度出发发现，IT 的发展使得企业内部及企业之间再也没有地理及语言的障碍，企业跟顾客和供应商进行实时的交流和信息整合成为一种商业需求。[94]在这种背景下，包含客户关系管理和供应商关系管理的 ERPⅡ便满足了企业参与市场竞争的需要，ERPⅡ系统在电子商务下集成了扩展的企业供应链。作者把 ERPⅡ当作一把大伞，在这把大伞下包含许多功能因素，如电子商务、协同商务、PDM、SCM、CRM 等。该文献突出强调了 ERPⅡ整合企业内外部各个系统的功能，从而达到信息传递和共享的目的。

Pan 和 Lee 认为采纳 E 化的客户关系管理（e‐CRM）是 ERPⅡ的一个重要方面。[95] Charle Møller 则从分层的角度将 ERPⅡ的概念框架分为四层，包括基础层、流程层、分析层和门户层。每个层次又分别包含一些关键系统和功能组件，包括 ERP、CRM、SCM、PLM 等。将层次与功能组件综合起来，可得到一个 ERPⅡ的功能概念框架[96]（见表 2‐2）。

表 2‐2　ERPⅡ概念框架

层　　级	组　　件	主要子系统
基础层	核心	集成数据库（DB） 应用框架（AF）
流程层	中心	企业资源计划（ERP） 工作流程管理（BPR）
分析层	公司	供应链管理（SCM） 客户关系管理（CRM） 供应商关系管理（SRM） 产品生命周期管理（PLM） 员工生命周期管理（ELM） 公司绩效管理（CPM）
门户层	协作	企业到客户（B2C） 企业到企业（B2B） 企业到员工（B2E） 企业应用集成（EAI）

国内学者刘家明从供给角度出发，结合管理的思想探讨了 ERPⅡ的扩展功能，认为主要有五个方面，分别是：全球动态协同供应链的管理；支持协同竞争与双赢的协同商务运作模式及以知识协同为基础的协同管理过程；支持市场

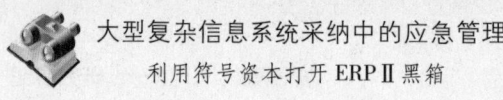

分析、销售分析和客户关系管理，实现以客户为中心的管理模式；支持分布式管理、智能化信息处理和决策支持；支持工作流程定义与企业重组。[97]刘家明总结的这些功能也正是 ERP II 带给企业的价值所在，然而他没有具体说明这些功能实现的方式。

俞定国从系统技术实现的方式和特点的宏观角度并结合协同商务下 ERP II 的特点，构造出一种协同 ERP II 的功能结构框架，这个功能框架分为四层，分别是信息基础结构层、统一数据层、业务功能层和信息表示层。[98]这种构造是一种分层的功能结构，这种划分有利于技术分析和实现。

金祖庆则在分析 ERP II 下协同商务的架构体系的基础上，结合系统功能设计原则和协同商务的功能特点，将 ERP II 系统分为九大功能管理中心，分别是营销及客户服务中心、财务中心、协同生产中心、协同采购中心、物流配送中心、协同设计中心、人力资源管理中心、协同管理中心及决策和知识管理系统，并详细分析了这九个管理中心的功能和优点。[99]通过这九个功能中心便可以实现 ERP II 的功能，但是其对这九大中心的划分未说明理论依据，科学性和可行性有待证明，这使得整篇文献的理论依据有些不足。

ERP II 的体系结构反映了 ERP II 组件的构成及组件之间的关系。我国学者郭文胜、刘忠等认为 ERP II 是协同商务时代的产物，协同和价值链的思想贯穿于整个协同商务的过程，企业之间的竞争升级为价值链之间的竞争，并提出了基于价值链的 ERP II 体系结构。[100]

随后，郭树东等也提出实施 ERP II 还必须利用 Internet 技术和信息集成技术，于是在借鉴其他文献的基础上给出了 ERP II 技术架构，其中包括 ERP II 套件、技术平台和系统平台三个层面的构成元素，表明 ERP II 的实现需要各种技术平台的支撑。[101]然而该文献只是对他人研究的一个整合，缺乏创新的思想。

总体来看，ERP 的模块数越来越多，带来的问题和复杂性大大增加，对 ERP 厂商、实施顾问和组织的采纳能力的要求也越来越高。

2.4.4 ERP/ERP II 产品的生命周期

关于 ERP 产品的一个很重要的问题是知道产品会在市场中维持多长时间，比如 ERP 的产品生命周期。研究产品的生命周期通常采用波士顿矩阵（工具）。波士顿矩阵背后的理论就是产品生命周期概念，描述商业机会从开始、成长、成熟和衰败的生命周期。波士顿矩阵关注市场的成长和市场份额的比较。它用两个坐标轴来定义 4 个产品分类象限：现金牛、明星、瘦狗和婴儿。Janstal 在 2012 年评估了不同的 ERP 产品包，并把它们映射在波士顿矩阵上。他认为，选择 ERP 产品最理想的是找到成熟的"明星"产品，这些产品正在发展期，厂商获利丰厚，剩下的生命周期比较长，大部分错误已经被修改好。但是从 ERP 的波士顿矩阵图来看，理想的"明星"产品很少。同时，他又认为，所有表现不好的软件包应该被卖掉或是最多维护 15～20 年，因为这个阶段的软件产品架构陈旧，很难对它进行修改而又不破坏稳定性。[102]

目前有超过 1000 家 ERP 厂商和解决方案可以选择，"然而很多这样的厂商都很小，不为人所知"[103]。经过 20 多年来多轮合并大潮后，目前占主流地位的厂商主要是 SAP、ORACLE 和 Microsoft。根据 PANARAMA 咨询公司 2010 年的独立研究报告，SAP 在主要的 4 个行业（制造和分销；运输、通信、能源和卫生；服务；零售）中占有份额最多，从 25% 到 35%；ORACLE 则在制造业占到 15% 的份额，在运输业占到 23% 的份额。

从上述研究来看，原来采用了中小厂商的 ERP 产品的组织，绝大多数由于组织的发展压力，将被迫更换成主流的 ERP 产品，ERP 市场存在垄断的风险。少数垄断的 ERP 厂商权威性在不断加大，其累积的符号资本将对组织 ERP 的选型产生重大影响，因此研究符号资本如何影响组织 IS 采纳问题具有相当大的实践意义。

2.4.5　ERP/ERP Ⅱ 的重要性

Beheshti 和 Beheshti 认为，ERP Ⅱ 是面向客户的解决方案，可以提高生产率、客户满意度和盈利能力。[104] Davenport 认为，ERP 是 1990 年以来公司使用技术上的最重要的发明。[3] 通过使用 SAP、BAAN、ORACLE 等公司提供的 ERP 软件，应用公司可将不同业务段的信息流集成在一起，从而提高效率和降低成本。理论上，这些集成系统克服了使用不同系统带来的交互问题，提供了更多的功能。O'Leary[4] 认为，ERP 是企业的奇迹，给业务和信息技术带来了巨大冲击，包括下面几个维度：

（1）ERP 影响着世界上最重要的企业。

（2）ERP 影响着很多中小型企业。

（3）ERP 影响着竞争者行为。

（4）ERP 影响着业务伙伴的需求。

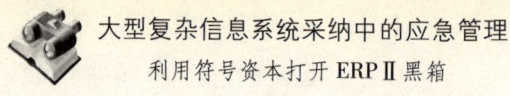

（5）ERP 改变了咨询公司的性质。

（6）ERP 为再造提供了一个主要工具。

（7）ERP 中充满了很多"最佳实践"。

（8）ERP 为客户服务计算架构提供了第一个企业级产品。

（9）ERP 已经改变了信息系统功能的性质。

（10）ERP 在很多领域改变了很多工作性质。

（11）ERP 的成本很高。

（12）ERP 曾经经历了很大的市场成长。

Chang 等认为，ERP 实施是企业最大的 IT 单项投资，影响的人最多，范围最广，也最复杂。[105]Morris 和 Venkatesh 认为，ERP 系统影响了工作的重新设计和企业战略的选择。[106]Wilkin 和 Chenhall 认为，IS 可以帮助企业进行风险管理。[107]

从上述文献来看，ERP/ERP II 虽然内嵌了号称"最佳实践"的规则，成为组织提高效率不可或缺的"工具"，但是 ERP/ERP II 影响着很多组织和行动者的行为，影响力在不断加大，这说明 ERP/ERPII 并不仅仅是一个工具。ERP/ERPII 本身就具有符号资本特性，采用 ERP/ERPII 会使得组织拥有一定的符号权力，帮助组织提高声誉，从而获得业务伙伴的认同和打击竞争对手。

2.4.6 ERP/ERP II 采纳动机及收益

Koh 等认为 ERP II 的一个关键价值点是提升客户响应能力。[108]Loh 等认为 ERP II 能够提升供应链的信息传递速度，提供更好的客户化水平，从而可以降低业务成本。[109]Kwahk 和 Lee 提出 ERP 采纳的本质是提升组织应对变化的敏捷性。[110]Ross 和 Vitale 总结了 6 个 ERP 实施动机：通用平台的需要、流程优化、数据可见、缩减业务成本、提高客户响应能力和提高战略决策能力。[2]德勤咨询选择 62 个公司的个体进行调查发现，ERP 的实施动机分为两大部分：解决技术问题和解决业务问题（例如业绩差、业务流程低效）。[111]Ndede - Amadi 认为 ERPII 采纳的最大驱动力来自企业向电子商务的转变需求。[112]Markus 和 Tanis 则给出了组织实施 ERP 系统的原因并讨论了 ERP 成功的问题。[76]

早期的研究认为采用 ERP 系统会带来长期的财务绩效。[113]Kweku 等认为 ERP 的成功实施能为企业在运营、管理和战略等方面带来效益。[114]Appleton 估计半数的 ERP 实施会低于预期。[115]通过 ERP II 建立最有效的流程来获取理想的效益很难。[116]一些其他研究显示，超过 70% 的 ERP 实施未能取得他们预估的效益。[12,117]其他调查显示，组织需要一些其他收益，比如提升客户和供应商的满意度、提高生产率，但是这方面的投资回报率水平特别低。[118]

ERP 的使用是多维度的，范围包括从提升操作到战略决策支持[119]，因此学者们提出了不同的成本收益模型，例如 Shang 和 Seddon[120]、Gattiker 和 Goodhu[121]、Esteves[77]、Stefanou[122] 等。引用最多的是 Shang 和 Seddon[120]。他们提出了一个五维的业务利益分类模型，而这种分类模式被认为在 ERP 目标和收益之间缺乏联系及对 ERP 收益时间表的认识。Williams 和 Schubert 定义了一个更广泛的四维的收益分类模型，涉及战略和流程、资源、活动和 ERP 系统本身等业务范围。[123]Chand 等则采用了平衡计分卡方法来评价 ERP 的战略贡献。[124]Markus 和 Tanis[76]指出，评估 ERP 的收益要考虑企业对 ERP 系统的个性目标。他们还认为，衡量 ERP 的成功需要一个时间周期。Davenport 指出，ERP 的收益应该有不同种类，其中一些收益要优先于其他，比如优化业务流程和统一数据显得比提升管理和决策更重要。[80]同样的说法有 Grady，他认为评估 ERP 的好处应该要反映出系统实施目标和不同类型收益的时间表。[125]

随着信息技术的发展，关于 ERP 投资评估理论的研究已从对软件质量的度量发展到对信息技术投资的经济、社会和环境方面的效益的综合评价。但现有的研究都缺乏对行动者行为动机的象征价值分析，也缺乏对 ERP 采纳后符号资本的绩效评价，研究存在一定的缺陷。

2.4.7　ERP/ERP Ⅱ 采纳中的组织变革

一些学者认为 ERP 系统的实施是一种组织变革，往往伴随着一定程度的业务流程再造。[126,127]Volkoff 等认为关键用户通常是业务流程方面的专家，他们代表各部门参加 ERP 实施。[128]Somers 等认为实施团队是最重要的成功关键因素之一。[129]郭斌等认为 ERP 实施中的组织变革会遭遇企业成员的消极、抵制或反对行为。[130]最近，一些学者在运用 ERP 进行实时的业务仿真来优化业务流程。[131,132]

Lucas 等[133]指出，ERP 实施软件包跟实施客户化定制软件具有三点不同：

（1）用户不得不改变和增加软件包中的功能来适应商业需求。

（2）用户必须要改变业务流程来适应软件包。

（3）用户的发展必须要依靠软件提供商的帮助和软件升级。

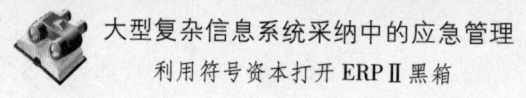
Sandoe 等人[134]则给出了 ERP 应该被看成一种特殊 IS 而不是一种典型 IS 的原因：

（1）ERP 最初的设计就是最广泛地满足所有组织信息需要的软件包，可以用在所有主流的业务领域和所有不同的组织层次。

（2）ERP 意味着企业要改变那种大多数企业使用 IS 的方式。ERP 系统已经得到了广泛应用，不再只是应用在那些特大型组织或者应用在某个特定行业中。

（3）ERP 具有高度复杂性，如今实施 ERP 需要更复杂的技术。

Skok 和 Legge[135]认为，ERP 之所以被认为是一种新的 IS 发展范式，主要因为下面不同的因素：

（1）很多不同利益相关者参与到项目实施中来。

（2）实施过程和聘请顾问花费的成本很高。

（3）业务功能的集成。

（4）软件需要配置才能实现核心流程。

（5）ERP 项目中涉及管理变革和政治问题。

（6）需要更多的培训和熟悉需求。

此外，Skok 和 Legge 还指出，ERP 软件包在企业中担任一种特殊的功能角色，这是历史上没有的。[135]

从上述的 IS 研究来看，组织 IS 采纳涉及很多利益相关者，实施过程需要组织中的用户、顾问的密切互动，识别各种政治象征行为，ERP 才能配置成功。现有的研究很少具体研究这些角色、象征行为和配置之间的关系，研究局限于表面行为，没有深入符号资本如何影响行动者习性的层次中来。

2.4.8　ERP/ERP Ⅱ 研究现状评估

对现有研究成果的总结发现，ERP Ⅱ 的诞生意味着电子商务时代的到来，经过近 30 年的发展历程，其功能模块越来越多，系统已经变得越来越复杂，系统开发及采纳的门槛也越来越高。少数顶尖的 ERP 厂商开始垄断市场，企业也越来越认识到 ERP 的重要性。但是，ERP 的投资和回报并不对等，企业采纳 ERP 存在巨大的风险。

另外，现有的理论缺乏对组织 IS 采纳中符号资本的研究，对 ERP 社会空间的变化、ERP 声誉变化机制和采纳过程中各行动者的动机行为缺乏符号意义的分析和研究。

2.5　组织 IS 采纳研究综述

复杂信息系统例如 ERP 系统设计是用来集成所有组织流程以实现无缝软件应用的信息系统设计。[136] 它们能最大限度地满足组织信息需求[137]，因为 ERP Ⅱ 既面向业务（因而被划分在业务应用分类里），又面向 IS 技术（被归类为商业成品商品包），所以现有的 IS 采纳研究知识同样可以用于 ERP Ⅱ 采纳。

ERP 作为创新型的技术工具和先进管理思想的集成，被很多企业组织寄予厚望，希望借此改变组织的竞争力。因此，ERP 实施在近 20 年来一直吸引着很多研究者、从业者的关注[138]，IS 采纳研究也成为信息管理与信息系统、技术创新与扩散理论中相交叉的一个研究热点。Kwon 和 Zmud 认为，理解 IS 的实施过程和要素可以帮助组织研发更有效的实施策略。[139] 这个观点受到 Ginzberg 的支持，他认为越理解实施过程，实施的成功率就越高。[140]

Sarker[138] 以 ERP 为例对 IS 采纳及实施进行了综述，定义了三波主要的研究思潮，分别为因素研究视角、过程研究视角和社会技术视角。由于该文出现的年份较早，并没有把近 10 年最新社会物质性研究思潮包含进去。本书认为，组织 IS 采纳的研究流派主要有四个（见图 2 - 5）。

图 2 - 5　组织 IS 采纳的研究流派

1. 因素研究视角

最初 IS 采纳研究关注识别一些比较广泛的影响采纳结果的因素，这些研究视角称为因素研究[141,142]（见图 2 - 6）。它主要关注促进或阻碍潜在采纳者接受 IS 的影响因素，以及信息技术采纳的过程因素。通过确定可测的指标或自变量，分析影响主体（可以是组织、个体或者组织中的不同部门）采纳过程的一系列因素，例如技术特征（相对优势、兼容性）、组织特性（规模、类型）、环境因素（宏观政策、竞争压力和潮流压力）和个体采纳中的感知有用和感知易用等因素来测量这些因素对采纳效果的影响。

组织成功采纳与吸收 IS 的基础建立在组织内个体用户真正接受并使用组

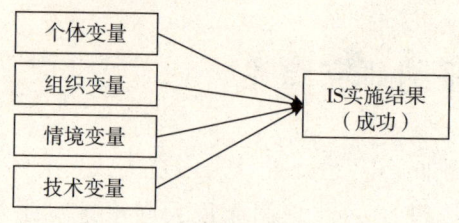

图2-6　因素研究视角[138]

织为其选择的 IS，所以在 IS 研究领域，个体接受信息技术的原因和方式一直是该领域的研究热点之一。众多学者不断尝试建立各种模型和理论来解释用户采纳或是拒绝某种信息技术的影响因素和过程，期望可以发现一种从用户视角出发评价信息技术的实用方法，预测用户使用信息技术后的态度，或是通过改善信息技术或实施方法来实现用户的接受和使用。

综合来看，个体层面的技术采纳理论研究主要基于社会心理学和组织行为学基本理论，研究个体技术采纳行为的心理过程，是从接受方的视角出发，研究假设是个体差异、系统特征等外部因素只有通过个体内在的价值与信念系统才能对个体的采纳意向和采纳行为产生作用。围绕技术采纳的主题，专家学者们提出了众多的模型来展开研究和探讨，如技术接受模型（Technology Acceptance Model，TAM）[143]、理性行为理论模型（Theory of Reasoned Action，TRA）[144]及计划行为理论模型（Theory Of Planned Behavior，TPB）[145]，其中 TPB 和 TAM 都是在 TRA 的基础上衍生发展而来的。

目前，大量的 ERP 实施研究集中于识别实施过程中的关键成功因素（CSF）。例如，国内学者王惠芬、杨丽萍[146]归纳了 ERPⅡ 实施的几个关键成功因素，包括高层领导的参与度、供应链管理战略的优劣、系统规划与统筹水平、管理观念与方法的变革、业务流程再造状况和团队管理水平等；Snider 等认为项目管理顾问的能力是中小企业 ERP 实施成功的关键[147]；Finney 和 Corbett认为组织高层支持、变更管理、BRP 和软件配置、培训和工作再设计以及项目团队等要素是 ERP 实施成功的关键。[148]

因素研究的特点在于揭示说明"What"即"什么"影响了 IS 采纳，是对某些要素之间因果关系的归纳。但是，因素分析没有回答为什么这些因素会影响 IS 采纳和实施过程，没有深入机制层面进行机理分析。

2. 流程研究视角

随着对不同因素承担的角色的理解的加深，大家认识到实施并不像早期研究所假设的那样是一个静态的过程。第二波研究主要基于技术流程的视角（见图 2 - 7），这样，IS 实施的研究[149,150]不仅关注基本技术流程，研究系统的需求识别和满足，也研究行为结果的技术流程。[56]对 IS 采纳的过程研究范式主要是与组织变革相关联的，大部分研究者将采纳过程划分成一系列连贯发生的事件，通过对这些事件的分析来探索组织是如何采纳 IS 并与之有效融合的，解释"How"即如何发生的过程，研究者提出了 IS 采纳的阶段模型。

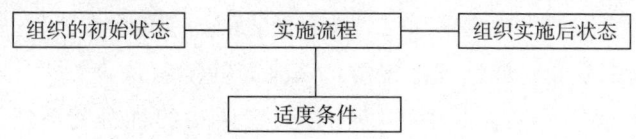

图 2 - 7　技术流程视角（Sarker 2000）[138]

过程研究将 IS 采纳视为一系列阶段的活动，成功的概率和每阶段末的完成情况相关，主要有 Rogers 提出的创新扩散的 5 阶段模型[151]，还有如 McFarian 和 Mckenney 的 4 阶段模型[152]、Meyer 的 3 阶段模型[153]及 Kwon 和 Zmud 等人提出的基于创新扩散理论的 IS 实施过程模型[154]，这些模型都将 IS 采纳视为信息技术在组织内的扩散过程，从识别事件发生的具体情境出发，归纳综合发生情境与过程后果之间的内在联系，发现推动不同阶段间转换的因素和动力。

过程模型揭示了 IS 系统在组织内的动态生存逻辑，但是缺乏符号资本对行动者习性的分析，对影响行动者行为习性的根本原因没有深入挖掘。

3. 社会技术的研究视角

社会技术视角出现在社会流程视角之后。按照该视角，组织可以表示为 Leavitt 提出的一个"钻石"模型（见图 2 - 8）——由人、任务、技术和结构交互的组件构成。[155]引入 IS 会改变组织技术组件，这就会自动触发组织其他组件的变化。

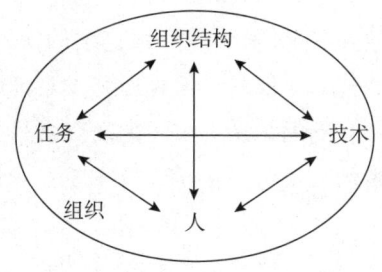

图 2 - 8　社会技术视角的钻石模型[155]

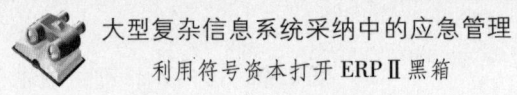

钻石模型可帮助分析组织技术组件与其他组织的作用机制，促使研究者注重挖掘人在组织结构中的变化。该模型存在的问题是社会和技术之间存在明显的二元对立，否定人与技术之间的相互构建关系，理论上存在一定的缺陷。

4. 社会物质化视角

因素研究和过程研究具有技术决定论的倾向，而社会技术视角则偏重于社会决定论，为克服技术决定论和社会决定论之间的理论分歧，20 世纪 90 年代出现了一种新的社会物质性理论视角。该流派的学者认为，组织由物质形式和物理空间构成，人们在其中进行各种交互活动的社会物质实践，组织 IS 采纳过程就是一种社会物质互动实践过程。[66,156,157] IS 作为一种现象空间，容纳和形成了特定的社会实践活动，同时，这些社会物质性的实践活动又构成了 IS 的现象空间。社会物质性的实践活动是一种物理空间和时间的交错过程。

该理论视角认为，组织 IS 采纳过程是管理机制的交融与聚合的迭代统一，是一系列打开黑箱、融合机制和构建黑箱的过程。组织技术采纳由很多迭代过程交错构成，每个迭代过程一般分为三个阶段的活动，即设计活动、实施活动和使用活动。[158] IS 厂商通过设计活动将"最佳实践"封装到 IS 功能包中，形成产品黑箱。组织要购买 IS 产品，就要打开 IS 产品黑箱，了解产品中的规则、惯例和流程，选择功能模块，形成具体的采购行为。一旦采购完成，组织中的关键用户在顾问的帮助下打开 IS 中"最佳实践"黑箱，并与企业的内部管理系统结合，配置形成新的系统功能。为了使得 IS 系统发挥作用，企业中的用户还需要理解功能意图，根据不同的情境要求进行不同的操作，最后展示 IS 采纳的最终效果。所有这些活动组成了一个周而复始、交错纠缠的迭代过程，如图 2-9 所示。

社会物质性理论视角强调 IS 采纳是一种连续的实践互动活动，为组织 IS 采纳研究提供了一种新的视角。但是，该理论并没有考虑到行动者的行为动力机制，即缺乏对造成这些互动的驱动力来源的研究。另外，该理论提出的时间较短，缺乏具体的、明晰的、可操作的方法来解释 IS 实践过程中存在的复杂现象。

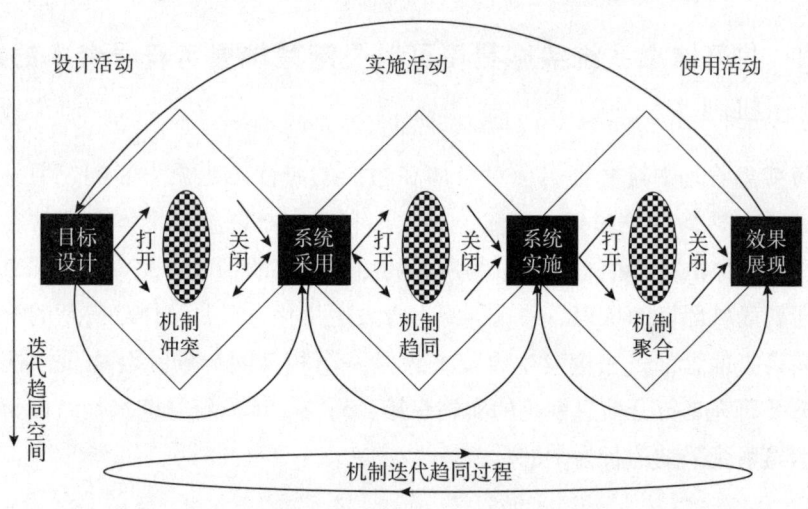

图 2 − 9   组织 IS 采纳的社会物质性理论模型

(来源：作者整理)

2.6   对 IS 采纳及 IS 应急管理研究现状的讨论

基于因果因素、流程和社会技术模型和理论在决定使用意向的信念构成以及态度、信念与使用意向的关系等方面获得了大量研究成果，能够较好地解释组织或者个体接受或者拒绝信息技术的原因，这是现有研究的贡献所在。但是这些研究在研究理论、研究哲学和研究方法上尚存在一些不足之处，也缺乏对 IS 应急管理的研究，现有的 IS 采纳过程依然存在较大风险，需要拓宽研究思路、构建新的理论和方法来应对 IS 的应急管理。因此，本书将引入符号资本、批判实在论和实践场域论等理论、研究范式和方法，对现有的研究不足进行弥补。

2.6.1   符号资本的引入可以帮助我们理解组织 IS 应急管理的社会动力所在

由于缺失对组织 IS 采纳过程中的符号资本的研究，我们对 IS 应急管理的社会动力的理解仍然存在巨大的空白。例如，企业 IS 采纳究竟有什么社会价值？IS 采纳过程中存在哪些象征行为？这些行为受哪些因素驱使？其核心机制是什么？很少有研究能回答这些问题，因而在现阶段，企业 IS 采纳效果存在很大的不确定性。

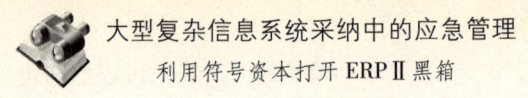

2.6.2 打开信息系统实施黑箱可以更清楚地展示符号资本的影响 机制

IS 应急管理中符号资本会对个体和组织的习性产生重大影响，但是，由于现有研究对 IS 采纳过程的忽略，导致现有模型难以解释个体习性动态变化的原因。个体的行为信念与其行为所属的组织所处的场域有关，反映了个体对个体所属场域环境的认识。一旦组织本身发生变化，或是个体获得新的符号资本，其行为信念都将相应发生改变，这是一个相互纠缠的社会物质性迭代过程，需要研究者打开信息系统的实施黑箱，研究个体的符号资本是怎样交互渗透到信息系统采纳的行为中的。

2.6.3 研究哲学上需要摆脱二元论思想的禁锢

现有的研究大多持二元论立场，缺乏整体性思维，难以全面地研究符号资本对组织 IS 应急管理的影响，表现在以下几个方面：

（1）技术的物质性和社会性分割，要么过于强调 IS 的物质性，未充分考虑 IS 的符号性；要么强调 IS 的符号性，而忽视 IS 的技术性。对于 IS 的技术性和 IS 作为符号资本怎样相互渗透和交互作用，从而导致信息系统生存或者失败的机理，需要深入挖掘。

（2）将社会资本和行动者的主观性分割，要么侧重于社会资本对组织用户的影响，强调社会资本的决定作用；要么认为行动者的主观能动是 IS 采纳的关键因素。

（3）将因素研究与过程研究分割，从而使研究结论过于片面，缺乏广度和深度。

2.6.4 研究方法上需要开拓视野，不局限于单一的实证研究

现有的研究大多采用实证研究这种自然科学常用的研究方法，试图建立宏大理论，并且取得了许多研究成果。但其存在的问题是：

（1）研究过于注重成果的通用性和研究个体的理性反应，而难以兼顾特殊性。组织所处的政治、经济、文化环境各有不同，组织 IS 应急管理过程也是千姿百态，这可能导致通用理论运用的局限性而难以指导具体实践活动，某些结论缺乏实用性和说服力。

（2）从研究过程看，现有研究基本采用数据收集和数据分析相分割的模式，数据收集和数据分析之间缺乏必要的迭代，并且没有对 IS 应急管理过程及其影响因素作出全面而系统的分析，而是采取静态断面研究的方法，通过测量某一时间点上的情形，静态地研究信念、态度与使用意向的关系。这种对过程的忽略势必影响研究结论的全面性，并进而削弱其在实践中的可应用性。近年来，一些研究者在研究中通过对历史数据进行测量、分析和比较，发现了使用过程中一些变量变化的规律。但是，现有研究停留在对这种表面关系变化趋势的总结上，并没有试图从机制层面探究导致这些关系变化（不变化）的原因。

（3）实证主义研究范式在封闭、可控的环境下具有良好效果，但很难应对组织 IS 应急管理这类复杂的、开放的社会技术交互问题，需要借鉴社会学的方法和思路。

本书借助于批判实在论的研究范式，引入象征信息学及布尔迪厄的场域理论对组织 IS 应急管理进行社会物质空间下的象征信息学研究。通过将这些理论引入 IS 应急管理，抛开传统的以功能特性为研究目标的研究视角，引入场域空间及符号权力等概念剖析 IS 实施过程中所遭遇的复杂社会事项，凸显其背后隐藏的象征价值和符号资本的作用，可从一定程度上克服上述研究存在的不足。以信息场域角度来解释 IS 采纳的根本原因和动力机制，可填补组织 IS 应急管理在社会学上的研究断层。

2.7 本章小结

本章对信息系统和象征信息学、大型复杂信息系统 ERP 等领域的研究成果进行了综述，对组织 IS 的主要理论及模型及其不足进行了分析。结果表明，对组织 IS 采纳接受过程及其影响因素的研究哲学、研究方法及研究视角的欠缺是限制已有研究结论的全面性的主要原因。通过本章的讨论可以发现，传统的以功能特性为研究目标的 IS 研究视角，以个性和组织分割、因素和过程分割进行研究的二元论研究哲学，在剖析信息系统采纳过程中所遭遇的复杂社会事项方面存在明显不足，很难解释信息系统象征价值产生的根本原因和动力机制。为填补信息系统价值评估的研究断层，更好并更有效地理解组织在社会空间下的 IS 采纳和使用行为，有必要建立一个统一的理论和方法研究框架，对 IS 应急管理过程中各角色个体技术采纳和使用行为进行深入研究。

第3章 基于布尔迪厄实践理论的 IS 应急管理研究框架

3.1 问题的提出

3.1.1 《圣经》通天塔

《圣经·创世纪》第11章有一个著名的巴比塔的故事，我们从中可以看到语言作为一种符号权力的无可替代的价值。传说诺亚方舟在大洪水劫难之后，诺亚的子孙们不断繁衍生息，都使用同一种语言，具有一样的口音。他们为了不再被洪水淹没，决定建一座城和塔。由于大家语言相通，又同心协力，建成了一座美丽且繁华的巴比伦城和一座通天高塔。高塔直插云霄，惊动了上帝，上帝认为这些人冒犯了他的权威，想阻止通天塔的顺利建成。于是，他悄悄地来到人间，想办法改变并区别开了人类的语言。人们开始因为语言不通而分散在各处，那座巴比塔的建设自然也就半途而废了。

这个广为流传的巴比塔的故事本身似乎只是在表述上帝创造了语言，同时又使得语言多样化。但是，混乱和嘈杂成为巴比塔的另一种寓意。语言的权力是无处不在的，并不是因为它涉及人类日常的生活实践，而是因为语言构筑了日常生活交往的角色定义和分工。语言权力并不是一种制度、储存的知识库或一个技能，而是人们社会实践时的习性、资本、场域的关系。也就是说，语言权力运行在人类实践主体的关系及其时空中。圣经的故事同样在信息系统实施过程中具有重要意义。信息系统作为符号系统，除了所指的软件代码和系统功能外，更多地是赋予了符号权力。没有信息系统例如 ERP/ERPⅡ这样一种商业语言，企业合作伙伴之间甚至企业内部就无法顺畅地进行沟通。最近几年，ERPⅡ正在成为商业界更多企业的共同语言，目的是使得应用ERPⅡ的供应链上下游企业如同用同一种语言和同一种口音说话。

　　然而组织信息系统采纳是一种社会交互的过程，这种交互并不限于话语的沟通，而是涉及一系列复杂的社会文化网络关系。信息系统实施过程中遇到的阻力及冲突除了需要化解语言沟通的障碍，还需要在符号权力的配置上采取策略，使得应急管理机制实现从认知、事物到系统权力和结构的统一。例如，要成功地采纳 ERP，统一企业的交流符号，形成共同的意义，企业关键用户需要外部咨询顾问进行互动沟通和实现信息共享，优化原有流程，并实现新的业务流程。但是，许多组织在 IS 采纳中只关注 IS 产品（例如在 ERP 采纳中重视系统选择而忽视实施商选择[159]）。咨询公司和企业用户之间没有创造好群体之间必要的互动新模式，因此往往不能获得他们引进的新技术的全部好处[160]，甚至导致实施失败。组织 IS 采纳并非单个职业团队就能完成，往往需要不同的职业团队合作，产生新的和不同的互动方式需求。[158]虽然现在很多文献已经认识到组织 IS 采纳过程中出现的各种技术、文化和政治问题[161-163]，但现有的文献很少关注组织 IS 采纳过程中应急管理机制的作用和影响。

　　本书根据批判实在论思想，认为组织 IS 采纳的应急管理机制的作用要从本体的角度进行研究，关注组织应急事件背后的结构和动力，并以企业 ERPⅡ采纳为例，重点研究符号资本在企业 ERPⅡ应急管理中的作用机制。我们利用 CR（批判实在论）的研究范式，使用其提供的三个层次的研究平台视角，即认知层、事件层和结构机制来研究符号资本在信息系统应急管理中的作用，打开顾问如何利用符号资本指导关键用户采纳 ERPⅡ的过程黑箱，把顾问和关键用户符号权力的作用过程通过系统动力学模拟表现出来。

　　本书不只是去观察组织 ERPⅡ实施过程中的应急管理事项，而是去理解和解释组织实施 ERPⅡ过程中的符号权力的作用机制，把 ERPⅡ实施的成功或者失败结果深挖到实施过程中的符号权力结构及行动者的作用关系中。但是怎样研究权力，尤其是符号权力？本研究引入布尔迪厄的社会实践学理论来对组织 IS 采纳过程进行应急管理机制的研究。

3.1.2　为什么是布尔迪厄

　　皮埃尔·布尔迪厄（Pierre Bourdieu）是当今世界最具影响力的社会理论家之一，在国际上的影响力与哈贝马斯、吉登斯齐名。在布尔迪厄看来，社会世界既存在于身体当中，即习性中；也存在于事物当中，即场域中。因此，社

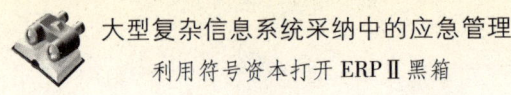

会世界以主客二重性的形象存在，主客不是分离的。布尔迪厄反对将社会看作实体性的物质结构，认为社会作为主观性的结构能够被感知和触摸，即社会是主观化的客观，也是客观化的主观，主观与客观是交融的。简而言之，他反对在社会与个人、物质与精神、结构与行动等二元论范式中寻求社会所在，也反对将社会看作种种表象和意志呈现于主体的感悟中。就此而言，布尔迪厄的社会实践观是将社会看作实践者、场域、资本、习性构成的有机生命体。为了抵制主观主义那种只诉诸主观体验的"虚无性"，布尔迪厄提出了"行动者"（Agent）的概念，这个"行动者"不仅本身积淀了结构主义所讲的"结构性"的东西，而且具有一定的能动作用。布尔迪厄所谓的"行动者"并不是主观主义的，甚至不同于我们通常所讲的"主体"。他不仅注意到行动者在交往过程中与其他行动者的关系问题，也注意到行动者对客体的认知过程，同时包含了行动者与社会结构乃至世界的本源性关系。

布尔迪厄实现了将社会学的研究对象从"社会与个人"的关系设问转变为"场域与习性"的关系设问。对"何谓社会"的回答，布尔迪厄直接从一种二元论的范式过渡到二重性的阐释。社会二重性直接与符号权力的运作、行动者的信念状态、政治合法性、社会世界的生产和再生产相关联。这些研究论点可以解决现有信息系统理论研究中存在的二元对立研究范式问题。

由前面的研究综述可知，一方面，社会学领域所存在的主观主义与客观主义的虚假对立同样存在于 IS 研究中。主观主义者对 IS 采纳的认知只来源于"信仰"与感知。同时，客观主义者则只关注社会结构的决定作用等。我们认为，主客分离对组织 IS 采纳的理解都具有一定的片面性，忽略了主观中的客观性以及客观中的主观性。从古至今，社会的行动者都不是像钟表那样依照它们不理解的规则被机械地、自动化地控制着[164]，IS 采纳中遇到的阻力和冲突就是行动者对固有 IS 规则的抵抗。正如布尔迪厄所表达的社会行动者那样：IS 采纳中的行动者不是简单主体，他们的行动不仅仅是执行和服从 IS 系统已经配置的规则，而是依据自己的习性对 IS 采纳提出新的需求和实践，这些实践反过来会促使 IS 系统进行配置和升级，也就是 IS 系统通过实践生成了具体化的行动原则。

另一方面，为了抵制客观主义那种机械因果决定论，布尔迪厄提出了"社会空间"（Social Space）的概念，这一概念的提出可以克服结构决定论，取而代之的是关系思维方法。与地理空间不同，社会空间是指拥有不同地位的资本占有者在以同源性为基础的互相交往过程中形成的关系空间，不受地理空间位置的限制。[165]与传统的阶级理论不同的是，社会空间理论主要关注的是差异与区隔，而不是阶级的相似性，正是差异与区隔才形成了不同的场域，行动者因占有的资本不同导致在场域中地位的不同以及行为策略的差异。IS 采纳场域就如同一场资本的游戏，游戏者在采纳过程中根据自身拥有的资本多寡及所在企业的位置采取不同的实施策略，游戏场中充满政治斗争、抵制行为，这些行为往往导致系统的失败，而要采取拯救系统失败的应急管理机制必须从行动者拥有的权力和交互关系入手，否则对化解信息系统实施风险只是头痛医头、脚痛医脚。信息系统应急管理机制需要关注信息系统行动者的差异与社会区隔，而不是中高层用户或者底层用户的相似性，正是企业不同岗位上的员工位置的差异与区隔才形成了企业员工对 IS 采纳的不同态度和应对策略，而正是这些行动者占有的资本不同导致了在 IS 实施场域中行为方式的不同以及行为策略的差异。例如，国外企业 FOXMEYER ERP 实施失败了，打官司也要追究 SAP 的责任；而某些中国企业 ERP 实施失败了，却因为好面子而讳莫如深，这就是因为不同的社会空间导致了实施策略及行为的差异。

通过把布尔迪厄的社会实践学理论引入大型复杂信息系统采纳的应急管理机制，可以突破传统的二元对立理论，把当今流行的实证主义的因果律转向解释主义的结构机制研究，从分析信息系统失败是什么的"What"层和信息系统怎样失败的"How"层挖掘到为什么失败的"Why"即原因层，指导大型信息系统的应急管理实践。

3.2　研究的理论基础

3.2.1　把布尔迪厄社会理论引入 IS 采纳

布尔迪厄的实践场域理论是社会学中具有普遍意义的分析模型，这也为后来的学者提供了进一步发挥的空间和应用余地。布尔迪厄理论为社会学及相关人文社会科学命题提供了崭新的研究视角和思路，并且在相对较广泛的领域具有实际的指导意义。虽然国内外对其理解与运用尚处于拓荒阶段，国内已经有一些学者将这一理论根据不同情境进行相应的调整，对中国社会的某些领域进

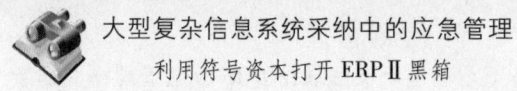

行研究，例如新闻场、福利场、科学场、文学场和体育场等。[166-170]组织 IS 采纳也处于特定的社会场域之中，内部概念结构跟其他社会场域一样，存在一定的一致性，当然也可以采用该理论来指导分析和研究。本书把布尔迪厄的实践场域理论用于组织 IS 采纳中，对 IS 采纳过程进行实践场域分析。实践场域分析将信息系统置于更大的权力场域的关联中，解释外部力量与场域内部逻辑的竞争和协商过程。布尔迪厄的实践场域理论以资本的总量和结构来界定权力，它对经济与文化资本的生产、流通和消费的考察为我们摆脱经济资本追逐的单一视角，分析信息系统设计和实施提供了更具社会学意义的思考框架。

本书引入布尔迪厄的实践场域理论，可以解决现有研究中存在的几个突出问题：

（1）用实践场域的观点而不是孤立静止的观点来研究组织 IS 采纳过程中的冲突及抵制。

（2）用行动者习性生成而不是环境与个体对立的二元模型解释 IS 采纳过程。

（3）用符号权力来解释 IS 采纳过程中的角色互动和权力实践。

（4）用符号暴力理论来理解 IS 采纳过程中的符号权力对信息系统应急管理机制的作用过程及最终结果。

参照韦伯的"宗教劳动"，布尔迪厄发明了一套新概念，诸如场域、象征行为、象征产品、符号暴力和符号资本等。布尔迪厄在分析社会场域结构时正是以这一系列概念为骨架进行的，因此我们可以运用这些概念工具对 IS 采纳场域进行应急管理机制分析。例如，组织 IS 采纳场域中的顾问和关键用户各自拥有的符号资本是什么？在实施过程中发生哪些冲突行为？顾问和关键用户是否存在符号暴力行为来实施 IS？应急管理机制是怎样与符号暴力相结合而产生最后的信息系统实施结果的？在对 IS 采纳场域结构进行分析与研究之前，有必要对一些相关的核心概念工具（见图 3-1）进行一定的梳理与考察。

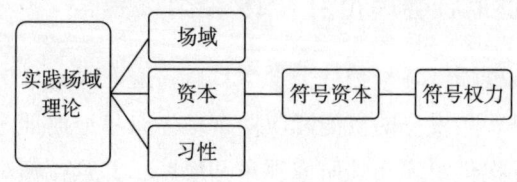

图 3-1　实践场域理论的核心概念

3.2.2 布尔迪厄的实践场域理论

3.2.2.1 场域的定义

布尔迪厄将社会视为一系列不同的、受其自身特定规则支配的半自主场域。场域的相对自主性界定了场域之间的边界，展现了场域与外在因素之间既联系又独立的特性。根据布尔迪厄的著作，场域可以定义为位置之间的客观关系的网络或图式。布尔迪厄认为场域"指的就是那种相对自主的空间，那种具有自身法则的小世界"，任何场域"都是一个力量之场，一个为保存或改变这种力量之场的较量之场"，每个场域"都是资本的特殊形式构成的地方"[15]。场域通过场域中的行动者所在位置与其他位置之间的客观关系（统治、从属、同一）得到界定，而且是在现在和潜在情境中的客观界定。

场域这个概念涉及的是对行动者之间的关系、占据的位置的分析。在布尔迪厄看来，场域有其自身的特征。首先，场域是一个永恒斗争的场所。其次，场域具有相对自主性。另外，场域可看作生产符号暴力的场所。[171]这些位置的存在以及它们加诸于占据者、行动者及机构之上的决定作用都是通过各种权力（或资本）的分布结构决定的。

首先，每个场域都处于为争夺场域的统治地位的权力影响之中，每个特定的场域内部都存在为争夺相应的位置而界定的斗争。而决定这些位置的因素主要有两个方面：一是在这些位置上行动者所掌握的不同的资本类型及总额；二是这些位置之间的彼此关系。资本是控制自我将来和他人将来的能力，资本的多寡构成了权力的作用强度。资本有多种形式：经济资本（可以直接转换成金钱）、文化资本（如教育或者职业证书）、社会资本（如社会地位和联系）、符号资本（如声誉和威信）。社会地位在特定的环境下反映了个体获取资本的多少。

其次，在这些场域中，外部的影响总是被转译为场域的内在逻辑，外部影响来源总是以场域的结构与动力作为中介。社会结构和行动者可以利用资本来决定并巩固个体的地位，而且个体无意识地接受该地位的权威作用，权威有可能再生产出相同的资本结构来约束被统治者。

最后，行动者在场域内生产的符号产品占据统治地位后，必然要向外部其他场域扩散并产生更多的符号暴力。场域内部的斗争最终会演变成场域外部的斗争，这种斗争的结果会达到一个平衡，但斗争的永恒性导致占据主流地位的符号不是固定的。[171]

信息系统采纳和实施同样处于多重场域中，和其他社会、经济、文化场域一样充满了斗争。通过信息系统把外部的影响转译为企业的内在逻辑，行动者可以利用信息系统来巩固地位，而且让行动者无意识地接受信息系统的作用，进而利用信息系统再生产出相同管理逻辑及行为规则。大型信息系统实施过程中的冲突与组织变革的深层原因是管理秩序及权力的变革，涉及多个场域中的资本斗争。例如，ERP 系统的实施焦点经常在于顾问和关键用户谁能够强加给对方一种对自身所拥有的资本最为有力的业务规则和管理逻辑，是否客户化开发、是否缩小项目范围、是否延期交付项目、是否定制报表等争夺的焦点都是生产出占主流地位的、经过协商的 ERP 符号产品。组织 IS 采纳中也充斥着各种符号暴力和符号行为，这些行为构成了 IS 采纳实践。

3.2.2.2　场域与实践

布尔迪厄用实践来串联"场域""资本""习性"等概念，并且运用场域、资本与习性概念定义了实践公式：［（习性）×（资本）］＋场域＝实践。他认为，习性是在实践活动中构成的实践感，习性具有总是趋向实践的功能，习性作为一种持久的、有规则的和即兴之作的生成动力促使客观化的制度恢复活力。[172]在结构—习性—实践的循环往复中，结构经由符号暴力塑造人们的习性，从而为实践提供了导向（倾向性）系统，继而再生产了原有的结构。当然，这一过程几乎是在无意识的状态中进行的。[173]此外，客观的场域结构、习性的倾向作用与实践活动之间存在一种密不可分的关系：习性是存在于客观的场域结构和动态的实践之间的主观性中介。这三者构成了以下再生产的基本模式（见图 3 - 2）。

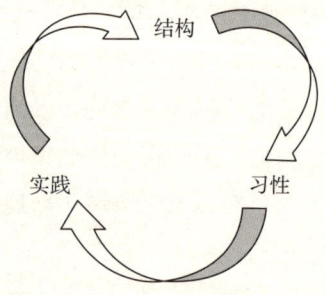

图 3 - 2　再生产的基本模式[173]

　　布尔迪厄的"再生产"实践公式提醒我们，在认识与分析组织 IS 采纳的实践活动时，不仅要看到带有一定资本的行动者的心智习性，同时要看到 IS 采纳场域的社会历史与结构，只有它们之间的本体论契合才能够构成一种所谓的实践感，最终实现信息系统实施的水乳交融。由于习性难改，信息系统的采纳面临诸多阻力，突然涌现的系统停滞或者旧的手工系统复辟成为大型信息系统应急管理的重点。实际上，正如布尔迪厄所形容的机制（结构）[174]那样，IS 为组织带来的最佳实践其实就是某种机制，这种机制存在于双重状态之中：既存在于 IS 的物质系统之中，又存在于组织个体的精神之中。在物质系统中，它以一个组织 IS 采纳场域的形式存在，是一个相对自主的社会世界，是一个缓慢形成的过程产物。在精神中，它以一些习性的形式存在，而这些习性则是由创造该场域的同一过程所创造的，并直接顺应这一场域。只有当物质和精神（或意识）趋于一致时，即当 ERP Ⅱ 中的"最佳实践"与企业管理传统产生机制趋同，IS 成为场域的产物时，对这一企业的行动者来说，IS 采纳才直接构成意义和价值，IS 采纳的绩效才能真正释放出来，这也就是通常所说的 IS 绩效滞后展现的原因。

3.2.2.3　场域与资本

　　布尔迪厄明确地表示：场域的结构是由场域中特定资本形式的分配结构决定的，如果我们能确定特定的资本形式，那么就能分辨出该场域中所有有必要分辨的东西。[15]他还认为：资本只有在一个具体的场域关系中才得以存在并且发挥作用。这种资本不仅赋予了某种支配场域的权力，还赋予了某种支配那些体现在身体或物质上的生产或者再生产工具的权力，以及赋予了某种支配那些确定场域日常运作的惯例和规则以及从中获得的利润的权力。[15]一句话："要想构建场域，就必须辨别出场域中运作的各种特有的资本形式。"[15]那么这些所谓的资本究竟具有什么样的内涵呢？它与经典马克思主义的资本有哪些区别呢？它有哪些形式呢？这些不同的资本形式分别在 IS 采纳场域占据什么样的角色呢？下面我们逐一进行探讨。

　　布尔迪厄这样定义资本：资本是积累的劳动（以"具体化"或"肉身化"等物化的形式），当某种劳动在排他性的基础上被行动者或者行动者团体占有时，这样的劳动就使得他们能以具体化的形式占有社会资源。资本是一种铭写在客体或主体结构中的力量，也是一条强调社会世界的内在规律性的原则。资本需要花时间去积累，并且需要以客观化的形式或者具体化的物化形式去积

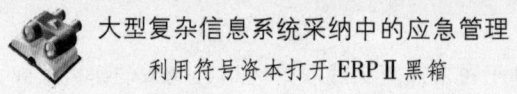
累，资本是以同一的形式或者扩大的形式去获取生产利润的潜在能力，同时也是以这些形式去实现自身再生产的潜在能力。因此，资本包含一种坚持其自身存在的意向，一种被铭写在事物的客观性之中的力量。

实际上，布尔迪厄的资本是在马克思的资本概念上的扩展，例如，他跟马克思一样强调资本是积累的劳动以及可以获取生产利润。但是，布尔迪厄的资本概念已经超出了马克思经济领域的劳动价值内涵，更多地是在运用领域方面进行了扩展。简而言之，资本所具有的榨取剩余价值的剥削性是马克思关注的焦点，而资本直接或间接表达的各种权力关系则是布尔迪厄的研究重点。[175]

在布尔迪厄看来，每个场域或者次场域都有一种与之相匹配的资本，而它们都是该场域中的具有决定力量的关键性东西。[164] 对他而言，有多少种场域似乎就相应地有多少种资本，我们必须在具体场域的分析过程中分析这些资本的至关重要性。但是，为了认知与研究的方便，布尔迪厄将资本分为四种基本的形态：经济资本、社会资本、文化资本和符号资本。

（1）所谓经济资本，简单来讲是指货币与财产，用布尔迪厄本人的话来讲就是"可以立即直接转换成金钱，它是以财产权的形式被制度化的"[164]。在组织 IS 采纳中，经济资本可以衡量组织购买力，组织可以根据自身的购买能力选择符合要求的 ERP 系统，一旦组织购买完成，经济资本在 IS 场域的主要作用便基本完成。

（2）按照布尔迪厄的理论[164]，所谓社会资本"是实际的或潜在的资源的集合体，那些资源跟对某种持久性网络的占有是密不可分的，这一网络是一种体制关系的网络，而且是大家共同熟悉的和得到公认的，换句话说，这一网络是同某个团体内部的会员制相联系的，它从集体性拥有资本的角度为每个内部会员提供支持"。而特定行动者占有社会资本的数量"依赖于行动者可以有效运用的联系网络的规模的大小，也依赖于和他有联系的每个人以自己的权力所占有的（经济的、文化的、符号的）资本数量的多少"。

在 IS 采纳场域中，组织关键用户原有的地位是在组织框架下确定的，这也是他长期在组织中实践获得的社会资本（亲属与人际关系）的表现；在 IS 采纳过程中，关键用户的社会资本的影响体现在其拥有的权威上，也就是说，符号资本就是其社会资本合法性的一种代表。

（3）文化资本概念主要指的是通过教育资格所完成的一种教育凭证，但实际上它包含各种各样的资源，"比如词语表达能力、一般的文化意识、审美喜好、学校系统的信息和教育文凭等"[164]。

在 IS 采纳场域中，决定 IS 采纳效果的直接资本就是文化资本，文化资本决定行动者的相关知识和认知能力，从而直接决定 IS 采纳行为。例如，国内 ERP 系统失败案例归于员工素质低、手工管理基础薄弱等是文化资本总量少的表现，企业投入精力加强培训、加强基础管理就是提升企业文化资本的措施，也是应急管理机制发挥作用的基础。在购买 ERP 软件时，企业的文化资本影响 ERP 软件是国内品牌还是国外品牌的选择，一把手的审美、喜好、教育背景也影响品牌选择，某些企业"宁买贵的而不买合适的"的土豪心理就是趋向追求文化资本的积累。在 ERP 系统实施的初始阶段，实施顾问所具有的文化资本是其长期以来接受的学校教育、ERP 厂商培训所获得的顾问认证。顾问凭借自身的文化资本，将 ERP 知识转移给关键用户，关键用户则通过在 IS 采纳前期所获得的一些具体企业的管理经验和经验性知识和顾问的 ERP 知识进行充分交换，进行系统配置，IS 采纳具备了达到预期效果的可能，否则将出现系统实施的波折。

（4）符号资本，即一种信用及信任资本，是行动者在实践活动中所拥有的荣誉和信誉（例如头衔与名望）。布尔迪厄指出，所有的资本形式必须被人们接受和认可才能发挥效力，以取得权力和获得更高的社会地位，而得到承认的资本才能称为符号资本，所以，所有资本必须被转化为这种特殊的符号资本才能够获得合法性与合理性。这种资本转化的过程就体现了不同于警察和监狱暴力的一种特殊暴力——符号暴力。符号暴力通过否认的方式统治人类的意义世界，实际上是将统治阶级的意志和意识形态通过一些手段强加于人们的思想之中，导致人们普遍的误识和集体无意识，从而不自觉地认可支配阶级的统治。[176]个人是没有能力生产符号资本的，它是集团信念赋予那些为集团提供最多物质和象征保证的人的一种信用，是能带来资本的资本，是导致资本带来资本的机制之一。[177]

IS 采纳场域中，为了实现将 ERP 中的"最佳实践"灌输给组织用户，ERP 厂商和咨询顾问集体采取了不同的象征行为获取符号资本，目的是谋求一种合法性手段对组织用户进行符号暴力，以谋取经济效益。

3.2.2.4　场域与习性

布尔迪厄认为，运用习性概念的主要目的就是为了克服客观主义的机械论与主观主义的目的论之间的虚假对立，同时规避实证主义的唯物论与唯智主义

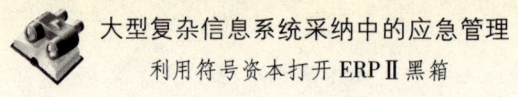

的唯心论之间的两难选择，从而回避方法论上的个人主义与整体主义的尴尬去从。[15,178]

布尔迪厄对习性概念的定义为：一种可转换的、持久的倾向系统，综合了过去的经验和特定阶层的生存条件，是一些结构化了的结构，依靠对各种框架的类比性的转换，发挥促进结构能力的结构功能，习性使千差万别的任务的完成成为可能。[179] 也就是说，习性发挥产生与组织实践和表象的转换策略的作用，这些实践与表象之间的结构联系是无意识的、非策划的，也无须以掌握要达到这些目标的那些必经的程序与手段为前提。[180] 从倾向性、结构化的结构、促结构化的结构、策略、无意识这些词的运用上我们可以大致得出习性概念的性质、存在形式以及作用方式。

对于布尔迪厄，习性与场域之间存在"二重性"特征。二重性是不同于二元对立的，二元对立一般是倾向在对立中完成对"二元"的理解，更多强调的是对峙与冲突；二重性则更多强调的是融合，你中有我，我中有你。习性与场域是历史性行动分别在身体中和在事物中的两种呈现：习性来自社会制度，又寄居在身体之中；而场域是客观关系的系统，也是社会制度的产物，但体现在事物中，或者体现在具有类似于物理对象那样的现实性的机制中。一方面，习性是社会历史身体的承担，场域是事物的承担，布尔迪厄认为这两者之间存在一种"本体论契合"关系，也就是说，场域形塑着习性，习性成了某个场域固有的必然属性体现在身体上的产物。[15] 另一方面，"习性有助于把场域建构成一个充满意义的世界，一个被赋予了感觉和价值，值得你去投入、去尽力的世界"[15]。也就是说，习性在一定程度上承载着场域的结构性特征，而场域又是习性的共时性与历时性的生存土壤。[177]

布尔迪厄在分析艺术场域产生的过程中认为，艺术场的形成或者变革都需要社会机制与个体心智之间的契合才能够最终得以完成[177]，同样，组织 IS 采纳场域的形成或者变革也需要组织管理机制和个性心智之间的"本体性"契合才能最终得以完成。在这个过程中，组织的管理传统形塑而成的员工习性，最后将被 ERP 系统内在的结构所结构，发生不可逆转的变化。例如，研究者在 OB 公司调研中发现，在第一次 ERP 实施之前，管理人员没有使用电脑的习性，第一次 ERP 实施完成后，企业管理者不但学会了操作 ERP 系统，而且开始熟练上网并运用 QQ 进行交流，这在以前是不可想象的。

3.2.2.5 符号权力

在日常生活中，权力的运用并不总是以可见的方式出现，它更多地转换为符号形式，并赋予对象某种合法性、权威性，这就是符号权力。布尔迪厄认为："符号权力是通过言语构建已知事物的能力，是使人们视而可见和闻而可信的权力，是确定或者改变对于世界的视界，因而确定或改变了对于世界的行动乃至世界自身的权力，是一种几乎是魔术的权力，借助于特殊动员手段，它可以使人获得那种只有通过强力（无论这种强力是身体的还是经济的）才可以获得的东西的等价物。作为上述权力，它只有在被认同的时候，也就是说，作为任意性被误识的时候，才能发生功效。"[181] 符号权力的实现依赖于误识，所谓误识，是指社会行动者在符号权力的支配下，把符合某一社会群体利益的、本质上是任意的某种真理误以为是普遍真理。也就是说，符号权力充分实现的前提是支配者的统治得到了被统治者的支持，被统治者接受和认同这种人为的权威和合法形式的支配地位而不自知，他们在自己不知情的情况下赞同了统治者的统治逻辑，并构成了统治基础的重要一环。[182] 从这种意义上理解，符号权力又可以称为符号暴力。

布尔迪厄确认了符号权力维护统治阶级，造成社会不平等。现实社会统治的基本模式不再以赤裸裸的暴力与体罚为主，而逐渐转向文化与符号操纵的模式，文化资本是符号资本的主要基础，为符号资本和符号暴力的功能提供了主要的认识工具和划分原则。布尔迪厄认为符号资本具有三种功能：认知功能、交往功能和社会分化功能。[181] 可以看出，符号资本是合法化的文化资本，承担了大部分文化资本的功能，使得行动者按照主文化即统治阶级意识形态的规定去进行生活和实践，而察觉不到对他们的文化压制和符号暴力，也就掩盖了文化统治和符号暴力背后的阶级利益和阶级统治，使得社会秩序合法化了。

符号权力产生作用的一种很重要的权力就是命名权。命名权特征如下：首先，无论褒贬，命名都在权威的指导下进行，并受到共识的支配。例如一名学生获得博士学位，这代表学术机构的官方认可。其次，命名把语言层面的象征权威转换为社会认可的力量，同时强加一种不可违抗的社会共识。最后，命名是一场永不停歇的争斗，其目的是以象征符号来巩固合法性。[181]

从布尔迪厄的理论中可知，研究 IS 采纳中的符号资本如何产生合法的符号权力，可以帮助 ERP 厂商和顾问更好地理解实施过程，减少 IS 采纳过程中的阻力。

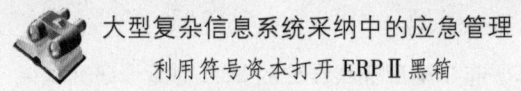
3.2.3 符号权力的几个突出特点

符号权力具有合法性、隐蔽性和越来越依赖技术的特性，这使得我们不能忽视 IS 采纳场域中的符号资本研究。

（1）符号资本最具合法性。布尔迪厄既把符号资本看作经济资本、社会资本、文化资本等三大资本的特殊表现形式，又把它看作独立于三大资本之外的第四种资本。布尔迪厄认为，作为一种社会关系，不同类型的资本之间可以相互交换，换句话说，资本是可转换的。四大资本中，符号资本最具有转换力，因为它能够辨认其他类型的资本情况并确定它们的合法性。因此，符号资本具有符号权力（Symbolic Power），即通过占有符号资本而取得支配社会资源和他人行为的符号权力。拥有符号资本可以获得社会和他人的欣赏、尊重、敬意等，进而获得其他服务等。例如，一个人具有很高的地位和声誉，他所说的话相对而言会更有分量，更受到重视，对别人更有影响。[183] 其他类型的资本为追求合法性，势必追求转化为符号资本，这个过程是在象征化实践中被赋予象征性结构的过程，也是以更曲折和更精彩的形式掩饰地进行资本的"正当化"和权力分配的过程。[184] 因此，在 IS 采纳场域中，经济资本的研究已经过于片面，缺乏对符号资本的研究使得我国存在的 IS 采纳困惑无法得以解决，所以在现阶段，我们需要加大在 IS 采纳研究中对符号资本及其符号权力作用机制的研究力度，符号资本研究应该优先于其他资本的研究。

（2）符号资本具有隐蔽性。布尔迪厄认为：符号资本是被转换和伪装了的经济资本，它能产生效应仅仅是因为它掩盖了其源自物质性资本这一事实，可以说，物质性资本是符号资本所产生的各种效应的根本来源。因此，符号资本发生效应的基础是建立在物质性资本在社会空间中被不平等分配的事实之上。[182] 换言之，符号资本使得经济资本的不平等分配得以合法化，符号资本的合法化效果导致社会空间就像被施了魔法，社会中所有成员在这种社会巫术的作用下形成共同的误识，共同生产和维护这种不平等的社会结构。因此，我们只有理解符号资本的运作和效应，才可能穿透组织 IS 采纳场域中存在的现代统治机制迷雾，挖掘 IS 采纳应急行为背后的真正影响因素。

（3）符号资本进一步依赖技术。李末子认为，资本符号对技术的依赖性愈加突出。[185] 从技术依赖的角度看，ERPⅡ 的包装、加工和创新是使企业资本获得全球认可的、人类共享的符号形式的重要因素，其中 ERPⅡ 采用的虚拟化、数字化和智能化技术是促使经济资本进一步延伸影响的主要渠道和凭借工具。ERP Ⅱ 作为具有纯粹的技术符号特征的符号资本，显示出技术创造参与资本符号演化的巨大能动性。

3.2.4 文化资本和符号资本的测度

本研究涉及的行动者资本主要是符号资本和文化资本，由于文化资本、符号资本等变量具有高度抽象性，因此有必要对这些变量的测量理论有一定了解。

文化资本在本研究中主要指知识能力，知识能力的测量在人力资源学科中研究比较多，也有很多方法支持。例如，对知识员工的知识能力测量就有工作日写实、随机观察、问卷调查、任务完成程度、测定工作单元。[186] ERP 实施主要涉及相关模块的知识和技能，研究者可以在实施前通过摸底调查、发放问卷的形式了解关键用户对 ERP 相关知识的了解程度，通过对收集到的问卷进行打分，可以测量出关键用户的知识能力的积累。

符号资本尽管难以量化，但作为主观指标可以采用定性的方法去测量，运用科学的概率抽样方法获得数据。[187] 根据布尔迪厄的解释，符号资本指的是特权、声名、神圣性或荣誉的累积程度。具体到本研究中，影响 IS 采纳的主要是场域行动者与 ERP 相关的职业技术声望，因此，本研究中的符号资本主要是指顾问或关键用户的职业声望和个人声望之和。研究将采用职业声望加个人声望作为行动者所拥有的符号资本的主要测量指标。伦斯基认为，声望虽然不是全部的，但在很大程度上是权力和特权的一个函数，至少在那些有充足剩余产品的社会中是这样的。[188] 在此基础之上，职业声望研究的集大成者特雷曼作了进一步解释：声望高的职业是那些需要较高技术水平、可以对别的个体施加权威或可以对资本进行控制的职业。不同职业角色功能的专门化导致各种职业在技术、权威和对资本控制力上的不同。[189] 在经验层面，可以采用以对职业地位的大众评价为基础的声望量表[189,190]进行测量。李春玲认为，在当前中国社会，决定职业和个人声望地位的因素是教育、收入、权力、就业单位的性质及是否从事受歧视职业。她还提出了一个计算职业声望的公式：

职业声望 Y = 11.808 + 3.349 × 平均教育年限 + 0.573 × 平均月收入（百元）+ 16.075 × 最高管理者 + 11.262 × 中层管理者 + 3.738 × 基层管理者 + 8.942 × 党政机关 + 6.841 × 事业单位 − 5.694 × 企业单位 − 26.655 × 受歧视

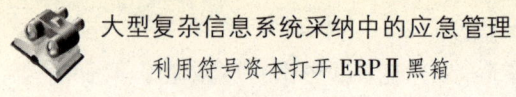
职业。[191]

另外，声望测量还可以采用如下简化方式：指定特定的顾问或关键用户，让被调查者按好坏程度进行打分评价，研究人员再对这些分值进行规整，然后计算出每个人的声望得分。

此外，对于一些很难定量的变量，也可以采用包含模糊数学方法和 DELPHI 法在内的系统工程方法进行规整。

IS 场域中的知识资本、符号资本测量，同样也可以采用上述方法进行。

3.2.5 组织 IS 采纳场域分析

组织 IS 采纳也处于一个包含习性、资本和区隔的场域中，信息系统采纳实践是在场域中实现的，在组织 IS 采纳过程中，组织通过它复制系统、重建等级、维持企业运转，因此，要研究 IS 采纳的应急管理行为与策略，首先要对 IS 采纳场域进行分析。

3.2.5.1 实践场域分析

从 ERP 的研究综述中我们得知，ERP 厂商在 ERP 中嵌入了大量的"最佳实践"，但是这种最佳实践并不能立即被组织采纳，组织要采纳 ERP 就必须构建 ERP 采纳场域。在场域中用户与顾问一起进行各种交互。顾问对系统进行配置，形成 IS 采纳实践的再生产过程，这个过程涉及组织管理变革和优化。[135]

根据布尔迪厄的观点，组织 IS 采纳场域承担实现行动者的区隔的功能。场域是靠机制维持结构和功能，机制就是符号的操作，使得场域中的行动者具有一致性和协调性。"结构"的概念具有两重含义，在社会科学中具有一定的复杂性，这是因为人们不仅生活在社会结构中，利用这个结构进行再生产和繁殖，而且自己本身具有内在的生理和认知结构。所有这些结构对人类社会都有存在的必要。社会组织与"最佳实践"和"企业的管理传统"这些心智结构之间存在某种对应，而信息系统就是这种内外对应产生的结构，并且作为一种复杂的象征形式体现于系统分化、等级制度中。例如，ERP II 系统中的"内在结构"包括用户的认知结构。ERP II 一旦被企业用户采纳，并适当地组合在一起，ERP 的界面符号势必能激发企业用户的意识、想象力和创造思想。"社会结构"包括企业用户在他的工作位置进行实践工作的规则。这些规则包括习惯和实践规则、同事们约定俗成的规则、被管理者批准的办公室规则、法律规则等。

　　组织变革就是对组织"结构"的重塑，包括重塑组织行动者身份认知和建立等级区隔。重塑身份认知是促使企业员工的个人习性意识对应于他置身其中的功能系统。例如，一个操作工人自然会将他的身份、意识、言谈与思维方式对应于 ERPⅡ 中的制度、操作规范，并且明显有别于一个部门的经理。建立等级区隔包括配置各 ERPⅡ 系统内部的权力等级秩序，可以将企业员工相应地规定为支配者和被支配者。

　　在这个场域中顾问和关键用户才有配置权，因此，在实践过程中，顾问和关键用户之间的相对资本量决定了他们手头的配置权力。由此看来，一个典型的组织 IS 采纳场域中行动者应包括顾问、组织中的用户两类不同的角色，顾问承担将 ERP 中的最佳实践内化到组织实践、改变组织用户习性的职责，而用户为了保持管理传承，势必要对 ERP 进行配置，双方在交互行动中，凭借自己对 ERP 知识的把握和对本身职业的权威产生了一系列的斗争，最终形成了一种妥协的象征符号——代表符号权力的 ERP 系统。

3.2.5.2　场域权力及其资本分析

　　在 ERPⅡ 采纳中，主要的力量就是权力，权力是作为整个 ERPⅡ 采纳场域中再分配的仲裁者和控制者而存在的，权力是由于力量、地位和社会资本等方面的差异、那些居于优位或优势的人对处于劣势或不利地位的人进行控制所产生的能力和力量。[192]这种权力主要表现在 ERPⅡ 的符号结构和 ERPⅡ 采纳行动者所拥有的资本中。

　　ERPⅡ 可以有效地构建企业结构，建立共同的商业语言。符号权力是 ERPⅡ 软件固有的，它的结构是基于业务角色的权力关系，ERPⅡ 系统中的结构也建立在参与者的权力关系的基础上。ERPⅡ 中的权力符号图景映射了组织内部或者组织之间的权力和状态，成为组织成员或组织本身的一种符号资本。ERPⅡ 中组织虚拟影像成为相对具有象征价值的象征组织。这种虚拟化的能力也增强了全面的控制和处理的权力[193]，与 ERPⅡ 系统的权力架构密切相关。

　　从组织内部角度看，ERPⅡ 已经成为组织的条件，没有掌握 ERP 知识的员工将无法在场域中找到位置。组织成员可以使用嵌入的权力，监察及纠正个人和部门的表现。与此同时，个人可以授权系统根据自己个性化见解和偏好承担更多的责任，以完成他们的任务。这种观点是指 ERPⅡ 的功能集成了所有企业

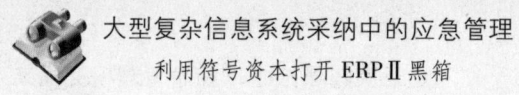

相关的子系统，它涉及 ERPⅡ 的基础设施——不同的组织网络之间的连接，特别是组织内部（如财务、营销、采购、仓储、人力和物力资源规划）和组织之间的职能部门（如不同的供应商和客户）。

从组织间角度看，ERPⅡ 已经成为供应链构建的条件，ERPⅡ 中的符号权力也表现在被 ERPⅡ 中的行动者应用于对供应链的客观结构的感知和鉴别。例如，在 ERPⅡ 供应链相关企业的互动中，这种互动基于共同的语言——符号资本，符号资本是供应链维护和重建的前提，只有具有一定声誉的企业才能加入供应链管理系统。

另外，ERPⅡ 系统的采纳配置过程本身构成了布尔迪厄所称的"权力场域"，在"权力场域"空间中，处于不同社会地位的关键用户为了占据各自占有的权力，为了保持或改变这些力量对比，就要依据其本身所占有的各种资本的状况展开各种策略的斗争。占有这些不同类型的权力（或资本）就意味着把持了在这一场域中利害攸关的潜在的或者实际的得益权分配。具体而言，IS 采纳需要顾问将 IS 中的结构转换成组织结构。在这方面，通过实践活动获取符号资本、行使符号暴力是非常重要的。ERP 中嵌入的符号权力需要落实到最终用户终端，因此，将符号权力转换成可以接受的对等力是 IS 采纳中主要的教育任务。在场域中顾问和关键用户的象征斗争中，共识得以产生，或者更准确地说，合法命名的垄断、行动者付诸行动的符号资本及在早期获得的符号资本会在规则上得到保证。

行动者拥有符号权力可以拥有分享利润的权利，因此，符号资本所转化的符号权力是"决策世界的权力"。表面上看来，企业 IS 采纳是通过人机交互来实现日常运作，企业使用 ERPⅡ 是为了满足各种表单和流程交互活动的需要，但是，ERPⅡ 的使用是通过各种人机交互功能实现管理和控制的权力配置。

例如，实施 ERPⅡ 系统时在命名、编码、组织的设置、业务结构的重构等方面都是符号资本转化为一般权力的过程，也是管理机制运作的基本流程；另外，信息系统中运用脚本、规则和代码等符号来控制员工的工作流程和心理，这些都是符号资本产生权力的基本方式。某些企业在实施 ERPⅡ 过程中遇到中层管理人员的强大阻力，他们的权力受到削减甚至涉及个人的贪渎行为。某些 ERPⅡ 系统上线成功，顾问撤走后手工系统卷土重来，抱怨表单不好用、系统有瑕疵，这些抵触或者复辟行为的背后就是权力的再次回潮，是对新生事物的泼脏水。

因此，ERPⅡ作为符号权力的一种代表，具有一定的意义：ERPⅡ采纳场域的构建过程就是符号权力的构建过程，就是权力再分配的过程，也是符号权力起作用的过程。ERPⅡ系统采纳中，符号权力如何影响系统配置？模块实施中企业的符号权力是怎样与 ERPⅡ的标准配置相匹配的？权力均衡机制是什么？为回答这些问题，我们还需要对场域中的习性进行分析。

3.2.5.3　场域习性分析

IS 采纳实施组织变革势必要重建组织习性，这个过程充满了各种斗争，但是这种斗争过程并不是通过暴力实现的，而是以顾问和关键用户通过象征行为进行符号暴力的形式改变组织个体习性，重建组织次序。布尔迪厄认为，"当公开残酷的剥削不可能时，人们开始采取温柔的和隐藏的剥削形式"[182]。ERPⅡ中所嵌入的常识具有一定的象征意义，它隐藏着温和的剥削，这就是信息符号权力甚至符号暴力行为所采取的形式。ERPⅡ系统的符号权力不只是由个人，而且是由机构、结构、角色和流程一起行使。ERPⅡ成为主要的交流工具，在企业间使用共同的语言和使用 ERPⅡ中的符号权力协调组织间的行为。

具体到 ERP 采纳过程中，这个过程是建立场域的动态过程，是由顾问和关键用户协调沟通，行使符号权力，最后通过符号资本的非物质化达到的。ERP 作为一种符号系统，要释放权力，就需要顾问跟企业内部有关系的人发生共谋，通过各种象征行为将外部系统引入，去除旧的习性，形成新的习性，如图 3 - 3 所示。因此，要研究 ERP 的实施行为，就需要引入符号资本因素，分析符号资本如何影响行动者的习性变化。

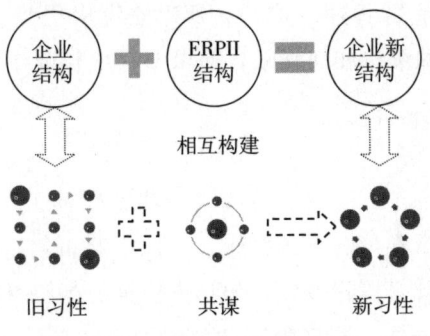

图 3 - 3　IS 采纳过程中的符号暴力

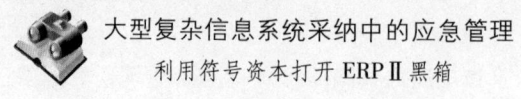

3.2.5.4 组织 IS 采纳的象征绩效

组织合法性是组织 IS 采纳的象征价值所在。人类制度无论新旧都需要合法象征,例如原始社会的图腾祭祀、发达社会的高等法院。在组织 IS 采纳吸收过程中,信息符号组成的象征系统是一种统治合法性的再现。IS 不是被动的信息传递渠道,它体现着人的行为和象征行为,标识我们的身份,信息系统的采纳是对符号的消费,标识人们的行为,促进人们关系的建立,包括对品牌感知的敏感、对区隔标识的重视等。

例如,ERP II 不能为企业转换为眼前的经济利益[113],但 ERP II 系统显著地改变了企业的地位和威望等象征价值。考虑到相关采纳的合法象征可以提升社会认知和资源的获取,采纳 ERP II 可以通过 ERP II 的象征性权力产生象征价值。

不同的 ERP II 系统被应用于不同的社会阶层中,它们的社会区隔体现在拥有不同的符号权力和象征价值。如果企业没有采纳 ERP II,企业自动限制在其处于传统领域的社会政策、阶级和权力的状态下,阶级和权力意味着层次结构和差异的回报。在这一点上,信息系统采纳和行业领域之间的关系很明显,例如,是否采用了 SAP 等国际知名 ERP II 产品是决定国内企业能否在国外上市的一个很重要的条件。因此,为了获得符号资本,ERP II 的采用者必须更多地关注 ERP II 供应商,并尝试区分 ERP II 供应商的社会地位和声望。

可以说,ERP II 使用象征货币作为符号权力的一种形式,赋予了供应链中的行动者地位、欲望和资源。其象征绩效体现在以下几点:首先,ERP II 应用程序必须被理解为一个具有符号价值和交换价值的商品;其次,组织采纳新ERP II 是为了获得供应链管理的优势,ERP II 应用也是管理水平的标志;最后,ERP II 交换价值的维护和加强来自追求差异化和合法化。

3.3 研究问题

由上述分析可知,在信息系统领域,可以借鉴布尔迪厄实践场域理论剖析复杂信息系统引起的社会逻辑变迁,包括人们拥有的符号权力及其企业架构位置对信息系统采纳的价值、态度的影响。组织采纳新的 IS 技术,既破坏现有的角色地位和业务知识,又产生顾问和关键用户之间的新的互动场景。其中,符号资本对存在于顾问和关键用户之间复杂的符号权力关系起到决定性作用,因此，本书的焦点是关于符号资本的两个核心问题：

问题 1：场域中的行动者是如何应对 IS 采纳中的符号资本变化的？他们有哪些典型的应急行为？他们怎样获取符号资本并利用符号权力？

企业信息系统采纳场域是结构化的控制场域，外部管理机制和企业内部管理传统在这个场域中进行了斗争和趋同。场域中行动者有 ERP 厂商、顾问和关键用户，他们通过象征行为获取符号资本，从而取得符号权力。在获取符号资本的过程中，这些行动者有哪些权力和符号资本？他们是如何获取这些资本的？换句话说，研究要探索行动者在 IS 应急管理中符号权力的作用机制。

问题 2：场域中行动者的符号权力是如何影响 IS 采纳的最终结果的？其中的交互过程如何？

本书认为，顾问和关键用户存在资本的相对差异，这种相对差异可以影响 IS 场域中各行动者之间的交互行为，从而可以解释尽管处于同一系统、技术和应用环境实例下，不同模块的顾问和关键用户之间却出现不同的相互作用的现象。为解决这些问题，我们需要弄清楚关键用户及顾问资本结构及力量测度对组织 IS 采纳结果的影响，也就是说，研究要挖掘行动者符号权力的交互过程对最终 IS 采纳结果的影响机制。

以上研究问题将指引本书具体的研究方向。

3.4　研究框架

要回答上述问题，需要对组织 IS 采纳过程的实践进行机制分析。本书将借用象征信息学及布尔迪厄的实践场域理论对组织 IS 采纳进行实践场域构建，这个理论框架也称为 IS 采纳的实践逻辑论，即在组织 IS 采纳过程中，IS 采纳实践 ＝［（IS 行为习性）×（IS 资本）］＋IS 场域。

研究者认为组织 IS 采纳实践活动是在 IS 场域中进行的，在这个社会空间中主要有四类 IS 资本而且构成了特定的分布结构和人类活动区隔，这些资本包括符号资本、经济资本、社会资本和文化资本，而且资本与 IS 采纳习性相互作用，最终导致 IS 采纳实践的结果。

ERP 进入企业场域会导致 ERP 中的"最佳实践"和代表原有企业习性的现有管理逻辑的竞争和协商，在这个过程中，IS 用户、咨询顾问拥有的符号

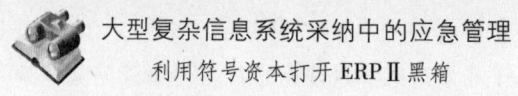
权力被触发，形成现实的采纳动力和阻力，经过一系列的权力斗争和习性的再生成，IS 用户形成了新的 IS 实践场域、资本分布和行为习性，这些资本、习性和场域的交互作用决定了 IS 采纳的最终效果。

本书研究框架（见图 3 - 4）将关注以下几个研究要点：

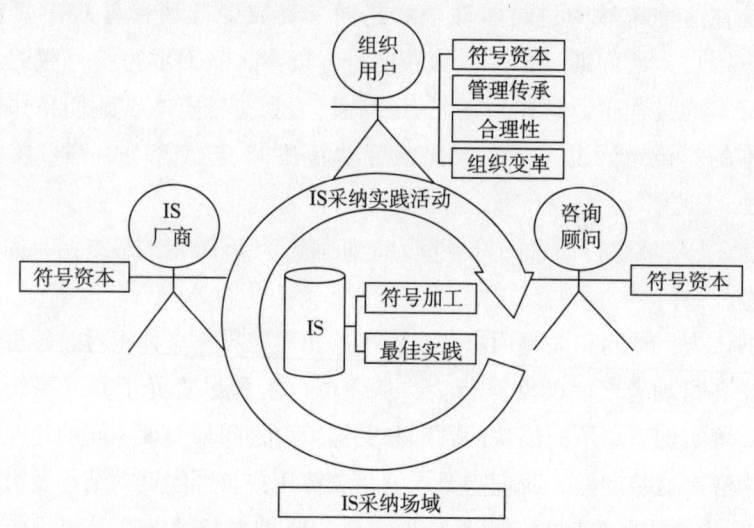

图 3 - 4　组织 IS 采纳实践场域研究框架

（1）分析 IS 采纳场域的结构。IS 采纳场域中存在很多行动者，但是，只有有限的行动者对 IS 采纳造成直接或者重大的影响，本书将重点分析关键行动者角色构建的 IS 采纳场域，并对 IS 采纳过程中的重点行动者角色进行研究，了解其拥有的符号资本的来源以及对 IS 采纳所起的作用。

（2）分析 IS 采纳中的各种应急活动并打开 IS 符号权力的作用黑箱。布尔迪厄等人认为日常活动和实践形成了组织和社会的模式。[182,194,195] IS 采纳过程就是由无数活动构成的，目的是将信息系统中的"最佳实践"和企业组织的"管理传承"趋同融合，实现组织变革。这个过程中会产生符号权力，行动者运用其争取到的符号资本对 IS 进行符号加工，最后产生可以代表组织合法性的 IS 符号。因此，本书将重点分析 IS 符号加工活动，展示 IS 符号的意义产生过程。

（3）挖掘应急行为背后的象征行为及象征意义。IS 采纳场域的空间位置承担着组织中行动者的习性和资本构成，每个行动者在位置上的 IS 实践活动同时也是符号资本的生产和增值过程，这个过程是在一定历史空间下的交错迭代过程。[66]根据布尔迪厄的理论，资本积累能决定行动者地位、权力和行动者之间的关系。[196]以前的资本积累往往为行动者提供了"相对位置"，比别人在给定的活动中更有权力。[180]因此，本书运用符号学的"意义三角"对 IS 采纳中产生的应急活动进行象征意义分析，剖析其应急行为的资本来源和习性结构。

（4）打开符合权力在应急管理中的交互黑箱。场域不仅仅是一个社会空间，也是一个历史空间，研究 IS 采纳需要了解整个 IS 采纳的动态过程。在这个过程中，行动者和他们所拥有的各种资本是通过实践活动不断积累并交错迭代的。这些行动者的总资本限制了互动结果，互动结果反过来又会影响资本积累。在这个反复不断的实践过程中，顾问和关键用户进行 ERP 实施相关的活动产生了额外的知识积累，而知识积累和随之产生的符号资本的积累决定顾问和关键用户谁主导 ERP 实施活动。顾问和关键用户根据双方资本积累修改或保持目前的交互关系，从而对 ERP 的实施过程不断地产生影响。这些过程中符号权力的博弈成为本书的研究重点。

3.5　本章小结

本章首先指出已有的组织 IS 采纳研究范式、理论和模型存在改进和完善的空间；其次介绍了布尔迪厄实践场域理论的关键概念和理论，并进行了理论探讨和实践思考；在此基础之上，运用实践理论在组织 IS 采纳研究中进行了扩展，提出研究的问题和组织 IS 采纳实践场域理论模型，为后续研究工作的开展打下基础。

第4章 研究方法和数据收集

上文通过引入布尔迪厄的符号系统理论，结合组织 IS 采纳的社会学特点，提出基于符号价值理论的组织 IS 采纳信息系统理论模型，对模型的概念和结构进行了解释。本章将依据理论模型开展研究设计，选择研究方法，挑选案例及介绍数据来源。

4.1 研究范式的选择

4.1.1 批判实在论引入 IS 实施

组织 IS 采纳过程是一个复杂的社会技术交互问题，涉及技术和组织的匹配和互动，纯粹的实证主义研究范式在面临此类开放和复杂的社会技术系统时也显得有些力不从心，不可能做到像自然科学一样的"硬"科学。为挖掘组织 IS 采纳场域中符号资本存在的核心影响机制，本书采用批评实在论的研究范式进行研究。

批判实在论的创始人是巴斯卡[14]，起源于科学哲学研究领域，后被Archer 和 Sayer 发展到社会学领域。在信息系统研究领域，已经有学者在哲学层面[197-202]、理论层面[203-207]和实证研究层面[208-211]利用批判实在论做了一些研究工作。

在方法论上，CR 对信息系统的研究同样不只是关注数据和方法分析，而是转为去理解研究者真正面临的问题和背后的原因。明格 2004 年强烈号召把 CR 引入信息系统和组织变革过程中来[199]；哈贝马斯认为 CR 可以帮助人们找出旧的组织框架及利益格局存在的问题，重新调整企业结构，从而使得企业人员和企业实体共同获得成长。[216]例如，表面上看 ERP Ⅱ 会使企业的生产效率提高，但是，背后的管理机制和企业内部结构的变化才是真正原因。社会学家玛格丽特·阿彻认为，社会为人类不可分离的构成部分，是因为社会存在方式依赖我们的活动方式。[217]这一观点在很大程度上与布尔迪厄的存在论一致。[181]因此，在信息系统领域，可以借鉴 CR 方法剖析复杂信息系统引起的社会逻辑变迁及相应的应急事件，包括人们拥有的符号资本及其社会架构位置对信息系统采纳的价值、态度和习性的影响。

4.1.2　跨越实证主义的事件层，把批判实在论的机制引入 IS 系统的实施

批判实在论的基本假设认为存在独立我们认识之外的真实世界——本体。本体内部结构的因果关系呈现层次性，深层的"因"决定浅层的"果"，深层的"因"为"结构"，中层的"因"为"机制"，表面的"果"为"事件"（可感官到的现象），事件、机制和结构（见图 4-1）组成了一个彼此差异且处于不同层级的本体世界。[197]

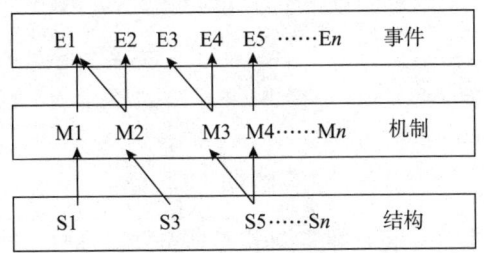

图 4-1　本体的因果层次[197]

所谓机制，是指事物起作用的方式。[14]关于机制的定义（见表 4-1），按照 CR 的观点，机制存在于事物的经验层事件之外，不容易被人感知和体验到，也就是说实证主义所依据的那些经验事件并不是 CR 所关注的机制。另外，社会世界中大多系统属于开放系统而非封闭系统，在一个开放系统中，事物内部、事物与事物之间存在种种机制，这些机制彼此互动、相互干涉与影响而导致事件的发生。因此，事件与事件之间的关系不能被看成恒常的因果关系，而是机制变动产生的某一结果。[212]在探究这些结果事件的原因上，科学研究者的任务就在于注重去辨明和解释那些正在触发和足以产生结果的机制和结构。[213]

表 4 - 1 机制定义

来源	定义
Bhaskar, Roy (1978)	机制是指事物起作用的方式
马维野、池玲燕 (1995)	机制是系统为维持其潜在功能并使之成为特定的显现功能而以一定的规则来规范系统内的各组成要素间的联系,是调节系统与环境的关系的内在协调方式及其调节原理;系统的机制在本质上属于系统的动态结构范畴,但系统机制的改变不仅是系统动态结构的变化,也可以因原有相对稳定性的破坏而导致系统静态结构的破坏
李建华 (1996)	机制为规律运动的原因;机制决定着规律,规律是机制的表现;对于更深入的实践来说,认识必须透过规律现象,达到对机制作用的认识;因果关系形成的连续的稳定过程就构成了某种机制
孙中一 (2001)	机制深刻地揭示了对象的内在本质,它又能诱发人们对事物复杂性的联系,还能给人们提供一系列处理事务的方法;认识机制的原理应从机制与结构、机制与功能、机制与方法、机制与规律等方面的内在关系来理解,这些关系构成了机制的内涵
郝英奇 (2003)	管理系统的动力机制是指管理系统的组织机构、制度、政策、文化构成的产生管理系统动能的机理和体制;动力机制是各种管理因素交互作用的结果,是支配系统运行的内在规律,它潜在地决定管理系统动力与功能,是管理系统的本质内涵
李以渝 (2007)	机制属于事物内因,事物的结构尤其是自我相关这种特殊结构产生机制,即"怪圈结构产生机制";在系统中设计、建立机制就是要研究系统具体的局整关系、因果关系等,将部分与整体、原因与结果等不同层次缠绕在一起实现自我相关,即建立具体的怪圈结构
陈安、武艳南 (2011)	机制的构成一般分为参与者、关系及规制等类别,参与者又可分为主体、客体与介质,规制又可分为时间规制、空间规制及能量规制,即机制是由七元件组成

在认识论上,批判实在论学者承认解释主义是理论的条件,但是与解释主义的不同之处是,他们认为社会世界是由结构和知识活动构成,社会是人们和结构互动的结果,社会结构对社会活动有能动和约束作用。

批判实在论并不以发现一般规律为目标,而是以理解和解释经验域背后的东西即本体真实域中的结构和机制为目的。对于一个表面现象,研究者需要先经过经验观察,假设存在一些机制可以解释该现象,经过回溯,确定这些机制是与要研究的对象本质联系在一起,这样才能超越事件的罗列,识别相关联的生成事件背后的深层机制。[214]

在研究中，以批判实在论为取向的研究者将坚持以下主要假设[215]：

（1）人类所有的思想和意识都是一种权力关系的展现，而权力关系都是社会与文化共同构建的产物。

（2）社会事实永远摆脱不了社会主流价值与意识形态的作用，所以，权力关系是一种不稳定、不确定的现象。

（3）语言符号可以说是个人意识等主体的核心。

（4）在当代社会往往存在一些优势团体，这些优势团体往往会对其他团体产生压迫和剥削。

4.1.3　从机制和结构层研究符号资本在信息系统应急管理中的作用

在上述假设的指导下，本研究的目的是分析组织 IS 应急管理过程中符号资本的生成机制，使组织行动者达到意识觉醒，最后通过集体行动来实现改变和优化组织 IS 采纳的目的。

本书基于以上研究成果，利用 CR 的研究范式，从其提供的分层模型出发，即分别从事件层、机制和结构层来研究符号资本在信息系统应急管理中的作用和影响机制，所建立的研究范式模型如图 4-2 所示。其中，事件层中内部事件、外部事件是组织 IS 采纳过程中存在的各种现象；机制和结构层才是这些应急现象背后真正的"因"，它们是符号资本产生作用的真正动力和原因。

4.1.4　IS 采纳的应急管理事件层研究是不足的

根据 CR 的观点，IS 应急管理场域中行动者能体验到的只是一些经验事件，这些事件并不透明，需要更进一步的描述和解释。本书构建理论的目标就是解释经验应急事件背后隐藏的力量——机制。因此，本书对组织 IS 应急管理进行考察的首要任务是分析 ERPⅡ应急管理过程中呈现的经验事件，然后对背后隐藏的机制进行挖掘。人们能够通过直觉观察到 IS 采纳中诸多应急事件，传统的实证主义研究方法主要是对这些事件进行归纳，提出信息系统实施成功或者失败的关键因素，进一步提出对策。这种研究范式主要是把事件层的具体活动或者策略作为研究对象，从图 4-2 基于 CR 的研究范式中我们可以看出，事件层包含数量巨大的应急管理事件，这些应急管理事件是在企业 ERPⅡ采纳

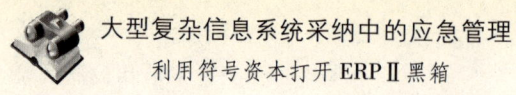

的迭代互动过程中产生并由机制触发的，最终形成了组织 IS 采纳绩效的象征、认知、管理和经济等价值。

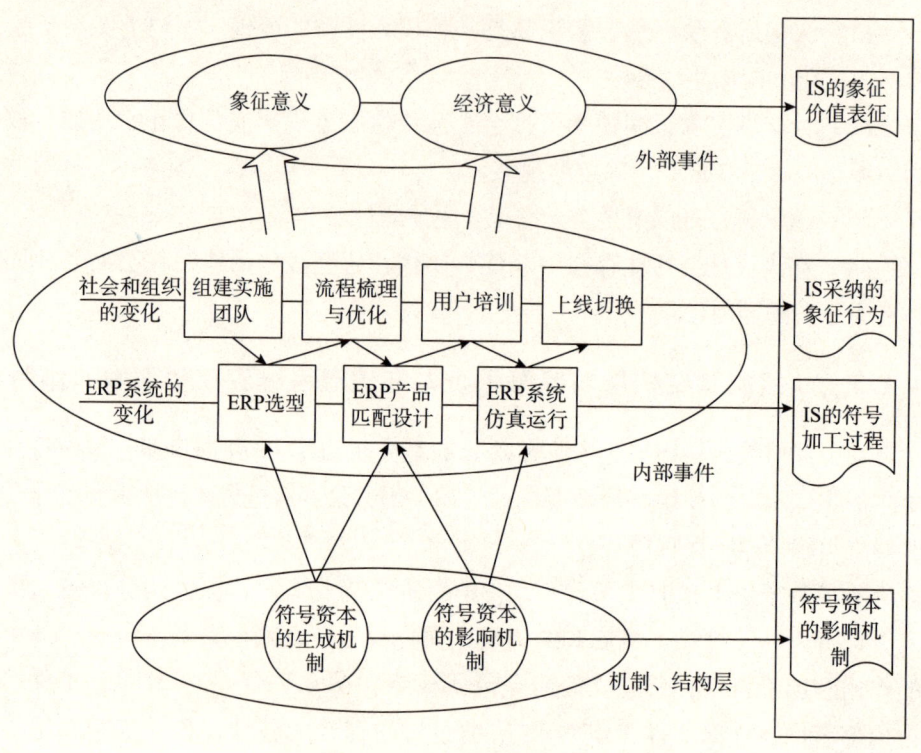

图 4 - 2　基于 CR 的研究范式

此外，事件层还存在社会组织的变换和 ERPⅡ 系统的变化，里面隐藏了许多无法观察到的事件，特别是人们的心理变化。传统的 IS 采纳过程是指按瀑布模型构建技术系统来传输信息。这个定义的缺陷是只看到技术系统而看不见整体社会组织系统，无视技术系统和系统之间的信息转换和角色交互。IS 采纳过程中包含社会系统和技术系统之间的迭代转换。因此，本书针对 IS 应急管理的研究不仅仅关注技术因素，还重点关注相关行动者角色的资本力量的多寡，重点从参与信息系统实施的行动者拥有的符号资本多寡和相应的结构位置分析他们采纳 IS 的行动及其策略，发现他们的角色互动和资本转换。

4.1.5　从机制、结构层研究 IS 采纳中的符号资本交互过程

沃尔科夫利用扎根理论，以 CR 为基础对信息系统引起的组织变革过程进

行了分析，识别了嵌入企业系统的关键机制，包括组织规则、角色分工和数据意义，这些关键机制被用来解释组织变革的过程。[209]本书同样采用扎根理论对符号资本的生成机制和符号资本的影响机制进行数据分析，与沃尔科夫不同的是，本书还采用系统动力学的反馈结构进行机制建模和仿真。

根据本研究的理论框架，本书模拟仿真了组织 IS 应急管理过程中顾问和关键用户所拥有的符号资本对他们的交互过程的影响，也模拟仿真了符号资本对组织 IS 采纳效果的影响。为清楚分析组织 IS 应急管理过程中顾问和关键用户的应急管理行为的根源，本书借助扎根理论进行了不断的比较和分析，目的是弄清楚这些应急管理行为的产生条件，即为什么行动者所拥有的符号资本会影响顾问和关键用户的应急行为，也就是发现和构建符号资本的生成和影响机制。按照 CR 的观点，机制是由一些结构组成的。为了搭建这个结构，本书对扎根理论形成的概念进行了对比分析，构建了系统动力学机制模型，但是，我们需要进一步验证这些想法，测试这些结构的相关性、解释力和内部一致性。而通过系统动力学模拟仿真可以将这些机制结构放入一个动态的仿真环境下运行，这意味着我们不需要在实现实地考察的背景下调整各种资本条件，例如，本书设定了有关的符号资本和 ERP Ⅱ 知识相对值，观察它们如何限制和促进 ERP Ⅱ 的应急管理活动。这样，我们使用一个抽象的方式来研究这些行动者的相互作用，实现了对 IS 采纳活动的进一步探索。

4.2 研究方法选择：从实证主义走向批判实在论指导下的质性研究

批判实在论寻求能解释自然科学和社会科学的方法，反对单一的实证主义研究框架，认为科学总是超出人的认识，而真实世界的组成部分与物理世界和社会世界有巨大的不同，因此多元研究方法是了解整个世界的必然选择。[218]从现有的研究来看，实证主义仍然占主流地位，国内外对组织 IS 采纳的研究往往采用实证主义的研究范式，例如，1983 ~ 1988 年 97% 的 IS 论文使用了实证主义研究框架。[219]直到现在，在主流 IS 期刊 MISQ 编辑的努力下，非实证主义（后经验主义）才逐步流行。[218]例如，最近的调查显示，使用泛解释主义研究框架的论文占到 IS 总论文量的 16%。[220]实证主义倾向于通过问卷调查、案例研究、访谈等方式收集数据，建立因果假设，进行实证判断，几乎所

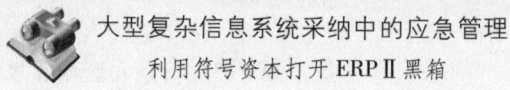

有研究关注的都是对可以体验到的现象的实证和解释。然而实证主义研究范式无法从根本上回答 IS 采纳的产生原因是什么，从批判实在论的观点来看，现有研究只是停留在事件分析层面，还未从机制层面对 ERP II 实施过程中的事件产生的原因进行解释。由于 IS 研究涉及多学科，单纯一种研究方法无法满足研究需要，需要采用多方法研究。[221]另外，在同一个研究课题中多种方法并用可以丰富理论的内涵。[222]值得注意的是，如果涉及太多的方法，将会使研究变得碎片化，缺乏主导性。尽管方法多样正好符合社会的复杂性，但是会失去严谨性，需要根据研究的上下文环境来选择。针对多研究方法，本研究选用了扎根理论和系统动力学方法进行研究。

在本研究中，多元方法的使用采用了顺序式设计[218]，我们首先通过文献研究法构建组织 IS 采纳场域的问题框架；然后，利用扎根理论分析一个具体组织 IS 采纳场域中各角色的应急行为，挖掘这些应急行为的象征意义；最后，从象征实践的视角出发，同时结合系统动力学模型研究符号资本对组织 IS 采纳产生的动态影响机制。

本研究所选用的方法如图 4 - 3 所示。考虑到本书已经通过文献法进行了问题定义，下面仅就扎根理论和系统动力学的相关内容进行阐述。

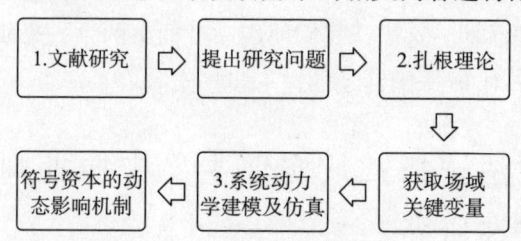

图 4 - 3　研究方法选择

4.2.1　用扎根理论获取场域关键变量

扎根理论（Grounded Theory，GT）是一种质性研究方式，强调在经验资料的基础上建立理论。[223]扎根理论是一种开放的工具，通常用于定性分析原始数据，探索并构建理论，但也可以用于验证理论或其他用途。[224]研究者在研究开始之前一般不作理论假设，直接从实际观察入手，通过编码方式从原始资料里概括出经验，然后上升到系统的理论关系。这主要是一种从下往上构建实质理论的方法，即在系统性收集资料的基础之上寻找反映事物现象本质的核心概念，然后比较这些概念相互之间的联系，并构建相关的社会理论。但是，认为扎根理论只是产生理论、发现理论而没有验证理论是不正确的，扎根理论同样可以验证理论。[225] 作为一种研究方法，扎根理论原则上没有学科的限制或方法论立场的预设，可以适用于不同学科和不同研究主题。[226] 扎根理论一定要有经验证据的支持，但是它的主要特点不在其经验性，而在于它从经验事实中抽象出新的概念和思想。例如，Strauss 和 Corbin 提倡通过实质分析发展正式（或一般）理论[227]，扎根理论创始人 Glaser 和 Strauss 建议使用扎根理论进行定性和定量分析结合，但也建议使用实质分析产生理论。[17]

本研究之所以采用扎根理论的质性研究方法，是因为该方法所坚持的参与性认识论是一种典型的后现代批判思维。Creswell 提出，后现代批判思维基于这样的信念，即探求必须建立在现实世界的状态下，例如要使得研究基于阶级、性别和其他集团隶属的多个视角。研究需要对存在于阶层结构、权力和控制、隐蔽的霸权、前后矛盾、对立和矛盾中的情形进行多重意义构建。[228] 本研究也是基于以下后现代批判思维的假设：IS 应急管理场域存在因资本占有不同而形成的行动者阶层结构；这些行动者之间存在权力争夺和控制关系；符号暴力作为一种隐蔽的霸权在 IS 应急管理过程中持续存在；IS 采纳包含经济的和符号的解释；信息系统应急管理行为不但充满个人和组织的符号意义构建，而且融合了社会和符号资本的影响。由于实际的或道德上的原因，不能通过做实验的方式来实现本研究的研究目标，但是扎根理论是最合适的数据分析方法。它可以深入研究对象的复杂性和过程，可以挖掘非结构化和非正式的关系，还可以洞察没有直接表现出来的心理现象。

扎根理论将场域中的数据转换成概念编码，这些概念可以转换成系统动力学变量，为下一步的系统动力学建模提供科学严谨的分析基础。本书使用扎根理论的目的是对 A 公司的 ERP Ⅱ 实施案例进行分析，发现核心变量，为下一步系统动力学仿真建模提供概念变量。通过构建模型的元素和关系的因果关系，从数据生成的模式（例如顾问和关键用户的符号资本和文化资本水平）形成我们的模拟的理论结构，然后以模拟行为定性程度反复进行模型与实际场景的比较，通过返回的数据改变模型元素之间的连接，完善对模型的假设。

4.2.2　用系统动力学模型构建扎根理论的关键变量相互作用关系

系统动力学模型是构建组织理论的强大建模工具[18,19]，近年来在信息系

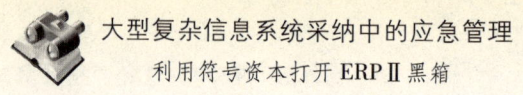

统研究领域受到越来越多的关注。[20] 在研究方法方面，Law 和 Urry 指出："用社会科学方法理解非线性关系和流是有问题的……"[21]（例如自我增强反馈环）相对于其他关于 IS 采纳的研究方法，系统动力学模型有其独特的优势，它可以让本书聚焦于 IS 实施过程中顾问和关键用户之间存在的各种反馈环和反馈环中的非线性的资本结构和时间延迟。

我们运用系统动力学模型构建组织 IS 应急管理场域中顾问和关键用户之间的关系。系统动力学建模工具有助于打开 IS 应急管理过程中行动者的应急行为黑箱，梳理 IS 采纳时相关行动者之间密集而反复的相互作用，通过模拟组织 IS 应急管理场域系统中存在的可能性，可以洞察符号资本对角色之间复杂的相互作用的影响，以及为什么会产生不同的互动结果。本书所建立的模型通过映射每个核心变量之间的因果关系，构建数学假设关系，模型可以动态模拟随时间变化而导致的假设关系的变化。模型是在虚拟关系的基础上运行，如果产生的行为类似于具体 ERP II 实施过程中产生的行为，那么模型中表示的结构可有效解释现有行为模式的生成机制。虽然它不可能证明数学模型的有效性，但是我们希望表明这种更抽象的形式与观察到的现象是一致的。我们的目标是描述符号资本如何影响 IS 应急管理场域中各行动者之间的互动，以及在什么条件下顾问和关键用户会产生合作，并揭示更一般的结构模型。

但是，系统动力学建模具有一定的技术要求，要求研究者具有一定的专业知识，对研究者的综合能力要求较高。为应对此类挑战，在本研究中研究者采用以下几种方法：

（1）本书为了降低复杂性，在研究初始阶段，模型开始没有建立精确的数学规约关系，而是重点对组织 IS 采纳过程中象征价值产生影响的增强（自我强化）和调节（自我修正）反馈机制建模。增强（自我强化）和调节（自我修正）反馈回路在决定组织的系统的动态行为上很重要，因此，建立的模型可以用因果环图来描述关键的增强或者调节反馈回路。

（2）除了使用系统动力学模型制定因果关系环图用以构建理论，研究者亲自参与组织 IS 采纳过程，采集并学习了涉及 IS 采纳的核心业务知识，包括对信息系统的界面层、功能层和业务流程层结构的认识；对整个 IS 采纳过程有深入的理解；培养出对采纳角色的象征行为的敏感性；了解不同角色之间是如何交互的。

（3）研究者列出了 ERP II 需要实施的流程清单，并对每个流程中的功能点进行了分析，识别其中重要的业务事件。例如，采购流程中，财务对采购合同的审核被看成关键事件，一些跟 IS 采纳直接相关的事件则被看成核心事件，比如确立主数据、IS 组织架构以及确立蓝图和流程，由此识别出企业采纳 IS 的主要实体、关键角色和系统功能，并对 ERP Ⅱ 实施中的行动者与 IS 中的流程功能进行综合分析，重点是关注行动者对流程中的功能点的运用意图。例如，关键角色对某个单据的审核是否有技术上的必要。这意味着要检查其中的业务逻辑中的因果关系和其中的正向和逆向的关系链，特别是必须了解 IS 系统是否已经实现了其中的功能，理解 IS 系统中已经存在的因果关系。

4.3　质性研究的样本选择

选择研究样本是本研究的重要步骤，目的是确保研究者在进行资料收集前能确定合适的研究对象。在进行筛选之前，研究者需要制定一套具有可操作性的标准，以区分那些适合作为研究对象的可能案例。完成筛选程序后，研究者还需要再审慎地进行回顾，并思考开展试验性研究的可能性。

按照上述要求，本书在选择案例时，理论层面主要参考了三个标准。首先，所选的案例应具有一定的代表性，能够反映组织企业采纳信息系统应急管理的真实情况。相关的组织应该具备一定的发展规模，同时有运营的独立性。考虑到国内应用信息技术的现状以及研究者 10 多年来对国内制造企业 MRP Ⅱ/ERP/ERP Ⅱ 系统进行的跟踪研究，相关企业选择制造行业为主。

其次，所选案例具有一定的企业信息化建设背景和实施经历，组织管理者同意研究的开展，能够提供大量的第一、第二手资料供研究使用。

最后，所选案例有相当的组织采纳信息技术经历，可以提供多方面的结果供研究者参考和对比。

参考理论层面的三个标准，本书最终确定了 OB 化妆品公司作为案例样本，深入企业进行 IS 应急管理的扎根理论研究。OB 公司为南方某省典型制造型企业，在所属行业中具有相当的代表性，具有一定的规模。公司实施信息化的时间较长，从 1999 年开始实施电算化系统，2003 年上了 ERP 系统，2012 年升级 ERP 到 ERP Ⅱ 系统。10 多年的 IS 采纳实践使得 OB 公司积累了丰富的实践经验和管理资料。从信息系统的采纳经历来看，OB 公司的信息化过程中既有成功，也有失败，为研究的探讨提供了丰富的资源。

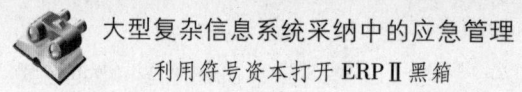

在具体研究的操作层面，选择这家企业的原因主要有以下几点。

（1）已经完整采纳过一些简单的 IS。经历过 IS 采纳过程的企业内部人员对 IS 的认知不仅仅局限于工具的使用，企业个体角色完成了对 IS 的扫盲工作，已经在 IS 领域拥有一定的符号资本。从组织采纳过程的完整性来看，这些部门经历过完整的 IS 采纳过程或周期，有助于研究者考察组织 IS 采纳的演变历史和进化过程。从目前中国企业的 ERP 行业现状来看，这样的企业占大多数，极少数企业从没上过 ERP 或是没有采纳过信息系统。本案例研究的样本具有典型性。

（2）正在进行 IS 采纳，方便研究者深入企业进行扎根研究。扎根理论强调研究的现场性，需要研究者根据研究情况动态调整访谈方案和内容。OB 公司正在进行 ERP II 系统采纳，可以让研究者根据需要捕捉实时的研究环境下个体角色的反映情况。

（3）ERP II 项目的规模大，反映出当前大型复杂信息系统应急管理的场景。本书研究的对象是企业信息系统，区别于一般信息技术和信息系统，企业信息系统往往结构复杂且规模较大，因此要求采纳技术的公司具有一定的组织规模和经济实力。OB 公司的 ERP II 软件实施项目第一期合同金额近 400 万元，企业信息化工作经验丰富，有多个子公司组织，信息系统复杂程度高，企业在同行业排名中也都位居前列，在省内制造企业中具有一定的典型性，可以反映出当前大型复杂信息系统应急管理的场景，因此被列为选择对象。

（4）资料收集的便利性与完整性。资料收集的便利性与完整性直接影响扎根研究的质量。在一些备选的研究样本企业中，有些企业由于企业员工年龄问题（关键用户年龄在 40 岁左右），缺乏相应的教育背景，提供的资料很有限，无法帮助研究者准确地把握组织采纳过程全貌。有些企业则因为企业之间存在复杂的人事关系，用户不愿合作，数据的完整性无法得到保证，因此都被排除。本书选择的 OB 公司为私营公司，企业的效率高，除管理人员外，员工普遍年轻化，素质较高。OB 公司不仅同意研究者进行参与式观察，也同意研究者参与项目实施和帮助企业进行报表系统的开发，而且免费提供了优厚的食宿条件（和顾问们住在一个三室一厅的套间里，食堂免费就餐）。在研究资料的提供上 OB 公司也十分配合，经常定期开展内部活动，这为研究者观察研究对象的行为提供了极大的方便，也保证了数据的真实性和完整性。

4.4 数据收集

4.4.1 资料来源

扎根理论方法的核心是对数据进行筛选和分类,使研究者能够与其他部分的数据作比较。扎根理论家非常强调研究现场发生的事情。因此,本研究的主要资料通过交互式访谈和参与式观察获得,通过这些观察事件,研究者不断对一些观察到的事件、现象和观点进行编码。例如顾问、关键用户的应急策略及其"象征行为",财务顾问被投诉"缺乏沟通能力""严谨有余,灵活不足"。这些编码以及我们关于这些编码的想法都在后续数据收集中指向所要探究的领域。我们会比较财务模块顾问、生产模块顾问相关的事件、观点与我们所访谈或观察的下一个角色个体的编码,以此类推,直到完成所有相关个体的研究。观察和构建数据时还需要考虑的因素有:

(1) 除关注研究对象的语言外,还需要关注研究者的行动和事件的过程。

(2) 活动的背景、上下文场景和情境。

(3) 5W1H 原则,即要从原因(何因,Why)、对象(何事,What)、地点(何地,Where)、时间(何时,When)、人员(何人,Who)、方法(何法,How)六个方面提出问题进行思考。

(4) 具体行动的意图和产生、增强和削弱的调节因素。

(5) 寻找解释这些数据的方法。

(6) 关注对话中特定意义的字、词和句。

(7) 发现背后隐藏的假设条件,展示发现过程和潜在的影响。

此外还有其他资料来源,包括文献、档案、记录和实物证据等静态的材料。每种来源各有短长,不同种类的证据来源互为补充,能够提高研究的数据饱和度,因此成功的扎根研究应努力通过各种来源获得资料。

数据收集一直是困扰研究者进行深入研究的难题,组织 IS 采纳过程中存在社会、政治、组织和管理的变革和 ERPII 系统的变化,里面隐藏了许多无法观察到的事件,特别是人们的心理变化和价值变迁。单纯的问卷调查无法了解对象发展的具体现象和心理变化过程,同样,有限的两三次深入访谈也只能获得某个特定历史条件下的用户认知,且对访谈者的技巧要求比较

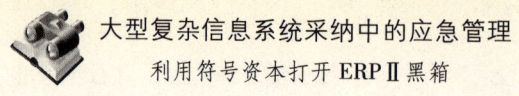

高。因此，本书研究者通过 8 个多月的参与式观察，尽可能获得了全面一手的研究资料。

4.4.2　资料收集工作

为发现资本结构和总量及其系统扩散等各变量之间存在的因果、反馈和延迟关系链，获取各行动者第一手认知资料，本书重点对一家典型企业进行了 8 个多月的扎根理论研究，进行数据收集和编码分析，以构建新的理论和解释。本书相关研究准备工作始于 2011 年，开展扎根研究的时间为 2012 年 5 月至 2013 年 2 月，持续时间约为 8 个半月，研究者参与了该项目的部分实施工作，与另外一名研究者共同进行了相关项目研究，实现了在项目期间两人中至少有一人在现场，保证了数据跟踪的广度和深度。

扎根理论的首要任务是建立介于宏大理论和微观操作性假设之间的实质理论（即适用于特定时空的理论），但也不排除对具有普适性的形式理论的构建。[224] 然而形式理论的构建是一个不断从事实到实质理论，然后再到形式理论的演进过程，需要大量的资料来源。它要求研究者不仅能根据安排收集资料，访谈对象，还要能比较自由地观察组织运作，了解第一线的运作情况。数据跟踪的广度和深度常常需要大量的研究者调研时间和充分的企业支持作为保证，本书所选的 OB 公司 IS 采纳项目在广度和深度层面都符合上述要求。综上所述，为提高研究的效度和信度，本书主要采用参与性观察和访谈来收集数据。这种方法可以确保获得参与者真实的行为、表现和意图，以及他们在研究过程中发生的各种变化，从而为深入探究信息系统实施参与者的社会交互提供有效的途径。为此，研究者亲自参加了 OB 公司的部分 ERPⅡ实施工作，以咨询公司派出的实施顾问的角色对项目组的成员和 OB 公司的关键用户进行了参与式观察。研究者在其中承担报表实施顾问的角色，由于报表设计的特殊性（需要从不同的模块调用数据），研究者可以访问其中所有的需求文档和参加各种项目会议以了解客户想法。通过参与性观察，研究者得到了大量内容丰富的现场笔记、会议记录和访谈录音记录，如表 4 - 2 所示。所有的现场笔记都注明了日期、记录者和环境备注，如地点、在场人员、环境布置、社会交互类型等。在研究过程中，这些现场笔记还被不断地修正和补充。

表 4 - 2 OB 公司资料收集概况

资料来源	资料形式	数 量
档案	企业报表	3 份
文件	实施文件（实施方案、会议纪要、需求文档、操作手册等）	112 份
数据库	数据库	1 套
采访	面对面访谈	15 人，共计约 50 小时
直接观察	实际一线观察（研究者未参与任何控制活动）	约 2 周
参与式观察	研究者以报表实施顾问身份进行观察	约 16 周

研究者重点对顾问和关键用户分别进行了一系列半结构化的深入访谈，如表 4 - 3 所示。

表 4 - 3 公司访谈活动小结

访谈角色	部门	人数	次数	形式
副总	总经室	1	3	访谈
部长、技术员	资讯部	1	10	访谈
正副部长，关键用户	财务部	2	8	访谈
正副部长，关键用户	生产部	6	5	访谈
正副部长，关键用户	销售部	6	3	访谈
正副部长，关键用户	采购部	2	2	访谈
项目经理	顾问	5	10	访谈
管理人员	项目管理办公室	1	1	E - mail

访谈每次 1.5~2.5 小时。例如，对顾问的访谈围绕顾问的工作行为、作顾问的原因和他们与用户之间的互动展开。因为之前开展了参与性观察，参与者在访谈中能更合作地为研究提供有价值的信息，并且为研究提供一些新的议题。访谈在质性研究中具有特殊作用，因为它可以使我们深刻洞察人们的经历、观点、渴望和情感，可以对不同位置上的角色拥有的符号资本大小及其权力控制进行考察。

4.5 数据分析及软件工具

本书采用扎根理论和系统动力学理论对 OB 化妆品公司的 ERPⅡ 采纳场域

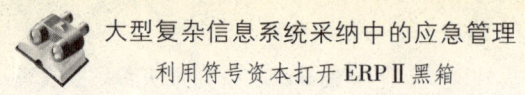
进行了数据分析。数据分析包括从数据收集到数据描述再到编码归类，查找差距，形成反馈回路，然后建立总体系统动力学模型。整个过程是一个逐渐转变的过程。

4.5.1 扎根理论数据分析

本研究采用澳大利亚 QSR（Qualitative Solutions & Research）公司专为大规模定性研究项目设计的质性研究工具 Nvivo 进行扎根理论数据分析。NVivo 支持对非数值性、无结构数据建立索引、进行搜寻和构建理论，提供了导入（Internal）、编码（Node）、群组（Set）、查询（Queries）建模（Models）、链接（Links）、分类（Classifications）和文件夹（Folders）八大功能，加快了质性研究分析的过程。其主要适合分析纵向研究、行为研究、内容分析、对话分析、人类学、文学回顾以及上述多种方法混合使用的定性研究数据。[229] 采用该工具可使扎根理论研究结果更科学化及效率化。其相关功能界面如图 4 - 4 所示。

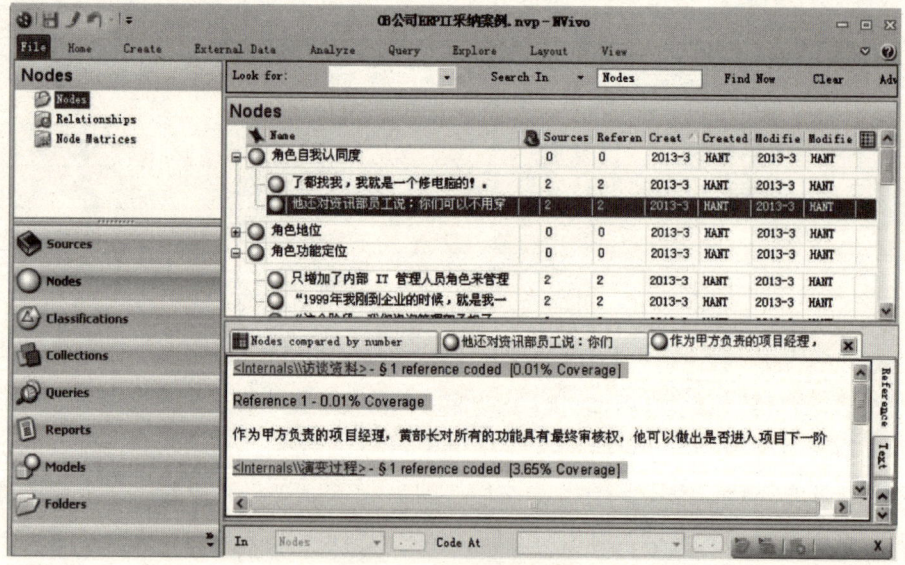

图 4 - 4　Nvivo 软件界面

扎根理论数据分析遵循以下基本的扎根理论步骤：

（1）在数据分析过程中，研究者首先整理了 OB 公司信息化建设的档案记录和文献，并对企业的基本情况作了描述，对下属公司相关的资料进行了初步编辑，建立了数据库。

（2）开展访谈和参与式观察活动，精练出访谈内容的主题与关键词，通过进行大量的比较及对这些比较进行编码，形成对数据的分析性把握。这个过程中形成了初步的分析笔记（即备忘录），记录事件的编码、比较，以及所产生的任何关于数据的想法。通过研究数据、比较数据、写备忘录，识别出可能影响组织采纳状态的关键事件，并从文化资本及符号资本维度进行梳理和总结，把最适合和最能解释这些数据的想法定义为尝试性的分析类属（Category），并建立了核心索引，供后续分析使用。

（3）提升这些数据的抽象水平，以形成的分析类属及在这些类属间所建立的关系为基础进行再次抽象，然后收集更多的数据来检验和完善这些生成的分析类属。在这个步骤中，整理出组织采纳关键事件，并与相关人员（主要是关键用户和顾问）展开讨论，简化和修订这些类属和概念。

（4）最后，本书形成了对所研究的经验数据的抽象的理论性理解，并构建了一个系统动力学模型来模拟实施场景，完成本案例的扎根理论分析。

4.5.2　系统动力学仿真符号资本在 IS 应急管理中的作用机制

根据上述扎根理论分析产生的概念编码，本书对 IS 中符号资本积累、ERPⅡ知识积累和 ERPⅡ实施活动等概念进行了因果分析，目的是为了发现符号资本是如何影响顾问和关键用户之间的互动效果的，也就是构建符号资本的作用机制及其系统动力学模型。

在借鉴了 Black 等人模型的基础上，研究者构建了符号资本的影响机制的系统动力学模型来测试因果关系环中蕴含的机理。本研究采用 Vensim 软件进行系统动力学仿真。Vensim 由美国 Ventana Systems 公司所开发，可提供一种简易且具有弹性的方式，以建立包括因果循环（Casual Loop）、存量（Stock）与流程图等相关概念的系统动力学模型，并实现模型的模拟、分析和最优化。[230]其相关界面如图 4 - 5 所示。

使用 Vensim 建立动态模型，只需要用图形化的各式箭头连接各种变量符号，构建因果关系回路，并构建变量、参数之间的数量方程式模型，写入变量文档中，各变量之间的因果回路模型即可完成。图形化功能可以帮助研究者了解模型架构和修改模型，建立模型的过程可以帮助我们了解变量间的因果关系与回路，了解各变量的输入与输出关系。

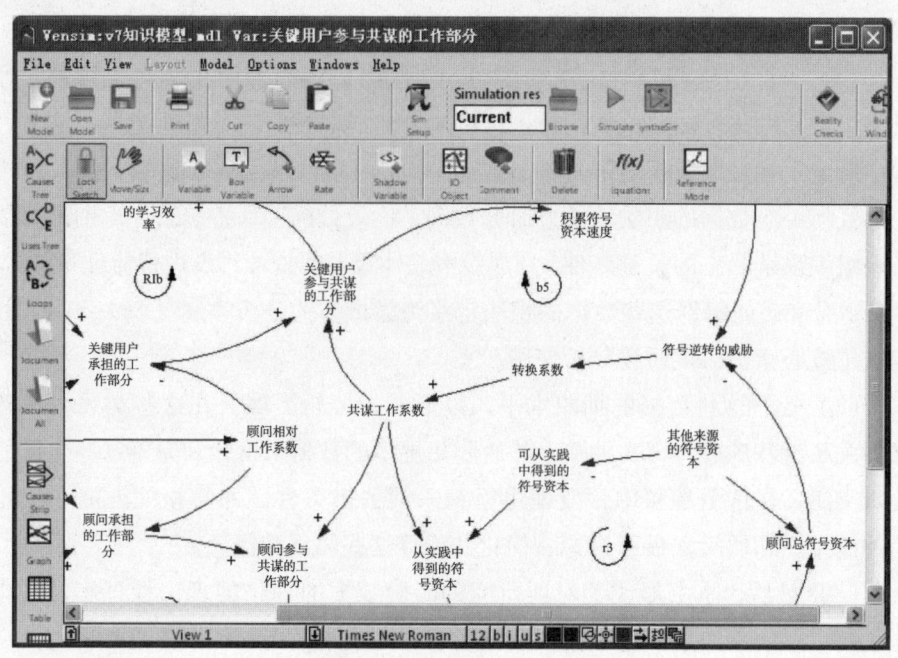

图 4 – 5　Vensim 软件界面

研究通过调整各变量的初始值和变量输入来模拟现实中的实施交互结果，产生的结果可以用于指导实践。详细内容参考本书的第六章。

4.6　研究质量的控制

根据案例研究的规范性要求，开展具体研究工作前必须获得企业管理者的同意；对个体开展访谈工作并录音前，也必须说明保密原则及使用范围，在获得个体同意后方可进行。本书对相关企业员工的访谈活动全部有书面记录，这保证了案例研究的信度。企业信息系统的采纳过程十分复杂，涉及大量企业内部的真实情况，不仅包括数据、文件等定量、定性资料，还有不同团队、个体间的矛盾、相关利益冲突及组织政治因素，这些内容都可以对案例描述和分析提供材料，但也存在是否可以公开的问题。企业管理者仅仅同意在相关宣传活动中使用企业正面资料，有些因受访者个人的意愿而不能被记录在正式报告中，因此对案例的最终选择产生了影响。本书中的案例研究草案经相关企业负责人审阅后，相关内容可以被用于研究报告中。同时，应企业要求，本书隐去了企业和受访者的真实名称，并在不影响案例真实性的基础上对描述性内容略作修改和精简。在此基础之上，研究者获得了一定的涉密级别的企业内部文件，大大提高了案例研究的信度。

扎根理论的特点是在访谈中探索，因此访谈并没有设定提纲，只有预定的主题。为保证受访者对提问主题的准确把握，访谈还有针对性地对同主题进行了多角度提问。对只有一次访谈的受访者，如果时间允许，研究者还会在最后进行一次谈话总结，以确认双方不存在明确的误解和偏差。在访谈对象的安排上，研究者选定了在 IS 采纳中最重要的几个业务部门（如资讯部、生产部和财务部等）进行访谈，每个部门都争取安排两人次以上的访谈，以此来保证多元数据来源和逻辑推理的依据，提高研究的建构效度和内在效度。最终研究框架的出台及研究模型的搭建都与公司相关人员进行了讨论，并听取了部分建议。

特别需要指出的是，针对案例企业在采纳信息系统过程中关键事件状态的确定和区分，研究者严格遵循案例研究方法的要求，采用了下述措施保证案例的客观与真实。首先，根据企业资料中可以获得的客观数据（如财务报表、会议纪要、阶段方案报告和调研数据等）来分析采纳阶段（如项目进度等）与采纳状态（如进度、模块功能完成度等），识别企业明确记录的关键事件和应对策略（如会议记录、大事记等）。其次，通过参与式观察和结合访谈资料、会议记录和谈话录音等受访者主观描述内容，进行初步编码和分类分析；明确具体关键事件和采纳状态，并补充由访谈者描述的而公司文件资料中没有记录的内部事件、人事矛盾和项目冲突等，形成基本框架。再次，对上述步骤中无法明确的内容展开多轮访谈、参与式观察或资料整理，对框架中过于粗略或过于细化的部分重新进行界定，形成研究者对案例的具体分析结构。最后，研究者邀请 OB 公司的信息部门、合作的顾问等相关人员对分析结构进行了专门探讨，听取他们对关键事件、象征行为的编码及象征意义的修改意见，以实现案例资料主观分析与客观数据的统一。尽管案例的描述与分析内容带有研究者的主观倾向，但通过上述分析过程，可以形成不同来源数据资料的相互对比和校验，建立完整的证据链，为案例研究结论提供了规范性保障。

如何通过对特定样本公司的数据构建在一个更宽泛的组织环境下有参考价值的编码系统，最后形成模型和理论，也是本研究的难点所在。而 IS 采纳的整个过程中，咨询顾问是核心节点，掌握着 IS 信息和大量采纳企业的信息。

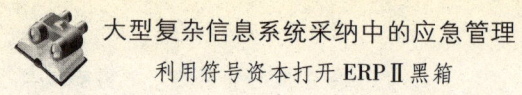

研究将建立初步的模型，再将该模型分别提交给多个有 5 年以上从业经验的资深咨询顾问进行沟通访谈，逐步完善模型，实现模型的通用化。

4.7　本章小结

本章进行了研究方法选择和研究方案设计，确定采用扎根理论数据分析方法和批判实在论研究范式深入分析符号资本对组织 IS 应急管理的作用机制。综合考虑组织 IS 采纳的实际情况及案例选择标准，本书选择了 OB 公司作为扎根理论研究样本，介绍了案例数据收集和数据分析方法，以完成后续多方法研究的各项准备工作。

第 5 章　IS 应急管理中符号资本作用机制分析

上文确定了研究方法和研究方案，选择了 OB 公司作为研究样本。本章将根据已有的研究分析框架，以 OB 项目为例对组织 IS 采纳场域中的各行动者符号资本的再生产过程展开研究与分析，找出信息系统应急管理事件及其典型的应对策略，挖掘这些现象背后隐藏的象征行为，对象征行为的象征意义进行剖析，对符号资本在 IS 应急管理中的作用机制进行分析。

5.1　引言

根据上文的理论分析，本书认为 ERP II 采纳过程是组织 IS 采纳场域的搭建过程。这个过程涉及相关社会角色（例如 ERP II 厂商、咨询顾问和关键用户）的身份构建问题，ERP II 采纳就是构建社会角色的过程。然而 ERP II 中的社会角色在 ERP II 实施中作为一种特定的管理行为和象征意义的观点，在学术界一直没有得到广泛的重视。另外，信息系统的采纳结果是角色之间（实施顾问和企业中关键用户）、企业和社会文化环境之间和 ERP II 与企业内部管理之间的动态交互结果。这种交互产生的后果是，ERP II 作为一种符号，其意义在不断被重构和解释。这种演化结果被越来越多的学者认为是文化对信息系统实施产生的影响。由于受传统的主流教育哲学的影响，学者们对它的研究主要以认识论为基础[231]，缺乏对该过程的社会学分析。此外，以前的研究对于影响顾问、关键用户之间的关系的社会动力机制缺乏深刻的描述。

我们认为，ERP II 和组织内部都存在丰富的规则、惯例和流程体系，其种类之多，内容之丰富，可谓汗牛充栋。在此丰富的规则体系中，角色所拥有的符号资本对这两种不同来源的规则的创造、传承和演化起着何种作用？这些问题对信息系统应急管理研究是很有学术价值的。

本章以 OB 公司 ERPⅡ 采纳、实施为例，研究 IS 采纳场域中存在的主要社会角色及在 IS 采纳过程中出现的应急管理事件中各角色符号资本的构建行为，并建立相应的系统动力学模型。本章的焦点是从 ERPⅡ 采纳场域中行动者的社会角色的视角出发，综合考察 ERPⅡ 实施中争取符号资本的象征行为。通过对 ERPⅡ 中典型的应急管理场景进行分析，在展示符号资本的构建过程的同时，探讨作为管理符号的行动者角色之间的象征行为，以及构建这些象征行为、企业管理行为和管理体系演化之间的象征性关系。研究者在 OB 公司 ERPⅡ 采纳中发现，OB 公司在信息系统应急管理的过程中，顾问和关键用户为争夺符号权力采取了各种各样的象征行为和活动，使得 IS 应急管理过程中形成了不同的交互行为，这充分证明符号资本对信息系统应急管理起到不容忽视的作用。将行动者的社会角色、符号资本及象征行为引入信息系统应急管理，有助于我们更好地理解信息系统应急管理过程中存在的复杂社会事项。

本章目标有以下四点：

一是对 OB 公司 ERPⅡ 应急管理场域的行动者角色进行构建。

二是重点分析 IS 应急管理场域中各行动者角色争取符号资本的象征行为。

三是由于这些象征行为的目的是与一定的符号权力联系在一起的，研究将扩展到顾问和用户、用户和用户、顾问和用户与环境实践及这些角色之间的符号权力联系。

四是根据研究结果，构建各角色间象征行为之间的因果反馈机制。

5.2　OB 公司 ERPⅡ 项目概况

5.2.1　OB 公司基本情况

OB 公司成立于 1994 年，2003 年投资建成了拥有一流现代化生产设备的化妆品厂，建筑面积达 4 万平方米；随着公司的不断发展，2005 年再斥资建成占地 13 万平方米的 OB 化妆品礼品有限公司；现已发展成主要生产和销售沐浴、洗发、护发、护肤和礼品套装等系列商品的集团公司——OB 集团。OB 集团下属公司包括 OB 国际贸易有限公司、OB 化妆品有限公司、OB 化妆品礼品有限公司等。

OB 公司在长期的发展过程中积累了良好的声誉，成为 OB 集团快速发展的核心企业。OB 公司先后通过了 ISO 9001：2000 认证、ISO 14000 认证、GMP 认证、ICTI 认证、C－TPAT（反恐体系）认证等。企业从原料合成到成品包装配备了全新的进口现代化生产设备，化妆品系列产品日产量可达 200 吨以上，成为中国大型的化妆品生产企业之一。另外，为选用优质材料，在原材料方面，公司与 ISP、BASF、CIBA、KAO、DOW Corning、Roche、Henkel 等国际知名化妆品原料供应商相互支持，长期合作；在市场上，OB 集团过去专注于 OEM、ODM 及自有品牌的业务，自主品牌主要以 OB 品牌为主，市场也以中国内地市场及香港地区市场为主。

根据 OB 集团整体发展战略，企业今后将强化企业内部管理，通过现代管理手段和方法控制企业成本，实现精细化管理，提升企业竞争力，为 OEM、ODM 客户提供更好的服务。同时，针对国内市场，采取小步走、不停步的策略，通过 OB 品牌及 OB 的事业部销售网点、网店等运作积累经验，逐步向多品牌、多销售市场、多销售模式方向延伸。但是，企业原有的 ERP 系统存在极大的缺陷，无法满足企业多组织、多货币、多语言的管理需求，需要新的 IS 系统来支持企业的整体发展战略，为此，企业上线了 ERPⅡ升级换代项目。

5.2.2　OB 公司 ERP 采纳历史

OB 公司的 ERP 采纳过程曲折多变，随着公司名牌化、多元化和电子商务化战略的变化，其 ERP 的功能也在发生变化。

OB 信息化建设始于 20 世纪 90 年代初期，主要是办公自动化系统，以提高效率为目的的计算机代替人工化的信息化。信息化部门的主要角色并未发生大的变化，只增加了内部 IT 管理人员角色来管理维护系统，传统的企业管理角色并未发生大的变动。按照主管信息化的部门资讯部主管黄部长的说法，存在几个大的阶段：

（1）信息系统不受重视，地位低下。"1999 年我刚到企业的时候，就是我一个人负责企业 IT 事务，从属于公司办公室，所有人电脑坏了都找我，我就是一个修电脑的！"

（2）信息系统嵌入管理系统，地位上升。OB 公司在 2003 年首次上线了一家台湾地区企业的制造 ERP，开始实施业务流程再造，同时改造企业的信息化应用系统以提升整体管理水平，支撑其多元化战略。在 ERP 的初次实施过程中，集团下属每个公司都成立了专业的资讯管理部门，该部门与生产部门同

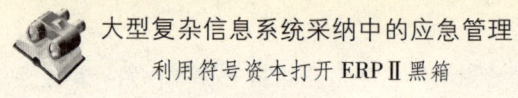

级，都由公司副总直接管理。

"这个阶段，我们资讯部承担了一定的管理任务，例如新员工入职转正必须要经过我们的培训，转正报告由我们签字认可后才能通过。"黄部长很骄傲地说："企业所有的中层干部我都培训过！"

（3）信息系统无法满足企业扩张，老板很恼火。这一阶段是面向局部的、部门级的信息化应用。慢慢地，随着企业规模的扩大，企业信息孤岛的情况出现了。黄部长介绍说："我们公司在此期间，采用了台湾地区一家企业的ERP系统，企业成长很快，新建了一个分厂，加上香港地区的子公司，我们就有了多个组织部门，这些组织部门分别有自己的IT管理人员，在每个月核算成本的时候，由于这些部门存在关联交易，信息又没实现实时对接，IT信息人员忙不过来，报表经常出不来，差错也很多，老板很恼火。"

OB公司近年来逐步向国外发展，产品销售国际占30%，中国香港地区占50%，中国内地占20%。因此，公司对ERP的生产、供应链管理的要求也越来越高，原有的ERP明显不能满足其国际化的需求。

（4）选择和实施新系统，不满足功能坚决不上线。2012年5月，OB在国内用友公司咨询团队的指导下，实施了ERPⅡ软件系统。系统的目标是实现订单流、物流、信息流和资金流的"四流合一"，帮助整个企业实现集团企业上下游的统一管理。为此，集团成立了专门的资讯管理办公室，由集团总经理直接管理，但是具体操作则是由资讯部黄部长负责。

黄部长为推动ERPⅡ上线，特别从人才市场招聘了5位信息维护管理人员。为了留住这些人员，黄部长特别交代人力资源给予优待："这些人是我好不容易找来的，记住，这些人是科长级别，要给他们安排2人间（宿舍）。"

他还对资讯部员工说："你们可以不用穿工装上班，如果你们加班晚了，可以晚点来上班，人力资源部那边我去说。"

作为ERPⅡ项目甲方负责的项目经理，黄部长对所有的ERPⅡ功能具有最终审核权，他可以作出是否进入项目下一阶段的决定，因此，他在跟乙方顾问争论过程中，如果顾问没有满足他的要求，他就经常会说："如果这个功能不做，（系统）就坚决不上线。"

5.2.3　项目目标及实施组织情况

OB 集团升级换代项目将建立跨组织的 ERP Ⅱ 信息系统，实施组织范围包括以下几个下级机构组织（见图 5 - 1）：

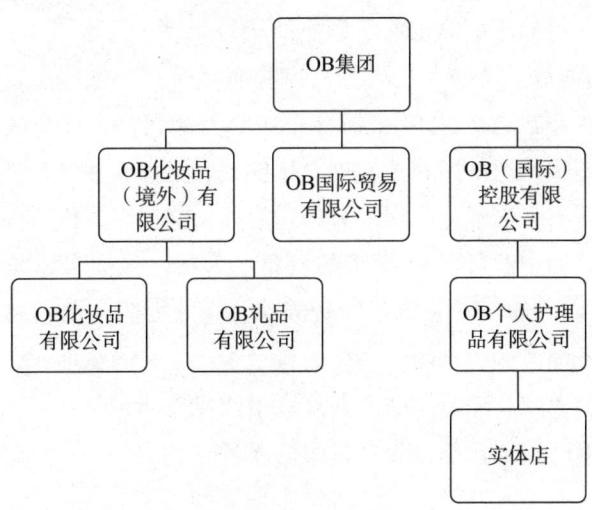

图 5 - 1　OB 公司组织结构

（1）OB 化妆品有限公司。

（2）OB 化妆品（境外）有限公司。

（3）OB 礼品有限公司。

（4）OB（国际）控股有限公司。

（5）OB 个人护理品有限公司（实体店）。

（6）OB 国际贸易有限公司。

本项目目标是针对 OB 化妆品有限公司、OB 礼品有限公司、OB 个人护理品有限公司和 OB 化妆品（境外）有限公司的 4 个子公司所有业务所涉及的所有模块建立财务管理、供应链管理、生产制造管理、办公 OA 协同、人力资源管理、分销管理、电子商务管理、BI 商务分析，实施目标是实现公司内部、公司与母公司及兄弟公司、公司与外部合作伙伴的财务业务一体化管理全过程。相应的模块目标如下：

（1）项目总体目标：建立统一的信息平台，整合企业资源，支撑企业战略。

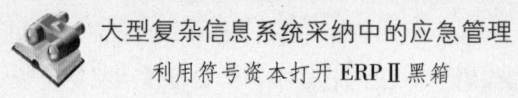
（2）财务管控目标：实现集团管控、财务业务一体化、成本核算精细化。

（3）供应链管理目标：梳理优化业务流程，实现标准化管理，规范基础数据、共享库存、采购、销售等业务相关信息。

（4）生产管理目标：计划体系协同、生产全过程工艺跟踪、生产领发料控制、生产用工用料产出等相关信息统计。

OB 公司的项目分两期，三年完成。首期实施三个核心模块：供应链、财务和生产模块。实施之初，OB 公司在企业的内部刊物上以头版头条的形式公布了 ERPⅡ实施项目组的所有成员的合影照片，其中企业方的人员由董事长挂帅，顾问方则派出了当地分公司的总经理为首，包括企业执行各项管理职能的相关部门负责人和企业负责 IS 管理的资讯部人员，包括实施顾问在内整个实施队伍有 40 人。因为 ERPⅡ项目的实施涉及企业的多个组织和职能部门，基本上所有的业务都被涵括在内，例如销售、生产、采购管理、存货管理、财务和成本管理等。因此，除资讯部部长外，企业业务部、仓库部、采购部、开发部和生产部等部门的部长都成为项目组的成员。

5.3 IS 应急管理场域角色结构分析

按照 OB 项目实施方案的定义，OB 公司 ERPⅡ实施项目场域中的角色包括用户公司中高层管理者、用户项目组、ERPⅡ厂商项目组和 ERP 项目管理中心等。OB 企业的 ERPⅡ实施项目各单位组成和职责如下：

（1）ERPⅡ厂商项目管理中心：包括项目总监、评审专员、管理专员、实施与开发中心负责人；负责项目文档的质量评审、权责确认、绩效评价，从过程管理的角度确保项目质量。

（2）ERPⅡ厂商顾问组：是该项目的实施组织者和进度推动者，也是实际业务与该系统匹配的实现者；主要关心产品的实施范围、项目的范围边界、需求的满足、管理的要求和 ERPⅡ系统的实现。

（3）用户项目组：包括高层委员会、项目经理与关键用户，是整个 ERPⅡ项目实施方案确立、设计、实施规划、执行与控制人员，主要关心项目实施的业务范围、核心需求满足情况和解决方案的符合度。

（4）中高层管理者：主要确认需求的相对准确及完整性，是该系统的最终使用者。

（5）普通用户：ERPⅡ系统的最终操作者和使用者，主要关注系统的易用性和简便性。

根据这些角色的职责和他们拥有的与 ERPⅡ相关的资本，我们可以确定他们在 IS 采纳场域中的位置。ERPⅡ厂商项目管理中心是 ERPⅡ厂商的代表，拥有大量与 ERPⅡ相关的社会资本和符号资本，可以根据需要调换顾问。其中的项目总监还可以评审 ERPⅡ实施效果和对顾问进行经济绩效评价，在整个 IS 采纳场域中占有最高位置。ERPⅡ厂商顾问组作为实际的控制者具有 ERPⅡ的知识能力和技术权威，在场域中占据第二的位置。用户项目组中的大部分成员是关键用户，他们是 ERPⅡ采纳的执行者，熟悉企业的核心业务和管理需求，对 ERPⅡ的采纳效果负直接责任，在场域中的地位甚至要高于中高层管理者。普通用户作为场域中处在最低位置的行动者，只有等到 ERPⅡ配置完成后才参与操作和使用，只有对界面易用性提出修改的权力，不能参与企业流程和规则的修订。图 5 - 2 显示了各行动者角色的相对位置。

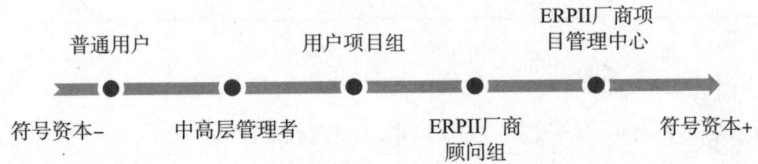

图 5 - 2　OB 公司 ERPⅡ采纳场域的主要角色及位置

具体到采纳过程中，ERPⅡ软件公司派出了以何顾问为首的 ERPⅡ厂商顾问组。各个顾问的职责如下：

（1）何顾问：资深项目经理，负责供应链平台实施。

（2）陈顾问：负责财务模块实施。

（3）马顾问：负责生产模块实施。

OB 公司也派出不同部门的关键用户组成了用户项目组（来源见表 5 - 1，人名已作化名处理）。出席项目启动大会的有 40 多人，但真正参与到项目中的只有 20 多人，大部分管理人员并没有参与其中。在问到为什么最终参与人员会大大缩水时，厂商顾问组的项目经理何顾问回答道："老板太忙，不可能参与到具体事务中来，这也是实施惯例。"

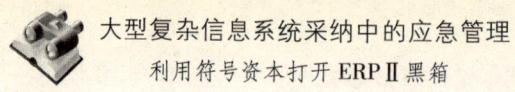

表 5 – 1　OB 企业的关键用户来源

公司	部门	姓名
OB 化妆	业务一部	朱某/黄某
	开发部	骆某
	生产部	廖某/钟某
	物流部	叶某
	采购部	朱某
	财务部	杨某
	事业部	阮某/饶某
OB 礼品	业务二部	曾某
	生管科	李某
	仓库	陈某
	开发采购部	张某
	财务部	沙某
	船务部	邹某
OB	OB	张某

在 ERPⅡ 模块命名规则中，模块主要从职能层面进行分类。ERPⅡ 系统分为供应链模块、财务模块、生产模块和人力资源管理模块。不同职能部门的关键用户分别承担不同模块的业务分工。在业务分工会上，业务部门的关键用户被要求整理出原有的管理流程，并在顾问的指导下制订新的业务流程和规则。

其中，财务部门的关键用户负责提出未来财务部门的业务规划和制定新的财务流程和规则。生产部关键用户负责生产流程的优化。人力资源关键用户则负责制定新的行政流程和规则。从这些关键用户来看，不是所有关键用户都具有 ERPⅡ 采纳的知识能力。

从整体水平来看，因为生产过去就使用了复杂的排产软件，所以该部门的关键用户都熟练掌握了相关软件的使用；供应链的关键用户也具有一定的 ERPⅡ 操作水平，但是不熟悉现有的多组织交易功能；而原来的 ERP 系统没有实现财务一体化，财务人员的知识能力只停留在会计电算化水平，完全不理解新系统的功能流程。总体来说，负责新 ERPⅡ 各模块的关键用户的知识水平参差不齐，缺乏一致性。

根据 OB 项目的实施计划，研究者分析了在 ERPⅡ采纳过程中各角色所承担的工作情况，结果发现 OB 项目的主要实施力量为关键用户和顾问，因此这两个角色将是本书关注的主要对象。

在项目进行过程中，ERPⅡ厂商负责解释新功能的应用、实现功能的修改和打补丁等支持工作，也承担了大量的工作。因此，表 5–2 所示的 ERPⅡ厂商、实施顾问和关键用户三个角色将是本书的核心研究对象。

表 5–2　本研究关注的行动者角色

角色	符号资本	职能定义
ERPⅡ厂商	多	解释封装在 ERPⅡ产品中的"最佳管理实践"等企业规则、产品功能指导，根据用户的需求进行功能优化
实施顾问	中	制订实施方案，帮助企业按照合理的、规范的步骤上线 ERPⅡ
关键用户	少	提出需求，进行流程改造以适应 ERPⅡ的管理思想，配置和测试 ERPⅡ系统

5.4　打开黑箱——OB 公司 IS 采纳历程中各种应急事件及象征行为

为研究信息系统应急管理中符号资本的作用规律，我们需要研究相关角色的应急事件和应对策略，分析它们的象征行为，从中挖掘背后隐藏的符号资本的作用机制。象征行为是这样一种行为，它的意义超出了实质上的影响，故意将人们的注意力从某种事实转移到其他地方，目的是保护部门的利益，获得资源和维护或重构权力模式。[232] 对 ERPⅡ应急管理研究来说，IS 采纳中的象征行为就是指场域中角色的行为目的并非表面所看到的那样，其背后真正的目的是提升自己的符号资本和增强符号权力，从而使 IS 采纳目标向有利于自己的方向发展。

组织 IS 应急管理场域中存在一种间接的符号资本作用机制来建立和维护 IS 采纳秩序。在组织 IS 采纳过程中，角色和其符号权力之间是一种对应的场域空间作用关系。它们之间在社会结构和社会等级意义上的关联是根据其资本拥有量多少决定。但是，顾问和关键用户之间很少存在那种直接的、可感觉到的控制。ERPⅡ厂商和顾问希望将系统中的"最佳实践"灌输给用户，而关键用户希望将符合自身利益的"管理传承"配置到系统中，所以往往对对方使

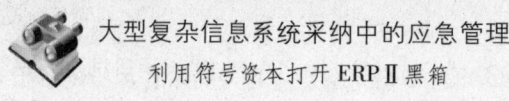

用和施加一种象征手法，目的是让他们的真正意图经历一种合法性的构建。这是一种社会行动者共谋下施行的暴力。这就是说，双方最后主动接受了当前场域主流的价值和行为模式。这些合法性掩盖了现有的权力关系，屏蔽了行动者对真正权力关系的认知。我们利用这种符号权力的概念来探索信息系统采纳中的应急事件，分析当前实践中存在的实施行为，从而理解交互活动所产生的 ERPⅡ实施的最终结果。

此外，要解释行动者之间的象征行为，就不得不提到作为象征产品的 ERPⅡ系统（见图 5-3）。象征意义和作为符号的 ERPⅡ之间是一种强制性的解释关系，也就是人们通过一系列的象征行为和活动，人为地、强制性地建立起来的关联。ERPⅡ的象征行为和活动就是首先在社会阶层的文化层面抽象出相应的象征意义，然后把这种象征意义铭刻到所要采纳的 ERPⅡ系统上。于是，ERPⅡ以符号资本和象征意义作为中介，成为指代组织内相应社会阶层管理需求的合法性符号。

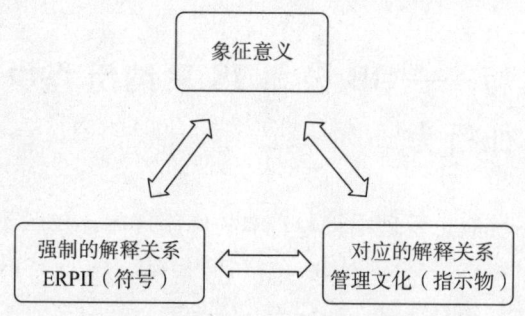

图 5-3　ERPⅡ符号意义的创建过程

由此可见，ERPⅡ采纳本身不是一种接受符号的过程，而是一种创造符号的活动。而这种创造的关键就体现在意义关联性的创造上。象征行为的目的就是使 ERPⅡ变成代表某种文化含义的符号象征，或是让用户在某种企业管理文化意义之中形成某种习性。ERPⅡ采纳就是要在管理文化的意义秩序和 ERPⅡ的符号秩序中找到意指点和结合点。而这些管理文化意义的社会指向就是特定的社会阶层所拥有的符号权力。

在 ERPⅡ采纳场域中的角色结构层面，我们已经收集并展示了 ERPⅡ厂商及顾问、用户项目实施人员和普通用户等各角色的组成。那么这些角色在 ERPⅡ应急管理中的象征行为又是怎样的？这些象征行为到底与企业管理机制的传承和发展有什么联系？下面我们采用社会物质性理论的迭代互动过程视角，依次打开 ERP II 厂商的设计活动、企业的采购活动、咨询顾问和关键用户实施活动等角色的象征行为黑箱，对这些角色的象征行为进行意义分析，从中挖掘各角色应急行为背后隐藏的象征意义，以及象征意义背后的符号资本的作用机制。

5.4.1　ERP II 厂商采用"最佳管理实践"标榜现代管理模式，成为 ERP II 软件选型和竞标的应急策略

在 ERP II 采纳尤其是软件选型场域中，存在一系列符号暴力的构建、ERP II 软件合法化及再强化过程。ERP II 厂商及顾问、用户项目实施人员和普通用户为了达成共谋，符号权力的作用得以发挥作用。在这个场域过程中，实施厂商及其实施顾问拥有的符号资本是采纳场域中最高级也最有力的符号资本。布尔迪厄认为，场域中的统治者通过神话仪式这一系统的象征性再生产活动，将社会的划分和等级化合法化和正当化。[172]ERP II 厂商凭借 ERP II 系统符号和培训话语权也编制了一整套神话和仪式，例如，ERP II 厂商最常用的神话有"最佳实践""创新"和"大学"神话。这些神话最后所带来的符号权力以符号暴力的面目出现时，将促进或者制约 ERP II 的实施。标示现代管理模式、最佳管理实践等抽象但是似乎又具体的 ERP II 软件符号对争夺 ERP II 的市场和应用对象具有隐秘的符号暴力行为。

5.4.1.1　厂商运用"最佳实践"神话提升产品价值，应对国内外严酷的市场竞争

国外 ERP II 软件公司刚到中国的时候，经常宣称自己的系统内含世界"最佳管理实践"，为其在世界范围内的发展构建了一个美丽的神话。这种做法既展示了 ERP II 厂商角色在 ERP II 实施中的核心地位，同时也给用户形成一种象征，上 ERP II 就是上了国外最先进的管理模式。但是这个模式到底是什么？为什么是现代的？为什么是全球通用的最佳实践？这从传统的管理学和经济学角度很难解释，从信息系统的工具论更难以琢磨出答案。

从社会学的角度看，ERP II 最佳实践是从 ERP II 符号本身向 ERP II 意义的提速换挡，是意义尤其是象征价值的神话。由于厂商和媒体的加入和宣传，ERP II 产品本身已代表一种符号，象征着完整地保存了国外优秀的管理模式，成为同时承载管理实践和企业合法性双重象征的符号载体。在此类宣传下，如今国外的 ERP II 系统已不再简单地起着传递信息、交流沟通的作用，而是与

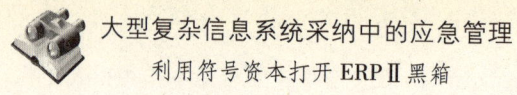

"最佳管理模式"等社会主流价值观结合在了一起。

正是这些象征行为使得国外的主流 ERPⅡ 厂商获得了超乎寻常的竞争优势,从而导致许多企业为了上市不惜血本更换国外 ERPⅡ 系统,满足 IT 审计和上市公司的合法性需要。

在 ERPⅡ 的选型和竞标过程中,出现了意想不到的 IS 采纳行为,其中出现的应对策略难以从经济学、管理学和心理学角度解释,我们从社会学、符号学的角度可以作出解释。也就是说,企业采用"最佳管理实践"的 ERPⅡ 产品这个符号,意味着企业能跟国际管理机制趋同,向外界展示具有审计合法性的信息系统。对资本市场或者没有机会深入了解企业内部运作的人们来说,ERPⅡ 软件及其品牌代表了企业管理的水准。人们把 IS 场域视为代表企业管理水平的空间,由于 ERPⅡ 厂商的各种神话宣传,人们开始将 ERPⅡ 生产者视为一群具有特殊权力的人,认为他们是企业最佳管理实践的传播者。

在 OB 公司的 ERPⅡ 竞标过程中,国内的 ERPⅡ 厂商为了破除国外 ERPⅡ 厂商的竞争优势,抵制国外管理软件的竞争,往往试图用各种事实证明中国企业具有自身的特征,企业的核心竞争能力尤其是国内企业管理的模式在国产软件里,国外 ERPⅡ 软件企业的最佳管理实践存在严重的水土不服现象。国内 ERPⅡ 软件企业还宣称国产 ERPⅡ 系统是具有中国特色的"最佳管理实践",是中国管理模式的载体等。

ERPⅡ 厂商所拥有的符号权力代表一种运用符号资本施展的权力,而权力的施展首先需要将其合法化和正当化。[233] ERPⅡ 厂商拥有符号暴力的合法性,一方面是因为 ERPⅡ 产品研发的专业化和规范化使得 ERPⅡ 产品超出了普通人的常识。ERPⅡ 的形态与价值都脱离了原来的初级阶段,由一种软件产品上升为一门标签。社会赋予了它更高的意义和价值期待,使它具有深刻的社会内涵。

另一方面,这种合法性来源于 ERPⅡ 采纳场域中拥有各类丰富资本的阶层及生产者的价值认可。如图 5-4 所示,ERPⅡ 厂商"最佳实践"神话的象征意义在于 ERPⅡ 采纳场域的符号资本与社会主流阶层价值观的结合是其价值提升的关键,赋予 ERPⅡ 越多的意义就意味着赋予它越高的价值。

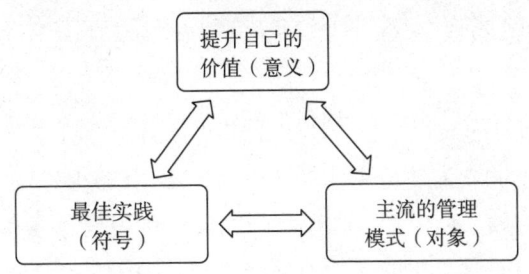

图 5－4　ERPⅡ厂商"最佳实践"神话的象征意义

5.4.1.2　厂商构造产品"创新"神话，使得企业疲于应对陌生名词

命名也是符号暴力实施的常见仪式。何谓命名？其是经由一个说话人在一定的背景下，并且在一整套庄严仪式下加以完成的符号化工作。根据布尔迪厄理论，命名仪式的关键是：命名行为帮助说话人确立了现代社会的复杂结构："他们无一例外地都渴望在其创建世界的语言应用中添加自己的力量，不管这种力量是诽谤、谣言，还是褒奖证书、学术批评，它们日夜不停，交织进行，构成一种庄重而琐碎的集体行为：命名。"[181]

ERPⅡ厂商为了获取其产品的合法性，往往为自己的产品设定很多专业术语，并通过培训把语言层面的象征权威转换为社会认可的力量，同时强加一种不可违抗的社会共识，目的是以象征符号来巩固合法性（见图 5－5）。

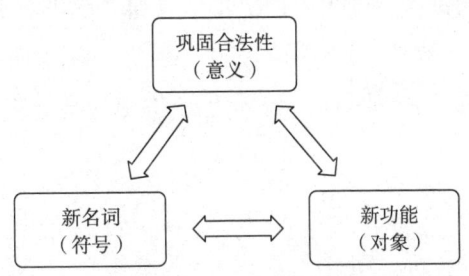

图 5－5　ERPⅡ厂商"创新"神话的象征意义

例如，在 OB 公司的一次面向生产管理人员的培训中，参加培训的生产部用户对不断出现的新名词很是恼火，因为这些名词和他们日常工作中遇到的很不一样。生管人员一边接受培训，一边提意见。最后，生产部部长要求顾问提供一份名词解释表，否则他们拒绝进行下一步培训。私下里，负责培训的顾问也向研究者抱怨公司喜欢发明一些新的名词。"公司的目的就是为了标榜自己，显示自己的创新"，陈顾问说，"其实完全没有必要，可以做得更简单一点"。

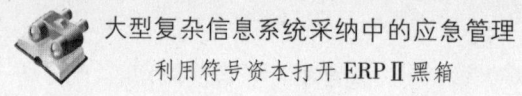

5.4.1.3　厂商运用"大学"神话获取符号权力，巩固培训体系的权威地位

为提升 OB 公司的知识水平，ERP II 软件公司为 ERP II 的关键用户提供了多种培训，教育培训成为社会主流的 ERP II 厂商争夺符号资本的场所。另外，为了使实施更加有效，ERP II 厂商为顾问的合法性设置了条件，就是顾问认证证书。合格的顾问通常要在软件公司接受 5 个月以上的培训才能获得初级顾问证书。这说明 IS 场域有自己独特的内部规则，这个规则就是"资格认证"，它直接指导着 IS 场域内顾问的活动，并为新来的顾问设立了进入该场域的门槛。IS 场域内部规则的制定和特定行动逻辑的形成是 IS 场域生成的重要标志。IS 采纳场域内部规则的制定不仅为场域行动者提供了活动舞台和游戏规则，同时也区分了符号资本的富有者和贫乏者。

符号资本的富有者将积累的符号资本构成符号权力。例如，主流的 ERP II 厂商通过宣传和培训话语权，包括创建各种"大学"神话，可以阻止后来者进入这个场域。布尔迪厄认为，符号权力的成功——由权威的行动，或者有与其相当的、经过授权的行为所构成——取决于构成社会仪式的一系列互相影响的条件的结合。[172] 因此，顾问的权威性往往由 ERP II 厂商长期以来在 ERP II 这个大市场的权力场中占据一定位置的行动者来证明。

显然，只要人们没有在证书、ERP II 厂商和"大学"神话之间建立关联，这个认证就是无法生效的。ERP II 厂商构建"大学"神话的象征意义（见图 5-6）在于"大学"神话将这种关联关系巩固起来，变得更合法了。

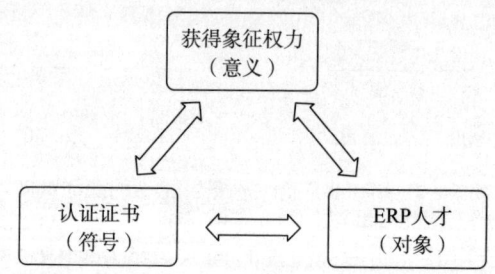

图 5-6　ERP II 厂商"大学"神话的象征意义

5.4.2　企业决策者通过"赶时髦"来规避决策风险

无论对 ERP II 熟悉还是不熟悉，企业决策者在 ERP II 选型时经常跟随周边

企业，出现"赶时髦"的行为。OB 公司在对 ERPⅡ系统的选型上也不例外。据黄部长介绍，当时盲目赶时髦，买贵的而不买便宜的，买国外的而不买国内的。老板认为台湾地区的企业国际化程度高，应该适合像 OB 这样的外资企业，就选用了一家台湾地区企业的 ERP 系统。

黄部长介绍说："经过一段时间的使用，发现这个品牌比较适合台资的企业。""为什么？因为台资企业的管理人员基本都是台湾人，上下游基本都用统一的 ERP 系统，自然用得习惯。"而 OB 公司的主要业务和管理人员都是国内招聘的，上下游企业基本都是国内企业，因此，系统在企业内存在严重的水土不服现象。于是，OB 公司在 IS 二次采纳时就放弃了原来应用得很熟练的台湾地区 ERP 企业的产品，转而采购国内著名品牌用友公司的 ERPⅡ产品。

"这个决策过程很痛苦，我们和原来的企业谈了很久，准备升级他们的 ERPⅡ系统，他们连签合同的笔都准备好了，我们也是在最后一刻才决定采用国产的 ERPⅡ软件。"黄部长告诉我们："我们选择系统很大程度上是因为 ERPⅡ软件公司的品牌，我们也了解了一些同行的情况，用这个产品的企业比较多。另外，台湾地区的系统也不太符合国内的报表要求。我们上了台湾地区的系统后，自己组织人员开发了 300 多个报表，这才能够适应企业需要。而选择国内系统，自主开发量自然少了很多。比如，海关的报关系统就有与国内 ERPⅡ的接口，不用我们再去开发了。"

选型"赶时髦"的现象，按照前面的理论分析和黄部长的说法，可以说是企业受制于外部的符号权力，选取了跟周边企业相同的 ERPⅡ产品，目的也是为了追求合法性，获得合作伙伴的认同，从而提升自我的声誉和符号资本。其 ERPⅡ符号意义的创建过程如图 5 -7 所示。

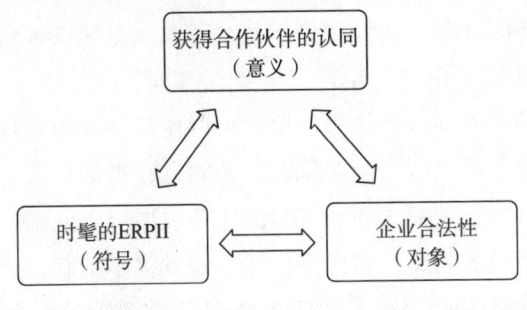

图 5 -7　"赶时髦"的象征意义

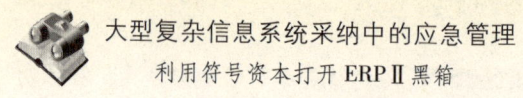

5.4.3　IS 实施中的各种应急管理事件

5.4.3.1　项目组通过构建"一把手工程"避免出现资源不足风险

OB 项目 ERPⅡ实施中的主导角色是谁？项目组何老师的意见是：ERPⅡ项目是"一把手工程"。

OB 的"一把手工程"主要有以下几个表现：

企业一把手：企业一把手是实施 ERPⅡ项目的核心角色，其重要性是不言而喻的。OB 公司 ERPⅡ实施企业方的项目最高领导由总经理挂帅。IS 采纳由企业一把手亲自主管是"一把手工程"的最基本表现。

部门一把手：OB 公司的项目实施过程中，按照咨询公司的要求，IS 采纳项目团队由各个部门的一把手组成。项目组主要成员按照惯例由各部门抽调核心成员构成。

业务一把手：OB 公司的关键用户集中了公司所有的核心业务骨干。关键用户一般都是企业各部门的业务一把手，具有业务权威，这些一把手们在系统上线后负责指导普通用户对系统的日常操作。关键用户是承担实施工作的主力，因此对顾问而言，培养关键用户是绝对必要的实施行为。

顾问一把手：顾问组的"一把手工程"表现在项目经理往往由咨询公司资深的管理者兼任。他们往往身兼多个项目，不定期到项目组进行访问，并没有全身心投入某个具体的项目中来。

研究者发现，在实施过程中，尽管项目在名义上是一把手挂帅，但这仅仅是象征符号而已。多数情况下，一把手基本不会参与项目的实际进程。项目组中，只有顾问和咨询部的员工是全身心投入项目中来。各部门的关键用户只有在顾问找他们沟通时才参与会议讨论，其余时间大多数在忙自己的工作。一把手没有真正参与具体工作并不是说"一把手工程"没有意义。一把手是项目组最大的象征符号，有了这个符号，项目可以比较方便地获得资源，在一些触及面广的利益变更上可以减少很多阻力。例如，在需求阶段，需要项目组提出进行业务流程重组、管理模式和业务架构转变、岗位职能调整等诸多方面的优化方案。如果以顾问的名义发布任务，就会触发很多抵制，产生很多矛盾。为此，项目组经常召开各种会议，邀请各个部门一把手进行会签。在关键功能点，如成本的核算规则，项目组就提请了公司一把手来签发，这样就可以大大减少顾问的解释工作，提升实施效率。因此，OB 项目的"一把手"现象可以说是一种典型的象征行为（见图 5-8）。

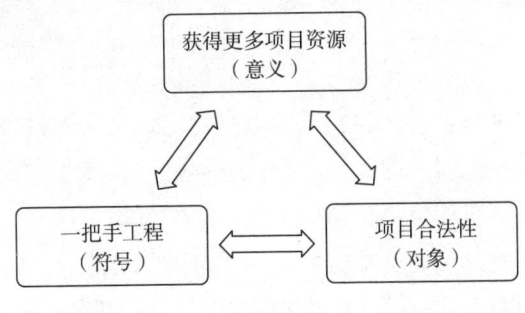

图 5-8 "一把手工程"的象征意义

5.4.3.2 关键用户提出"个性化需求"获取控制权，避免地位下降风险

在 OB 公司功能优化及流程优化的过程中，企业抛弃了原有 ERP 系统提供的标准业务功能和流程，提出了很多个性化功能和流程需求。由于流程和规则的调整触动了多方利益，很多流程引起了顾问和关键用户、关键用户和关键用户之间的争议。研究者发现，在组织实施过程中的很多关键事件中，关键用户之间存在对多种权力的争夺。这种权力的争夺，没有表面上看到的那样简单，而是一些典型的象征行为，其主要目的都是为了提升自身部门的权威。OB 公司存在两种明显的象征行为模式：争夺命名权和争夺审批权。

根据布尔迪厄的理论，符号权力中很重要的一种权力就是命名。命名是一场永不停歇的争斗，其目的是以象征符号巩固合法性。[181] 例如，OB 公司物流编码标准之争就是一种典型的命名权争夺。在 OB 物料维护流程定义中出现了几套物料分类标准：一类是海关标准，是由采购部门提出的；另一类是行业标准，是由销售部门提出的；再一类是厂内标准，是由生产部门提出的。各自的理由如下：

采购主管提出，我们的原料主要来自国外，只有符合海关分类标准才好报关。

销售主管认为，生产产品必须符合行业标准，这样才符合市场惯例。

生产主管则强调，物料的编码和分类必须有利于工艺设计和各个部门区分，防止投料错误。生产主管说："我们过去就是这样做的，没有必要改变。"

最后，迫于无奈，项目组召开了一次高层会议，确认物料编码、分类可以有多个标准，主要标准为厂内标准，但报表可以按多个标准展现。

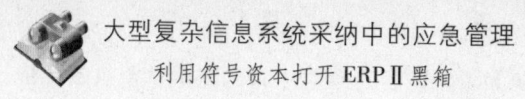
另外，采购流程中的财务核价审批和转正培训审批就是典型的审批权争夺。

在采购流程中，财务部需要对采购合同的价格进行审核，此外，还要对每次采购产生的报价进行审核，根据采购数量判定该笔采购订单的价格是否符合采购合同要求。最后，财务部还要求实施顾问能够实现采购订单的价格自动控制功能。每笔采购订单的价格自动由采购合同的价格带出来，实现系统自动核价。但是采购订单的分量计价功能并非软件包的标准流程，需要特别开发。

通过与 ERPⅡ软件公司总部的开发部门沟通发现，开发难度很大。顾问与财务经理开会，试图劝说财务经理放弃该功能。负责供应链的何顾问是这样认为的："为什么要分量计价（功能）？对业务人员来说，他对合同是很清楚的，他自己肯定了解价格。另外，他制定合同时一定要严谨，与供应商协商制定新合同改变了价格，那么老合同就要失效。""一旦我们实现了分量计价，那么价格可以自动控制了，采购订单的价格审核环节是否可以取消？这可以减少冗余环节，提高效率。"

财务部经理却举例说明："我们公司的规定是这样，财务负责控制合同价格和付款审核，如果不进行分量计价，人工进行价格审核容易出错，曾经出现过出错后几个月才发现的事故，给公司造成了很大损失。"他还说："即使有了自动分量计价这个功能，取消审批也不行。你不能保证一定不出错，以防万一，我们还是要审核的。"

从对话中我们可以看到，在没有采用 ERPⅡ 的情况下，财务对价格的审核控制效果并不如意。一旦进行了 ERPⅡ 系统控制，在财务部门的价格审核功能必要性已经丧失的情况下，财务部门仍然坚持保留该审批权力，否则就拒绝在该流程的蓝图上签字。通过跟其他部门的人员交流才了解到，主管财务部门的副总为了控制采购，特别要求财务部门进行审核，以保证他对公司采购部门的控制权。从这个实例中可以看出，信息系统权力的争夺与 IS 的模块具体功能紧密联系，而功能的实现反映出符号权力的多寡，否则系统功能就不能实现，ERPⅡ系统就会遭到抵制、漂移，最后系统弃之不用就是发生在这些具体功能实现的细节上。ERPⅡ实施的黑箱就是在这些具体功能的实现与否上。

另外，在进行人员的转正培训审批流程蓝图设定时，顾问发现原有的审批流程过于冗长。员工的试用期为 3 个月，转正流程需要走 1 个半月，这意味着从员工入职后 1 个半月就要发起转正申请。1 个半月的时间根本不够考察一个员工是否合适，所以这么长的流程审批时间实际上让这个流程丧失了本身存在的价值。为了提高效率，需要取消一些审批环节，其中包括要取消培训部门的审批。因为对于整个流程本身的价值来说，该审批环节是不重要的。直接管理者对员工工作的认可已经证实了培训部门的培训效果。但是这项流程改造遭到了培训部门的强烈抵制，因为旧的流程之所以存在那个环节，是培训部门想借此凸显自己的重要性，因此培训部不愿放弃自己在转正审批流程中的审核权。最后，为精简旧流程中的这个环节，顾问以其他方式实现了培训部门的目的，由此才说服培训部不在转正审批流程中横插一杠。

用户提出"个性化需求"的象征意义（见图 5-9）在于能维护现有利益集团的利益，从而保证原有的利益格局不产生变化。

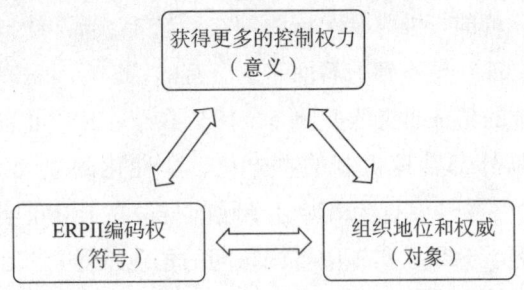

图 5-9 用户提出"个性化需求"的象征意义

5.4.3.3 顾问通过系统配置和二次开发证明自身价值，避免贬值风险

现代企业实施 ERPⅡ时往往都有专业管理咨询顾问介入。企业要采纳 ERPⅡ等大型管理系统，关键点不是软件商，而是咨询顾问。实施 ERPⅡ是一种创新，需要聘请资深的管理咨询顾问来指导和参与实施的全过程，使其在业务流程重组、建模、实施技术路线、实施计划与具体目标、实施质量控制等多方面发挥积极的作用。咨询顾问强调管理思想的借鉴和本土化，当遇到企业体制与系统的管理思想不一致时，顾问可以通过配置系统甚至通过二次开发来实现系统的管理思想和企业实际管理机制的融合。在 OB 项目的 ERPⅡ采纳过程中，很多流程涉及境外公司，原有的系统并不提供这样的流程，最后全部由顾问配置实现。另外，企业本身存在很多特有的报表（例如 OB 项目中的生产通知单报表、集团穿透式成本报表、内部成本分析表和保税料件海关账务报表等），但是因为这些报表使用面窄，不具有通用性，也就是说不是"最佳实

践"，因此 ERPⅡ 厂商不提供开发服务，需要顾问去实现客户需求。有一些 ERPⅡ 功能需要与企业硬件相匹配的（例如企业的计量系统）也需要顾问根据客户的特殊要求进行二次开发。

在 OB 项目中，为了满足 OB 公司过去已经习惯了的管理传统，ERPⅡ 软件公司的顾问专门开发了报表，报表顾问花了近两个月时间修改报表格式，才满足了企业的要求。按照何顾问的说法："没办法，不满足他们的要求，他们就不上线。他们已经习惯了原有的报表，我们在别的企业不需要修改报表格式。"后来，在满足了 OB 公司的开发需求后，开发报表的顾问要撤离项目组，资讯部黄部长专门举办了一次活动，请该顾问吃饭。席间，黄部长还半开玩笑地请该顾问加盟 OB 公司："工资随便开，欢迎你加入我们。"在得知该顾问并无留下的意图后，黄部长极力要求该顾问在系统上线后再回来看看："可能还有很多修改需求，现在想不到，后面一定会有的。"

顾问配置系统的象征意义（见图 5 – 10）在于：ERPⅡ 咨询顾问通过配置来适应企业个性是外部管理机制的本土化、个性化的生动实例。OB 项目中 ERPⅡ 开发顾问的二次开发行为既验证了顾问身份在 ERPⅡ 实施中扮演重要角色的事实，也阐明了 ERPⅡ 实施中咨询顾问的角色符号及其象征行为与管理规则制定和演变的关系。ERPⅡ 咨询顾问需要将外部 ERPⅡ 产品内管理思想与组织内部管理融合，使其逐步内化为组织中的一种新型管理模式。如此的管理变迁，使咨询顾问在 ERPⅡ 实施中的象征行为，在外来管理思想个性化、本土化的过程中，融合成表达"多元管理思想"的复合管理符号。

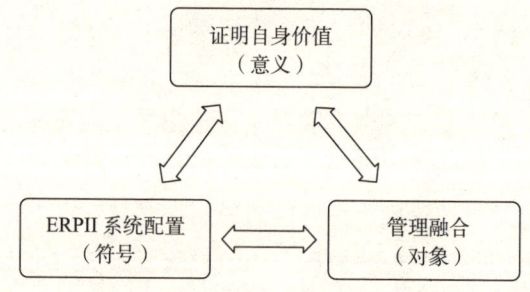

图 5 – 10　顾问配置系统的象征意义

5.4.3.4　顾问通过争取权威获得影响力，避免系统延期

在 ERPⅡ 实施中，顾问一般被尊称为"老师"，体现了一定的权威性。但是，这还远远不够。在实践过程中，实施顾问这种角色对 ERPⅡ 实施企业的用

户来说，如果没有与企业高管的授权关联起来，其权威性将会大打折扣。如果实施过程中顾问遭遇缺乏权威而被抵制的情况，实施效果会大打折扣。例如，在某次功能演示会上，负责生产实施的顾问马老师在项目协调会上被要求演示财务功能，演示的过程中因生产数据不全，演示无法进行下去。由于这次会议很早就要求准备好，参与的人员较多，马老师的表现引发了甲方项目负责人资讯部黄部长的极度不满。部长当众质问马老师说："我很早就给你提出需求了，你也承诺能够实现，为什么现在还有这么多问题？"对于马老师缺乏资料的回应，黄部长更是生气："我不需要听为什么，资料你要不断去催他们，实在不行就找我，我去追他们要。"接着，黄部长打电话给项目管理办公室，直接投诉到 ERPⅡ 实施项目组，反映项目进度慢。

会议结束后，马老师有点不服气，他向研究者抱怨说："ERPⅡ 本来就是这么复杂，我不信他就不知道，他是故意这样说我。"

研究者后来询问生产部门未及时提供资料的原因，他们则这样解释："我们月底工作太忙，要出报表，所以没空提供资料。另外，领导给我们布置的工作太多了。""我们工作是很忙，但是你们要资料不应该直接问我们要，要跟我们的领导要，保证你们要得很快。上次海关过来，我们也是很忙，但是领导要求，我们还是很快就给出资料了。"

为了了解顾问是如何取得对客户相应的强势地位的，研究者专门访问了资深顾问何顾问，他谈了如何利用权威化的语言来树立自己的权威。

问：你的威信从哪儿来？

何：威信主要就是两个方面，一是专业，二是非专业方面。

问：专业表现在哪里呢？

何：专业就是系统专业的东西嘛，非专业相对来说比较多。非专业牵涉个人魅力。比如，我在他们领导那里树立起威信就是我做事要求比较严，一个标点符号、一个字错了都要拿回去改，到最后他们领导就说，只要是何老师看过的就不用给我看了。

问：这就是信任。

何：对！因为他了解你这个人和你的风格（了解你的习性），他就会信任你。像关键用户，给他们培训、讲课，还有其他一些方面，包括分析问题和解决问题。其实大家做项目都是一个相互的过程，如果说你能给他带来一些他需要的东西，那他肯定是很乐意的。他乐意的话相对来说做事就会更积极。所

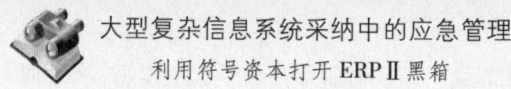

以，你要让他看到他做这个事情对他是有好处的。

问：你怎么让他感觉到有好处呢？或者说你给了他啥好处？

何：刚开始的时候，我就跟他们说这个项目对他们来说是一个表现的机会。首先，这个过程中有几个汇报，公司的高层都会过去，这是一个方面。另外，会议纪要也会抄送给这些高层。还有就是谁做了哪些事情，这些计划是谁来执行的，他们领导都是知道的。因为我比较坦白，你做了什么事情，做了就是做了，没做就是没做。我当时给他们计划时就讲了，计划一旦定了下来，无论什么原因都是不能改的。责任人是可以改的，但时间不能改。延迟就是延迟，我们就一起延迟。所以，我当时在项目计划上的时间是从来没改过的。他们这个项目我管控得比较好，比较强势。

问：权威性就出来了？

显然，顾问争取权威的行为就是获取符号资本的行为，但获得象征权威并不止于此。ERP II 实施中顾问还经常运用地点、时间、仪式、速度、举止、语言、服饰和礼仪等来增强自身的权威。例如，何顾问在开重要的协调会时经常邀请总经理参与，尽管这种会议不一定需要总经理的决断。

马顾问还谈到，他曾经因年龄问题差点导致无法被用户接受而难以进入企业。

问：开始时企业对你不满意，从不满意开始讲，哪些人对你不满意？他们又是怎样表达的？

马：这个不满意很正常。刚开始我进这个项目的时候就是缺少符号。我把身份证都发过去了，客户直接说不要我，说我太年轻了，想让公司派资深的顾问过去。

问：你是说他们的不满意首先是对顾问的年龄不满意吗？

马：对啊！就是在项目一开始就对顾问不满意，直接说资历太浅了。他们看了身份证嘛。

问：什么身份证？

马：身份证号码中不是有出生年月吗？

问：哦！看你的这个符号。

马：对啊！

问：他为什么要你的身份证呢？

马：因为当时是要发过去身份证办入厂证件。因为他们保密做得很好，他们开发的软件与外网是隔离的，牵涉安全方面需要核查我的身份信息，要办理一些证件之类的。资料一发过去，项目首先就被卡在那儿了。

问：发生了什么？

马：后续资料就不让发过去了，那时候我还没进项目。没进项目就这样了，想先填写我的其他信息都不让填。

后来我们这边预销售的又跟客户沟通，把我的简历发过去，最后发现我做过项目，企业也就让我过去了。其中阻挠的主要就是信息中心，客户也没讲什么。

由于顾问追求权威的策略的运用，ERP II 实施顾问树立了名望并获得了符号资本。在实施顾问获得声望后，顾问的名字转变成一种符号资本——ERP II 的价值在本质上取决于顾问名字的价值，它在社会意义上已经成为一种符号资本。用户的焦点从 ERP II 的内容逐渐转移到实施顾问的个人身上。一些顾问进一步成为 ERP II 采纳场域内外的权威，他们的形象被进一步偶像化、符号化。例如，马顾问曾经谈到，他曾经在纠正某个用户的错误认识时遭到用户的强烈抵制。因为原来的顾问一直是这样培训他的。他的印象中前顾问的形象已经被神化了，所说的一切都是对的，现在再纠正就很难了，也就是习性难改。顾问符号权力的获得一方面取决于 ERP II 厂商的符号资本，另一方面有赖于他们自身追求权威的策略。顾问获取权威的象征意义（见图 5－11）无外乎是获得必要的声誉和影响力，从而加快自身的实施效率。声誉无疑是顾问最为向往的东西之一，他们可以为了声望而采用创新的实施手法。当顾问获得足够的影响力之后，他的要求无疑会得到最大的认同，实施效率也无疑会大大提升。顾问获取权威的行为往往使人们不是根据 ERP II 的内在价值，而是根据顾问的声望来评价 ERP II 产品。

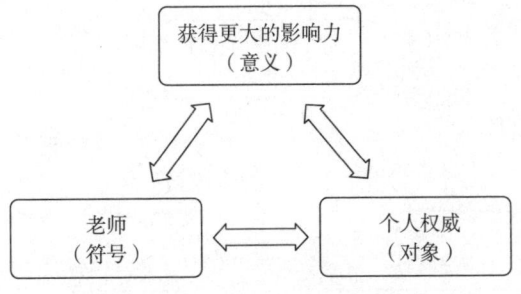

图 5－11　顾问获取权威的象征意义

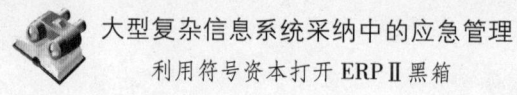
5.4.3.5 顾问利用做人策略获得认同，避免抵制风险

布尔迪厄曾经提到一些获得符号权力的策略，屈尊策略就是其中的一种。他认为，所谓屈尊策略就是在实践中共同存在的各种角色存在的符号权力关系中，通过象征性地排除这一权力关系（也就是行动者之间的等级制度）而获得利润。只要在场的人们之间明显的地位差异（或者说是他们社会属性之间的差异）已经为所有人（尤其是参与这一过程的人们，包括参与者与旁观者）充分理解和认同，那么象征性地排除这种等级制度（例如通过使用"平易近人的方式"）就能使言说者获得一种来源于未被解除的等级关系以及来源于明确地象征性的排除这一等级关系的双重利润——这里没有一丝一毫的利润是通过加强等级关系获得的，尽管利用这种等级关系与社会认可是相一致的。[15]

在与何顾问的访谈中我们发现，顾问已经不自觉地在运用此类策略。在问到如何建立与用户的和谐关系时，何顾问说："建立别人对你的信任的方法之一就是低调弱势。这个也是很有效的。举个例子，第一次会议时，甲方的项目经理就讲，当然是背着他们的关键用户讲的：'以后你们要做什么事你们要提前准备好。'周例会时，我就讲：'我首先检讨一下，我在什么什么方面做得不足。'当然，这样的话一旦讲出来，因为你本身是顾问，相对而言（地位）比较高，所以这就是以比较低的姿态来取得别人的信任。这样的话，至少大多数人是不排斥的。这个认错其实有时候也不一定是错的，但是如果你这样讲，我感觉还是挺好的一种方式。当然你不能天天都这样，天天都错那就麻烦了。适当的时候弱势一下，有张有弛嘛。"

顾问运用做人策略的象征意义（见图 5－12）强调，顾问通过调整自身的姿态可以获得更多的认同。这对避免遭到用户的抵触和排斥、获取信任具有一定的象征价值。

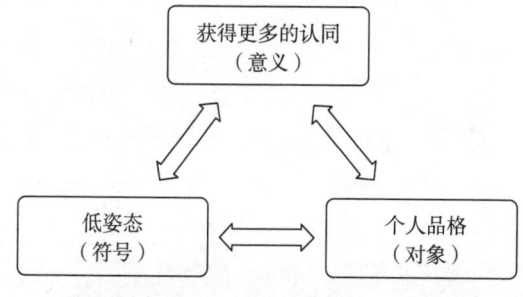

图 5－12　顾问运用做人策略的象征意义

5.5　OB 公司应急管理行为中的象征行为分析

为了方便分析，我们对前面应急管理事件中各角色实施的各种象征行为中涉及的符号及象征意义建立了一个统一的表格。从表 5 – 3 中可以发现，在 ERP Ⅱ 的采购、实施和上线过程中，各行动者角色都对一定的符号进行了象征加工，使其具有一定的象征意义。

表 5 – 3　象征行为的象征意义对比

角色	象征行为	符号	对象	意义
组织用户	ERP Ⅱ 采纳	时髦的 ERP Ⅱ	企业合法性	合作伙伴认同
	一把手工程	一把手	项目合法性	获得更多的资源
	个性化需求	ERP Ⅱ基础编码、审核权	组织地位和权威	更多的控制权
咨询顾问	系统配置和开发	配置过程	管理融合	证明自身价值
	争取权威	老师	个人权威	获得更多的影响力
	做人策略	低姿态	个人品格	获得更多的认同
ERP Ⅱ 厂商	"最佳实践"神话	最佳实践	主流的管理模式	提升产品价值
	"创新"神话	新名词	新功能	巩固合法性
	"大学"神话	认证证书	ERP Ⅱ 人才	获得符号权力

IS 采纳活动不仅生产了 ERP Ⅱ 这种具有社会地位象征意义的符号，它在创造符号过程中所采用的象征行为也向社会传达了一定的象征价值观念，并起到管理趋同的作用，这样可以破解所谓的突破 IT 生产率悖论。管理趋同是指场域中的各个行动者角色，通过一系列的 IS 采纳活动和象征行为，使 ERP Ⅱ 向顾问和关键用户共同定义的象征意义靠拢，而这个象征意义正是和期望社会阶层相一致的社会意义。于是，在更大的实践场域中，能够代表组织相应社会阶层的 ERP Ⅱ 符号就被创造出来了（见图 5 – 13）。

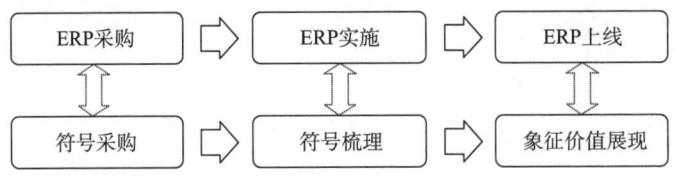

图 5 – 13　ERP Ⅱ 的象征价值形成过程

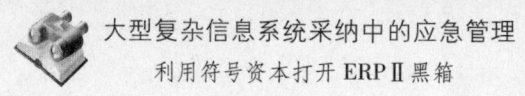

5.6　符号权力在 ERPⅡ 应急管理中的作用机制模型

5.6.1　核心变量的获取

为了将纷繁复杂的研究资料转换成格式规范的动力学反馈机制模型，本研究首先采用扎根理论进行系统动力学核心变量的抽取。

扎根理论在数据选择和分析技术上是一种高度系统化的程序。如果研究者能够有效执行这些程序，就可以达到较高的研究水准，满足研究发现的推广性、复制性、准确性、严谨性及可验证性。[235]研究者经过对原始资料的逐步概念化和编码化，根据编码的特性进行聚类，形成和建立了系统动力学的概念类属。

表 5-4　OB 项目场域中的原始文本及代码抽取

代码	原始文本部分
组织 IS 采纳	我们公司在此期间，采用了一家台湾地区企业的 ERP 系统，企业成长很快
外部认同	报表经常出不来，差错也很多，老板很恼火
满意度	我就是一个修电脑的
角色态度	如果你们加班晚了，可以晚点来上班
角色权威	企业所有的中层干部我都培训过
	作为甲方负责的项目经理，黄部长对所有功能具有最终审核权，他可以作出是否进入项目下一阶段的决定
角色功能定位	由人员角色来管理维护系统，传统的企业管理角色并未发生大的变动
	1999 年我刚到企业的时候，就是我一个人负责企业 IT 事务，从属于公司办公室，所有人电脑坏了都找我
	集团下属每个公司都成立了专业的资讯管理部门
	我们咨询管理部承担了一定的管理任务
角色工作效率	信息又没实现实时对接，IT 信息人员忙不过来
角色地位	董事长挂帅
	该部门与生产部门同级，都由公司副总直接管理
	特别交代人力资源给予优待
	这些人是小组主管级别，要给他们安排 2 人间（宿舍）

为了研究 OB 公司 IS 采纳场域的发展历史，研究者还对企业 IT 人员角色变化过程进行了象征意义分析，逐步形成概念并编码化，表 5 - 4 是编码产生的概念类属。从表 5 - 4 中可以看出，通过扎根理论分析，可以从资讯部的人员演变过程中抽象出 15 个概念、8 个类属代码。这 8 个类属代码是在所分析的资料中被提到次数最多、最普遍的因素，属于最为关键的核心因素。

5.6.2 系统动力学模型的构建和阐述

通过运用系统动力学工具，我们从上面的变量中挑选出核心变量，构造了因果关系环图，构造了符号资本的作用机制模型（见图 5 - 14），用于解释各行动者角色之间符号资本的生成关系。箭头旁的符号（ + ）表示因果关系的极性。加号表示在其他条件不变的情况下，自变量的增加会导致因变量的增加，反之，其减少导致减少。同样，减号表示自变量的增加会导致因变量的减少（Sterman 2000）。[19]

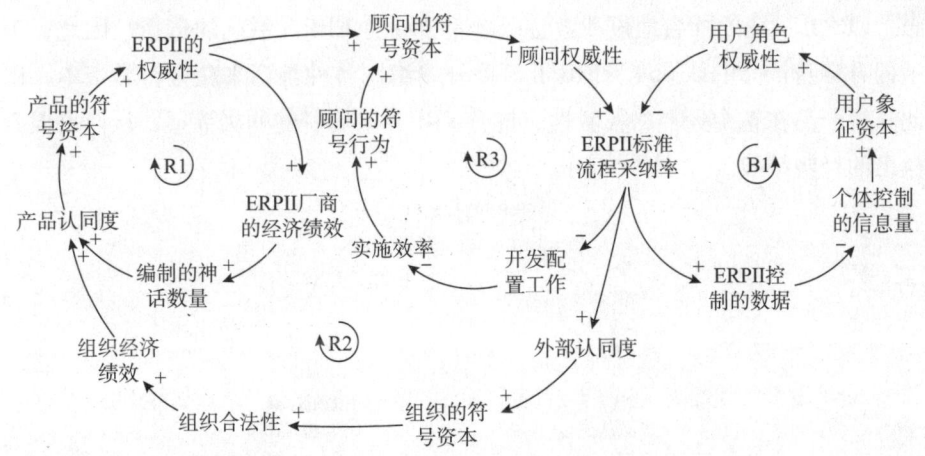

图 5 - 14 符号资本的生成机制模型

在图 5 - 14 中研究者发现了一个关键节点：ERPⅡ标准流程采纳率，这个变量决定了企业采用 ERPⅡ提供的标准功能的比例。组织 IS 采纳中仅采纳了一部分 ERPⅡ提供的标准功能，其余的功能则来自企业原有的业务流程的个性化需求。这些企业的个性化需求建立在企业管理改进与流程优化的基础上，能够体现企业的核心竞争力。而这些核心竞争力常常表现为企业的个性差异与行为特点，最终体现在关键用户的业务控制权力上。在 ERPⅡ采纳过程中要满足这些个性化需求，不可避免地要增加设置工作量，甚至可能要二次开发。但是限于项目周期和投入的考虑，实施商无法为企业提供全面的管理改进，总是尽量将企业引导到 ERP 系统的标准流程上来。[159] 为了使业务流程标准化，企业需要花费很多额外的时间和精力来进行咨询和业务调整。

由于关键用户的系统配置权力受到限制，加大了企业采纳 ERPⅡ 厂商提供的标准化功能和流程进行灵活配置的空间，增加了二次开发的压力。因此，企业和实施顾问之间存在一种互动博弈关系，这也是组织 IS 采纳效果产生动态变化的核心原因之一。

在 IS 采纳中，哪些功能采用标准流程，哪些功能需要进行个性化开发？从图 5 – 14 中来看，主要决定要素是关键用户和顾问之间的相对权威。而顾问和关键用户的权威取得由以下几个符号资本作用机制回路产生。

5.6.2.1 增强回路 R1：ERPⅡ 厂商的符号资本作用机制

采用不同的 ERPⅡ 产品意味着展示企业现状及发展前景的社会象征和标志，ERPⅡ 厂商的社会地位和声誉影响着企业对 ERPⅡ 系统的选择。因此，为了提升自身产品的认同度，ERPⅡ 厂商开始编制各种神话来获得符号资本，以此赢得产品在整个业界的权威性，提升 ERPⅡ 采用者的购买欲望，从而也提升自己的经济绩效（见图 5 – 15）。

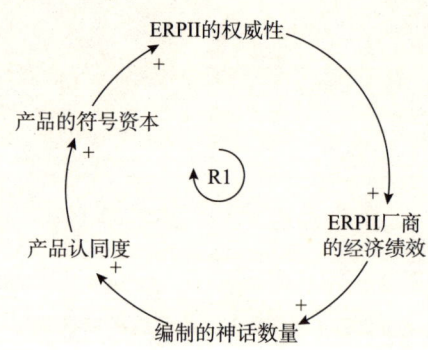

图 5 – 15 ERPⅡ 厂商符号资本增强机制

5.6.2.2 增强回路 R2：企业的符号资本增强机制

从某种程度上来说，IS 采纳场域利用文化、符号资本和经济场域的经济资本进行交换。一方面，为谋求经济利益，企业投入大量资金来采购高端的 ERPⅡ 系统，以获得优化的流程和高效管理，期望高效率管理能带来高额收益。

另一方面，ERPⅡ采纳场域也以强大的符号资本与经济场域进行交换。凭借透明化的管理，企业依靠 ERPⅡ系统产生的符号权力吸引受众的眼球，成为经济场域最有力的促进渠道。企业通过采纳 ERPⅡ系统来获得符号资本影响其所处的社会场域，包括政府、税务、审计、标准组织等上下游组织，从而促进企业管理更透明、更高效。例如，ERPⅡ软件系统的标准流程中实现了很多可以满足 IT 审计要求的功能。因此，组织 IS 采纳的主要目的之一是要满足外部合法性要求，取得外界的合法性认同。

最后，由于 ERPⅡ这一中介的作用，文化资本与 IS 采纳场域紧密地结合起来。而这种结合更多地是 ERPⅡ采纳场域对文化场域的控制。ERPⅡ场域对企业文化场域具有"命名权"。ERPⅡ拥有广大的受众，在一定程度上代表了企业管理制度的规范性，企业所使用的 ERPⅡ认可意味着被公众熟知，从而拥有名声。

企业的符号资本生成机制（见图 5 – 16）表示，外部认同度会提升组织的符号资本，从而影响组织合法性，导致企业管理越来越透明，越来越规范。组织绩效的提升也增强了组织 IS 采纳的愿望，而组织采纳规范的 IS 流程又会提升外部认同度，形成一种自我增强机制。

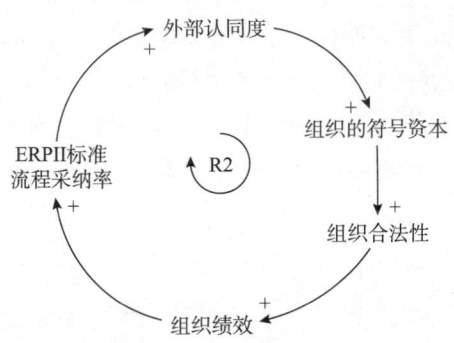

图 5 – 16　企业的符号资本生成机制

5.6.2.3　调节回路 B1：关键用户的符号资本调节机制

组织 IS 采纳可以帮助企业管理者决策稀有资源的分配，因此对社会和个人极其重要。对组织用户的管理者来说，IS 的象征价值就是指个体使用和控制 IS 的目的是彰显自己的身份，满足自身的合法性需要。

IS 采纳可以帮助组织将流落在组织各个角落的数据收集并汇总起来，这

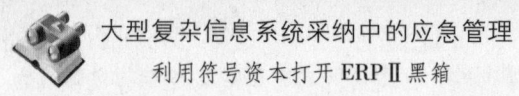
个信息的收集过程确保了决策在程序上的合理性，构成 IS 的符号价值。在这种场景下，信息并不简单地是行动的基础，IS 的控制也是行动者决策能力的象征。对信息和信息资源的掌控能够提升感知能力，鼓舞自信心。更多的信息代表更好的决策信仰，导致人们认为拥有信息本身是好的，拥有较多信息的个人或组织好于缺乏信息的个人或组织。[68]当没有其他办法来评价一个决策者的知识时，行动者如果能展示信息，能够用合法的信息收集方式来解释决策或意见，就可以展现企业决策者可以方便熟练地使用信息系统的能力。这些能力的象征同时也是社会效率的象征。

对决策的合理性、决策过程及决策中相关角色的信任，是一个社会结构的关键部分。决策不应只是在决策者看来是合理的，重要的是从社会来看也应该是合理的。[236]因此，要求获得并汇集信息是对社会决策赋予意义以使之可接受的方式。企业用户 IS 符号机制就是保证决策者能够获取这种能力，从而使他们更加愿意采纳 IS 进行企业管理，彰显企业决策行为的合理性，这也是 IS 业务流程中产生符号价值的根源所在。

但是，对于组织中大多数关键用户来说，IS 采纳会触及他们的利益，他们存在一定的抵制行为。就个人层面而言，象征产生信仰，信仰会抑制新事物的出现。从一定程度上说，收集和使用信息的人会试图让其他人相信信息的重要性，从而确保自己的重要地位。个人和组织收集、存储、分析信息的行为也如此。承担信息处理责任的各部门不会对信息的使用保持中立。在一定程度上，收集和使用信息的人是那些相信信息收集很重要的人。例如，在 IS 采纳中，OB 公司的关键用户倾向于把工厂日常事务的成功归结于他们所控制的因素，往往相信他们所控制的信息事实上对决策制定非常重要。因此，IS 采纳行为直接将原来掌握在他们手中的信息交给 ERPⅡ来控制，使得他们认为 ERPⅡ对他们的地位造成了挑战，损害了他们的利益，他们自然而然就会产生抵制行为。关键用户将自己的控制数据的需求形成个性化的修改要求，降低了 ERPⅡ标准流程和功能的采用率。以上过程形成了用户符号资本的调节机制。

其行为机制如图 5－17 所示。用户个体占有的信息越多，具有的权威越高，就越会想方设法保留自己的信息来维护自己的权威，抵制 ERPⅡ标准流程的采纳，从而使得 ERPⅡ控制的数据减少，组织的透明性降低。

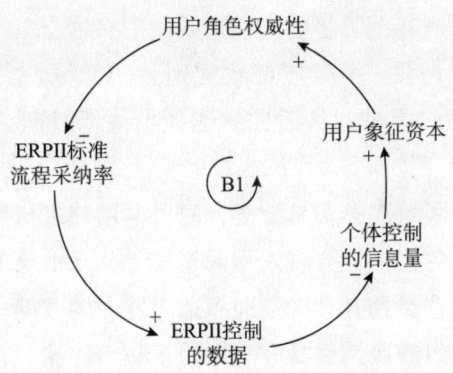

图 5 - 17　用户符号资本调节机制

5.6.2.4　增强回路 R3：顾问符号资本增强机制

顾问符号资本增强机制（见图 5 - 18）表示，顾问通常利用自己的符号资本，在 ERP II 采纳场域施加符号权力和符号暴力，提升自己的权威，对实施现场和场外施加控制，从而限制 ERP II 用户的交流，降低用户的抵制行为，提高 ERP II 标准流程采纳率。因为不需要太多的配置，实施效率自然就提高了。顾问进行符号暴力经常采用的手段有两种。

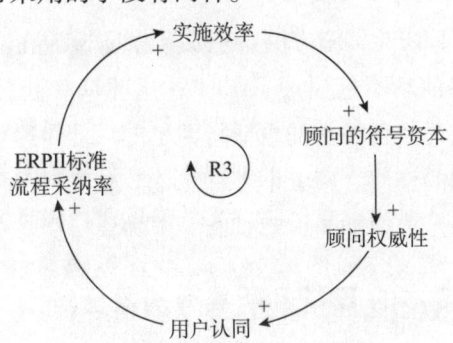

图 5 - 18　顾问符号资本增强机制

首先，在需求收集现场通过顾问与用户的交谈展现其符号暴力。按照布尔迪厄的理论，在场域中，哪怕是最简单的语言交流也不是纯粹的沟通行为，总是涉及被授予特定社会权威的言说者与在不同程度上认可该项权威的听众之间的结构复杂、枝节蔓生的历史性权力关系网。一方面，顾问通过语言和非语言符号展现其对用户的符号权力。顾问作为 ERP II 实施中的权威角色，可以分配谈话时间、限制谈话内容或者通过手势、语音、语调控制谈话现场。而时间的

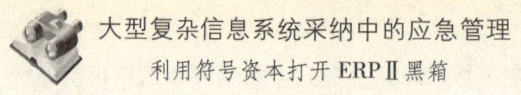
分配、谈话内容的限制甚至手势的变化都限制了自由交流。另一方面，用户进入会场就意味着他进入了一个有"游戏规则"的场域，实施会议现场的"游戏规则"是听从顾问的指挥，从话题的选择到谈话时间、谈话方式无一不受到约束。

其次，顾问制作了精良的实施方案，对关键用户进行了长期的培训，通过对话题的选择、人员的选择、会议议程的安排等显示出更为隐蔽和强大的符号暴力。咨询公司往往选择具有良好沟通和适应能力的顾问。在实施会议中，顾问人员的数量和用户数的比例也具有一定的意义。比如，在一些关键场合，顾问的人数要接近用户的人数。

从用户角度看，具有相应符号资本的用户会凭借其对业务资历形成的符号资本，对顾问所形成的符号暴力行为产生一定的调节作用。例如，资深的生产管理专家曾说："你们别忽悠我了，第一次实施 ERP 时我们不懂，顾问说啥就是啥，但现在我已经工作近 10 年了，你们这一套（方案）行不通。"

5.7　结论及讨论

上述分析表明，ERPⅡ实施中的角色及其象征行为在实施中是具有特定的符号意义的。IS 采纳活动不仅生产了 ERPⅡ这种具有社会地位象征意义的符号，它在创造符号过程中所采用的象征行为也向社会传达了一定的象征价值观念，并起到管理趋同的作用。ERPⅡ的采购、实施和上线过程中各行动者角色都对一定的符号进行了象征加工，都具有一定的象征意义。

5.7.1　作为符号资本的 ERPⅡ所具有的象征价值

ERPⅡ采纳行为不仅仅具有经济价值，其本身还具有象征价值。对于企业组织，传统的 ERP 采纳强调经济绩效，其中包括"降低成本，提高生产力，提高服务质量，改善客户服务，更好地管理资源，提高决策、规划和组织权力的效率"[120]。ERPⅡ不能马上转换为企业眼前的经济利益，但 ERPⅡ系统的采纳会显著地改变企业的地位和威望，提升企业的象征价值。也就是说，ERPⅡ的象征性权力将提升社会认知和资源的获取能力。如果企业没有采纳信息系统，将限制企业在其传统领域对社会政策、阶级和权力的获取能力，这一切意味着一个国家的社会政策、阶级和权力存在分层结构和差异的回报。在这一点上，信息系统采纳和社会领域之间的关系很直观。不同的信息系统有着不同的社会领域，它们的社会区隔是指具有不同的符号资本和象征价值。企业中与 ERP II 系统相关的个体，总体来看随着 ERP II 的重要性增加，级别在不断增加。这说明 ERP II 作为一种符号资本，能提升企业角色的地位。信息系统能够促使相关角色的地位上升。

ERP II 的采用者必须更加注重考察 ERP II 供应商的符号资本，区分 ERP II 供应商的社会地位和声望。采用不同的 ERP II 意味着展示了企业的现状及发展前景的社会象征和标志。从这方面的意义来说，ERP II 的象征性价值超越了经济绩效，通过象征性消费建立了包括社会形象、合法性等竞争能力。ERP II 的采用者必须在内部转译他们的政策、阶级和权力，嵌入 ERP II 的政策、阶级和权力中。但是，实质上在最开始时，这些企业的决策者并没有完全理解选型背后的象征意义——引入 ERP II 是引入了一整套的管理规则和机制。ERP II 符号背后掩盖着组织角色的转换、管理的重构和责权利的重新分配。因此，企业对 ERP II 选型的象征价值最终体现在对管理结构的选择和新的管理习性的建立上。

5.7.2　符号资本对各角色的象征价值

根据布尔迪厄的理论——符号暴力的实现是基于符号资本的占有，符号暴力的形成过程中始终伴随着符号资本的变化。从 IS 采纳过程中的角色表现看，不同角色争取符号资本的行为机制并不相同，各自象征着不同习性结构跟随 IS 采纳场域游戏规则演变而进行传承、转变和融合。其相应的映射关系如图 5 – 19 所示。从图 5 – 19 中可以看出，角色和其象征行为的背后实质隐藏着丰富的象征意义。挖掘这些意义意味着打开 IS 采纳场域中蕴含的符号资本运用黑箱，从而可以实现从机制层对符号资本如何影响 IS 采纳的应急管理进行分析。

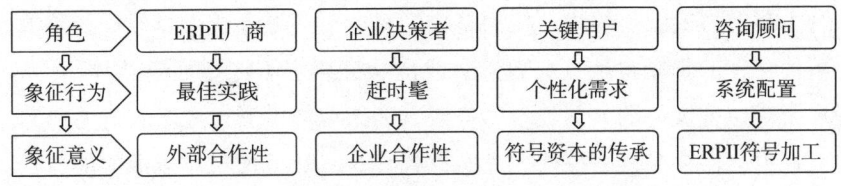

图 5 – 19　主要角色的象征行为及象征意义

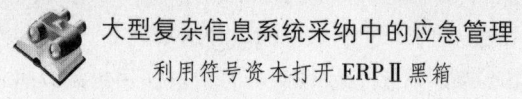
具备丰富符号资本的 ERPⅡ 厂商要不断鼓吹自身产品中存在的"最佳实践",对企业组织进行符号暴力,这样才能获得不断进步的企业信任,巩固自己已取得的合法性地位。

企业决策者通过采购时髦的 ERPⅡ 产品,可以获得周边合作伙伴的认同,达到被社会认可的目的。

ERPⅡ 关键用户需要将 ERPⅡ 管理思想转化为企业现有管理制度,通过自身的符号资本及其象征行为的迭代演化,将具有自身利益要求的功能的信息在 ERPⅡ 实施中改头换面,形成企业特有的基础设施。这样一来,企业的管理传统才可以在信息系统符号的演变下得到传承和发展。因此,在 ERPⅡ 采纳中,关键用户是跟企业符号资本的传承和演变联系在一起的,ERPⅡ 实施中关键用户的象征行为的象征意义,事实上是企业内部符号资本不断重新分配和演化的直观解释。

ERPⅡ 咨询顾问担当中西文化、内外部管理机制交流融合的中介角色,要对企业的内部架构作深入诊断分析,提出一套合理有效的将 ERPⅡ 系统内的先进管理思想和企业实际的体制特点相融合的实施方案,从而实现外部管理机制的本土化。其背后的象征意义在于实现 ERPⅡ 符号加工,生产出符合企业和外部需要的 ERPⅡ 符号产品。

对 ERPⅡ 采纳过程来说,其中的几个主要角色通过构建"最佳实践""赶时髦""个性化需求""系统配置"等象征行为,不仅充分展示了国内外 ERPⅡ 管理理念逐渐本土化的演化过程,也为象征信息学的理论发展提供了一些鲜活的案例。而且,通过对这些采纳行为的象征分析,可以为象征信息学理论引入符号资本要素,从而促进该理论的进一步发展。

5.7.3 结论

从 ERPⅡ 采纳的应急事项和策略中发现,在 IS 采纳的社会、管理交叉场域中,主要的力量就是权力。权力是作为整个 ERPⅡ 系统中再分配的仲裁者和控制者而存在的。权力是由于力量、地位和社会资本等方面的差异而产生的,那些居于优位或优势的人对处于劣势或不利地位的人进行控制的能力和力量就是符号权力。而符号权力往往被大家忽视,对 ERPⅡ 实施场域中的应急管理策略和事项难以明确考察,但是众多的 ERPⅡ 实施角色不自觉地在争取符号资本,在利用符合资本获得符号权力,而这些权力用来应对各种 IS 采纳应急事件。

　　企业 ERPⅡ系统本身具有强大的符号权力，成为组织合法性的一种象征，因此，ERPⅡ成为组织的一种重要符号资本。企业中的关键用户为了维护自身利益，也通过一些象征行为将符合自身利益的个性化需求加入 ERPⅡ中。

　　ERPⅡ厂商为提升自身产品的竞争力，在 ERPⅡ市场中处于优势地位，势必要编造各种神话，争取更多符号资本。

　　咨询顾问为了获得对用户的影响力，在熟悉业务的同时，也会精心准备各种策略，以便在 ERPⅡ应急管理场域中占据更高的位置。

　　总之，作为信息系统的应急管理研究，把符号资本引入 ERPⅡ采纳的角色、象征行为及象征意义中，为我们打开了 ERPⅡ实施黑箱。

5.8　本章小结

　　本章主要采用布尔迪厄 IS 场域理论、象征符号理论和批判实在论的机制分析对 OB 公司的组织 IS 采纳案例进行了深入分析，构建了 OB 公司的 IS 采纳场域，对 IS 采纳过程中的应急事件及其象征行为进行了分析，解释了这些活动中各角色存在的象征行为及其象征意义，打开了 ERPⅡ实施黑箱中的众多应急策略，并采用扎根理论分析并建立了符号资本的作用机制的系统动力学模型。

第6章 应急管理的机制分析及仿真

本章将对 OB 公司的抵制事件进行批判性分析，从事件—机制—结构三个层次来分析产生应急事件的真实原因，并通过系统动力学模型来仿真模拟具体 ERP II 采纳过程中的抵制和采纳行为。

6.1 引言

上一章研究结果说明在组织的 IS 采纳场域下角色之间存在象征行为，这些象征行为会导致应急管理事件的发生。研究强调，各角色之间的象征资本是 IS 采纳场域中象征行为的动力所在，研究结果对唯意志论和技术决定论进行了驳斥。研究不仅对具体的现象进行了深描，还对这些现象进行了象征意义分析，并构建了符号资本生成机制模型来解释这些现象。值得注意的是，分析表明：在组织 ERP II 的采纳场域中，ERP II 符号的展现效果来自每个关键行动者的符号加工行为，这些象征行为背后受一种看不见的手——符号资本数量调控。因此，本书推断，对"为何同一种 ERP II 产品在类似的企业背景下实施，采纳效果却大不相同"的问题，可以运用场域符号资本理论来解释。

尽管上述研究结果能延伸用于解释一些现实的案例现象，但是，研究是建立在单个案例深描的基础上，我们需要对符号资本与 IS 技术和组织行为之间的关系建立更通用的理论观点。虽然扎根理论先驱 Glaser 和 Strauss 认为，在发展理论时，将实质分析逐步巩固、演变为更为正式的、一般性的理论时，跨越并满足多个需求是关键的一步，但是，在 IS 领域很少有学者进行这样的尝试来研究 IS 的社会学影响。另外，在 IS 社会学研究实践中，由于条件所限，我们难以用实地实验的方式来测试组织 IS 采纳中符号资本的影响，采用系统动力学模拟仿真就成为我们优先考虑的方法之一。

本章将采用扎根理论和系统动力学仿真分析的方法，分析 OB 公司 ERP II

采纳过程中符号资本如何影响行动者的社会交互行为。研究工作关注点在于顾问和关键用户知识资本、符号资本数量如何影响双方的工作量。所谓知识资本，简而言之就是配置和操作 ERPⅡ 的知识能力。在组织 IS 采纳中，知识资本包括 ERPⅡ 的产品知识和企业的业务知识。行动者可以通过相互学习实现两种知识之间的交流、融合，从而获得配置和操作特定组织 ERPⅡ 的知识能力。另外，根据上一章结果，在采纳过程中，顾问和关键用户所积累的经验形成了一定的符号资本，这也会影响双方行为。因此，我们的分析将填补第 5 章的遗漏部分，通过构造知识资本和符号资本作用下行动者之间的互动关系来解释研究者在 OB 公司 ERPⅡ 实施过程中观察到的各种互动模式。

本章目标有以下四点：一是通过对 OB 项目 IS 采纳的应急管理事件的呈现，并进行扎根编码，用来对比不同顾问和模块的交互过程。二是通过对上述应急管理进行事件描述和对比，分析这些应急管理事件背后存在的应急管理机制。三是分析应急管理机制的结构，构建场域中"知识资本"和"符号资本"的影响机制模型。四是根据确认好的模型，运用不同的参数进行模拟，通过调节不同的资本初始变量，仿真模拟 OB 项目的互动行为模式。最后提出一种优化的 IS 采纳场域结构模型，用于指导实践。

6.2 OB 项目中不同模块的应急管理事件

为研究场域中的应急机制，研究者对 OB 公司 ERPⅡ 采纳过程中顾问和关键用户整个采纳行为及应急管理事件进行了详细的参与式观察，总时间跨度长达 8 个半月，并将顾问和关键用户的应急管理事件进行了扎根理论分析，列出了实施期间不同模块的实施顾问和关键用户之间应急管理事件关系的变化轨迹。本书跟踪了三个顾问的具体实施活动，这三个顾问分别负责 OB 项目的财务模块、供应链模块和生产模块。尽管处于同一个项目中，但是研究者发现，顾问和用户之间存在明显的知识和资历上的资本差异，因而三个不同的顾问在相同的项目中显示出显著不同的应急行为事件和采纳效果。

下面本书将总结在 OB 公司 ERPⅡ 项目中的调研结果，然后描述采纳过程中顾问和关键用户之间存在的重点应急活动和实施效果。

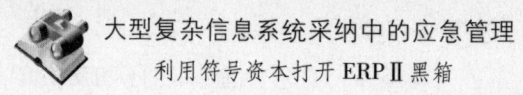

6.2.1 财务模块"越俎代庖"的应急管理事件

财务顾问陈老师，顾问前为武汉某国企的财务会计，中南财经政法大学毕业，获得过武汉大学MBA学位，工作认真细致，为人严谨，熟悉用友NC产品前一个版本的财务模块功能。财务模块的关键用户为各分公司财务部的几位会计人员，只熟悉单机版的财务系统，没有大型财务一体化软件的应用经验。我们根据人员态度转变的特征，将顾问和财务关键用户之间的互动编码为几个应急管理事件：

提供指导：顾问对会计提供培训和指导。在这个阶段，顾问具有很大的权威性，掌握了最大的控制权。新的业务蓝图需要与业务系统紧密结合以实现财务业务一体化，原有的系统并不能做到一体化，关键用户对新引入的功能不熟悉。因此，财务部门的关键用户——会计们向陈顾问提出了很多使用问题，由于这些关键用户基础较差，顾问开始的时候也认真地一一进行了解答，并赢得了关键用户的信任和崇拜。这种情形持续了近4周，慢慢地，关键用户形成了一种习性，一碰到问题就找顾问解决，失去了自己动手解决的动力。存在的问题是，关键用户过于依赖顾问的指导，给顾问造成的感觉是关键用户并没有认真学习和领悟ERPⅡ产品知识。

批判和指责：4周后开始正式蓝图的制定，陈顾问为了促进会计们的独立性，决定减少对会计们的指导。但是会计人员已经形成接受顾问指导的习性，他们不是通过上机和实验来证实某项功能，而是经常到顾问办公室或者打电话给陈顾问，要求他亲自演示和说明。这个时候，顾问意识到会计人员在普通的事务上存在太多的依赖，开始失去耐心，对待关键用户的态度开始变差。批评和问题指责是这个阶段的特点。

投诉和重做：由于用户学习效率太慢，财务模块的配置远跟不上项目进度，顾问在实施进度的压力下无计可施，只好亲自承担了大多数实施工作，并根据自身在国企工作的经验，想当然地为企业制定了业务流程。由于缺乏会计人员的全面参与，完成的流程并不能满足企业的需求，在一些业务细节上存在理解上的差异。在流程确认会议中，这些细微的差异产生了严重的后果，试运行产生的结果与现实不符，流程被项目组否定。过程回到起点，又重现了以上几个互动事件：提供指导，批判和指责，投诉和重做。

要求撤换：在系统预上线前，陈顾问将配置好的财务模块带到香港地区培训，香港地区用户发现，几个很重要的财务报表因为没预先在单据中提供来源字段而无法生成。为了修补这个问题，整个财务一体化流程的单据需要重新配置模板，上线时间因而被推迟。最后，迫于进度压力，在项目启动后第 91 天，项目经理向项目管理办公室申请更换顾问，重新调了一个新顾问来代替陈顾问的工作。

　　陈顾问的实施过程可用图 6 – 1 来表示。

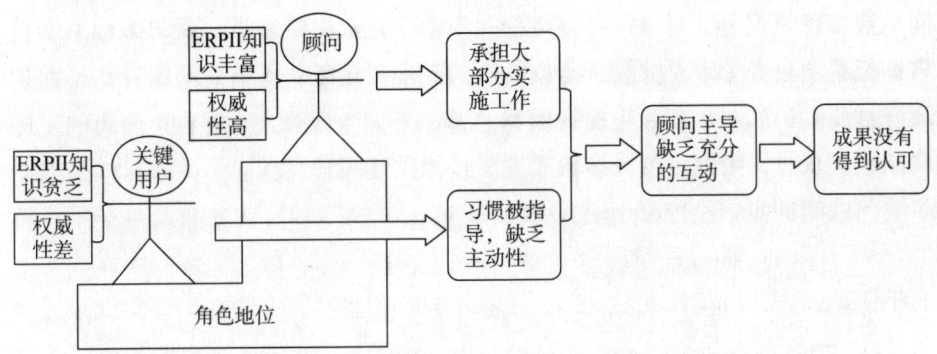

图 6 – 1　财务模块实施的互动过程

6.2.2　供应链模块"水乳交融"的应急管理事件

　　供应链的实施由项目经理何老师负责。何老师曾经在国企从事高管工作，具有多年的项目实施经验，对产品比较熟悉。关键用户为原来资讯管理部的 IT 人员，曾经负责用友 NC 前一版本的 ERPⅡ实施工作，对供应链比较熟悉，具有相当强的实施能力。实施过程中存在的应急管理事件如下。

　　洽谈分工：其特点是为各关键用户分工，将供应链中的采购、销售、存货业务流程分配给不同的人员负责，其中，关键用户说明理由，顾问确认合理性。

　　功能性提问：其中，关键用户熟悉系统，开始以问题为导向操作。

　　需求陈述：其中，关键用户将企业现有需求描述出来，顾问根据系统特性进行指导。

　　技术咨询：在供应链实施过程中，顾问和关键用户的合作越来越多，关键用户也越来越熟悉新的 ERPⅡ系统，提出的问题能抓住重点，也能很快理解顾问的意图，双方的沟通变得顺畅起来。

　　软性抵制：并非所有的关键用户都很合作。在实施供应链模块的过程中，某关键用户因为担心新系统的上线会对他原有的技术骨干地位产生冲突，采取

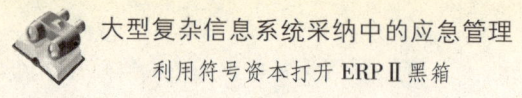
了消极不合作的态度，于是何顾问故意将大部分工作分配给了其他资历相对较浅的关键用户。最终实施完毕后，该关键用户只掌握了极少部分的模块功能。

合作共赢：由于大多数关键用户证明了自己的责任和能力，顾问开始给他们压担子，让他们承担更多的实施工作。到正式蓝图确认时，双方营造出合作解决问题的气氛，企业的需求和新系统的特性结合得越来越紧密了。

身兼数职：由于何顾问表现优异，再加上咨询公司缺乏有经验的资深顾问，当项目情况稳定下来后，也就是到项目实施的中后期（第 102 天）时，咨询公司项目办公室又分配一个新的顾问到项目组替代了何顾问的工作。而何顾问被调去另外一个项目组担任项目总监，开始兼数职。他在 OB 公司的实施时间大大减少，因此，绝大多数实施工作由关键用户承担。

何顾问的实施过程可用图 6 - 2 来表示。

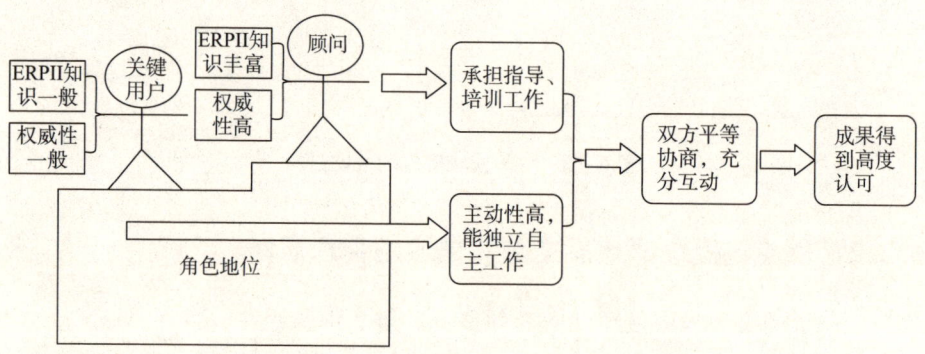

图 6 - 2　供应链模块实施的互动过程

6.2.3　生产模块"水油分离"的应急管理事件

负责生产实施的顾问为马顾问。马顾问拥有研究生学历，毕业于国内某 211 高校信息系统专业，属于科班出身，已经有过 2 年 ERP II 实施经验，但是从未有过生产模块实施经验。关键用户为有 10 年生产经验的生产部部长，尽管企业旧的 ERP 系统总体架构不如人意，但是生产模块的灵活性还不错，又经过长期的使用，生产部已经能熟练使用该系统解决生产问题，具有丰富的应用经验和知识。生产模块实施互动具有以下几个关键的管理事件：

技术咨询：在开始阶段，关键用户对生产模块的功能很感兴趣，不断向顾问询问新系统的功能特性。顾问为了解需求，也向关键用户寻求指导，双方共同执行程序。顾问和关键用户寻求并接受彼此的指导是这个阶段相互作用的特点，但是总体而言，顾问拥有更多的权威。

符号逆转：由于国内 ERPⅡ企业存在短板，生产系统的产品威望不够，新系统生产模块功能并不是很强大，存在很多功能缺陷和 BUG（例如在多次执行 MRP 后，原有的订单号就无法跟踪）。再加上实施顾问本身缺乏生产模块的经验，经验不足的顾问和关键用户之间的互动就演变成相互抵制，双方的角色符号产生了逆转。关键用户了解新的 ERPⅡ系统后，发现很多在旧系统上可以实现的功能没有出现在新系统中，这些功能又是生产上必须满足的，为此他们提出了修改需求。马顾问将这些需求配置成新的生产模块功能，如果出现无法配置的功能需求，则提交修改申请给北京总部开发部门。在北京总部的支持下，ERPⅡ厂商为生产模块打了近 20 个修改补丁，但是仍然没有解决问题。关键用户逐步失去耐心，开始要求顾问为无法满足的功能提供解释，并怀疑顾问（真正的问题来自系统）的业务水平，顾问的权威也在慢慢降低，关键用户在心目中产生了"顾问知识不够"的印象。双方的争执开始增多，顾问开始担心自己能否掌控项目，完成实施工作。

权力下放：由于顾问和关键用户都试图减少争执，在这种情况下，顾问开始独立进行功能设计，而关键用户撤回到他们的生产办公室，以避免和顾问互动。最后，顾问将需求决定权"权力下放"，生产关键用户提出需求并确定功能的合理性；顾问负责将新功能需求提交给上级开发部门，实现进度控制。

系统缺陷：直到项目上线，生产需求仍然没有完全满足，项目组最后决定将剩下的需求留待第二期实施时再去解决。

马顾问的实施过程可用图 6 - 3 来表示。

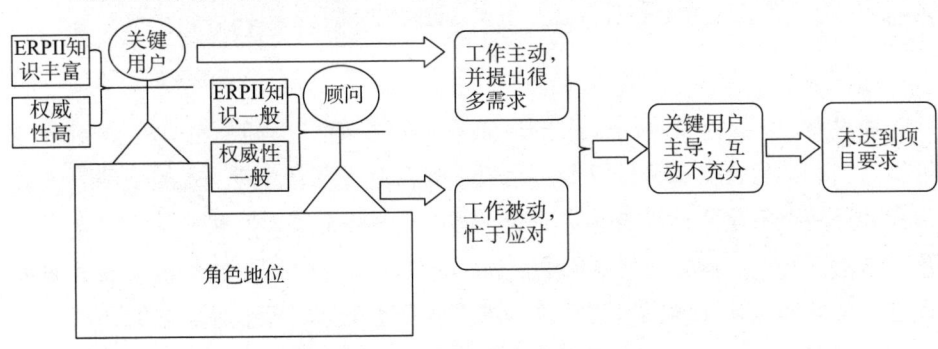

图 6 - 3　生产模块实施的互动过程

6.3　OB 项目的应急管理机制分析

6.3.1　应急管理事件追溯

在所有的 ERP Ⅱ 模块实施中，顾问和关键用户都积累了一定的具体企业的 ERP Ⅱ 专业知识。其中，财务模块顾问几乎包办了实施工作，而顾问缺乏主动性，限制了他们的学习，没有深入了解如何提出相应的 ERP Ⅱ 功能需求来完成模块的采纳。供应链模块中，顾问和关键用户之间协作关系较多，顾问承担了重大操作决策的职责，指导关键用户进行业务流程优化，双方都获得了对新系统业务流程的深刻认识。生产模块中，关键用户占据主导地位，进行了大部分实施决策，利用专业优势制定优化需求，顾问基本脱离了核心业务功能需求；其中，关键用户积累了生产模块的专业知识，而顾问却没有，但即使如此，顾问仍存在并参与指导了实施的进程。三种不同模块的互动过程对比如表 6 - 1 所示。

表 6 - 1　OB 项目中不同模块的应急管理过程总结

模块	角色	资本	地位	行为习性	应急管理方式	采纳效果
财务	关键用户	少	低	工作缺乏主动性	顾问主导	差
	实施顾问	丰富	高	承担大部分工作		
供应链	关键用户	一般	中	主动学习和执行	双方协同	好
	实施顾问	丰富	高	指导和培训		
生产	关键用户	丰富	高	主动提出需求	关键用户主导	差
	实施顾问	一般	中	被动解决问题		

通过对 OB 项目中不同模块的应急管理过程的对比和分析（见表 6 - 1）可以看出，文化资本和符号资本的区别是解释上述应急管理模式的基础。关键用户和顾问并不是两种泾渭分明的职业群体，实际上，顾问和关键用户之间角色经常相互转换。例如，何顾问和陈顾问原本就是关键用户转行过来的，而资讯部部长原本也是开发顾问。因此，双方的资本类型实际上是类似的，具有一定的可比较性。一般而言，顾问角色因为以前的培训和认证，积累了较多 ERP Ⅱ 实施的知识和能力，显然占据更高的实施地位。而企业由于人员和经费的限制，关键用户很少参加认证考试，也缺乏很正规的 ERP Ⅱ 实施知识的培

训，因而在实施中地位较低。顾问相对于关键用户而言具有较高的地位，就可以选择是否参与实施和跟谁实施，掌握了交互的主动权。如表 6 - 1 所示，如果单一从业务知识能力角度分析，就不能揭示生产模块实施过程中顾问权威丧失，被关键用户主导实施的互动场景。因此，可以用符号资本的积累来解释ERPⅡ采纳过程中为什么顾问和关键用户之间存在不同的互动方式。

6.3.2　机制分析

组织内各主体之间的互动是形成集体意义的主要方式。[237]组织 IS 采纳过程中，顾问和关键用户所处的场域是一个临时组织，双方需要对项目的蓝图达成一致，形成集体的意义，因而进行了多次互动。这种互动实践过程的影响因素，按照布尔迪厄的理论，受场域中行动者的习性和资本的影响，因此，场域中意义形成过程一般可以用图 6 - 4 来表示。

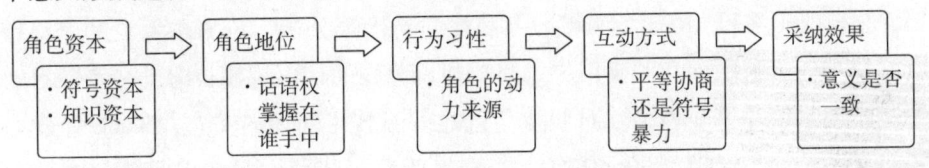

图 6 - 4　构建意义的互动机制

虽然侧重于知识资本和符号资本的相对分布有助于解释为什么不同的模块实施产生不同的应急管理方式，但它并不能解释这些结果发生的变化。例如，我们发现，在 OB 项目财务模块和供应链模块实施中，同样是顾问对关键用户干预时间少，关键用户开始时都缺乏 ERPⅡ知识，但是关键用户的反应却有明显不同，财务关键用户缺乏操作系统的自主性，而供应链关键用户则占据了主导权。因此，我们还需要了解他们内部互动的动态过程。

另外，研究者在 OB 项目采纳活动中还观察到角色之间互动存在两个特点。

首先，顾问和关键用户是否合作办公是区分双方是否进行共谋的标志。例如，生产部门提出了许多相关的 ERPⅡ流程需求，顾问只有等到需求制定已经结束时才能看到这些需求文档。顾问因为不了解具体业务来源而失去了学习的机会，也不能提出更多的修改意见。双方缺乏共谋，从而限制了两个角色之间的知识交流。与之相反的是，供应链模块实施过程中，顾问和关键用户之间的互动更为频繁，实现了充分的共谋，采纳效果较好。

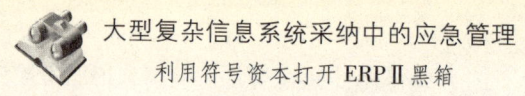

其次，即使顾问和关键用户之间存在共谋，由于角色承担的工作量不同，这些活动也存在显著的不同。在供应链模块实施过程中，即使顾问在场指导，关键用户也承担了 ERP II 流程制定的责任和大部分工作。顾问进行指导和关键用户采取行动是一个理想的协同模式，顾问人少，关键用户人多，产生需求、设计和配置都需要大量人力去完成，只有这样才能满足顾问进度要求。然而在财务模块实施中，顾问承担了大部分工作，无论是设计蓝图或简单的培训都亲自动手，这样只是增强了顾问的知识与对新系统的控制权，却限制了关键用户的能力培养，也耽误了进度。

6.4　应急管理事件机制的结构模型

根据上述扎根理论分析产生的概念编码，本书对 IS 采纳中符号资本积累、ERP II 知识积累和 ERP II 实施活动等概念进行因果分析，目的是为了发现符号资本是如何影响顾问和关键用户之间的知识趋同的，也就是要构建符号资本的影响机制系统动力学模型。对职业角色之间新技术知识的实施，Black 等建立了一个系统动力学模型进行仿真。[238] 李焕荣和张晓芹则对知识团队的文化拟合进行了系统动力学建模。[239] Li 和 Madnick 针对外部承诺压力对网络计算系统的实施影响进行了系统动力学仿真。这些模型对构建 IS 采纳场域中顾问和关键用户之间的知识趋同机制结构具有较好的借鉴作用，但是所有这些模型都未考虑符号资本的影响，模型存在一定的缺陷。在借鉴了 Black 等人模型的基础上，结合上一章形成的符号资本的生成机制模型，本书构建了一个符号资本的影响机制的系统动力学模型来测试这些因果关系环中蕴含的机理。本书将 OB 项目案例的互动数据作为本次研究的建模参考，构建的模型和理论的目标是在一个更宽泛的组织环境下提出一些观点和启示，因此模型剔除了一些仅适用于特定公司的细节。

系统动力学模型由存量、流和变量间的因果关系构成。存量和流用来对物理上的或者组织上的流程进行建模。存量用矩形表示，表示随着时间积累或消耗的程度。流用带箭头的直线表示，箭头上有个阀门，可以对存量进行增减调整。存量和流组成了反馈回路，表示物理的或者组织的系统结构。另外，增强（自我强化）和调节（自我修正）反馈回路在决定组织的系统的动态行为上很重要[240]，因此，这个模型用因果环图来描述关键的增强或者调节反馈回路。

模型方程则是本书根据 OB 公司的 ERPⅡ实施数据提出的相应推论的数学表达，用来表示顾问和关键用户之间的互动模式。

符号资本影响机制模型（见图 6-5）显示了各项资本的变量和相互关系（方块代表存量，箭头表示流；存量是流入和流出之间的差异积累[19]）。在本模型中，因为项目周期（8 个半月）时间并不是很长，来自外部 ERPⅡ厂商的符号资本变化可以忽略不计，我们将其设为一个固定值。但是，ERPⅡ产品的不同模块给顾问带来的符号资本并不一样，例如，生产模块给顾问带来的符号资本要远远少于财务模块给顾问带来的符号资本。而 ERPⅡ标准流程采纳率由关键用户和顾问之间协商决定，顾问指导越多，标准流程采用率越高；顾问指导越少，标准流程采用率越低，因而"标准流程采用率"这个变量可以转换成"共谋工作系数"变量，这个值同样也受双方符号资本和知识资本的影响。

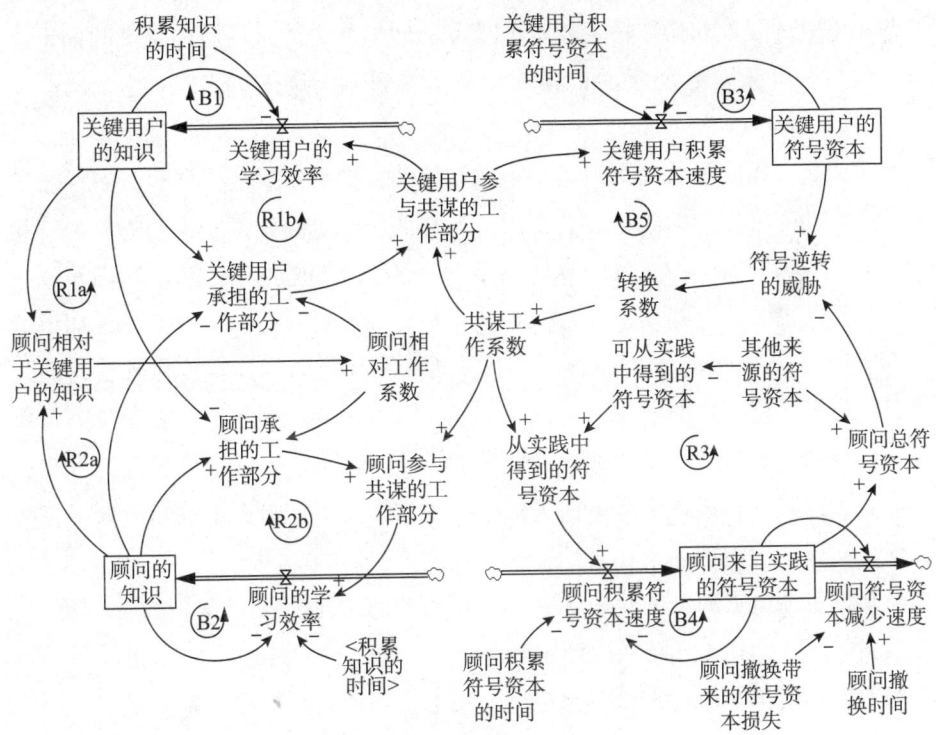

图 6-5　符号资本影响机制模型

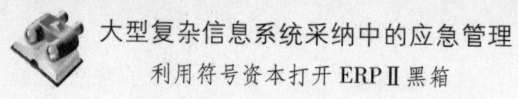
6.4.1　知识资本对 ERPⅡ采纳活动的影响

6.4.1.1　增强回路 R1a、R1b、R2a、R2b：顾问按知识比例分配工作份额

如图 6-5 所示，本书认为，具体企业的 ERPⅡ采纳场域中行动者的知识资本是 ERPⅡ实施活动的关键影响要素之一。关键用户和顾问所掌握的知识类型和知识量是不同的，在 ERPⅡ采纳过程中，顾问熟悉 ERPⅡ系统，但是缺乏对企业核心业务的了解；而关键用户熟悉企业的具体流程和需求，但是不熟悉新系统，两者的知识都不足以独自完成 ERPⅡ的采纳工作。在 ERPⅡ采纳过程中，顾问和关键用户可以通过召开各种协调会议进行培训和学习，促进相互了解，积累更多的配置和操作特定组织 ERPⅡ的知识能力，最后达成共谋。在 IS 采纳场域中，配置和操作特定组织 ERPⅡ的知识能力才是场域中关键的知识资本，我们用知识资本来表示行动者配置和操作特定组织 ERPⅡ的知识能力（以下简称知识）。

很明显，顾问和关键用户的知识在系统动力学模型中是一种存量。存量是构建系统动力学模型的关键，它们表示日常活动产生的积累和长期的影响。我们用学习表示知识的增加（流入）或者知识资本的积累，它包含 ERPⅡ采纳期间所有已经学到的知识，因为只有短短 8 个半月的时间，可以不考虑知识的遗忘或过时。OB 项目 ERP 上线过程用了近 8 个半月时间，在这个项目时间段内，顾问和关键用户所使用的知识并不是无限的，我们用 0 和 1 表示单个角色的知识存量的下限和上限。如果关键用户或顾问在某一天或一周没有进行知识学习，则意味着在这种情况下，关键用户和顾问在工作中积累的知识分别保持不变，知识流入为零。

知识包括过去活动的积累和在项目中开展互动而产生的知识收获，因此，在当前时间点 t 上（假设项目开始时 $t=0$），顾问和关键用户的知识等于项目开始前的知识初值加上项目中所学到的知识，在系统动力学上可以表示为：

$$关键用户的知识(t) = \int_t [关键用户的学习效率(S)]dS +$$

$$关键用户的知识初始值 \qquad 方程（1）$$

$$顾问的知识(t) = \int_t [顾问的学习效率(S)]dS + 顾问的知识初始值 \qquad 方程（2）$$

模型中的 R1a、R1b、R2a 和 R2b 反馈回路说明，顾问或顾问指导的关键用户都可以进行业务流程的设计和配置工作。例如，从 OB 项目财务模块和供应链模块的互动过程中可以推断，关键用户能否参与业务流程设计部分取决于他们的知识积累。模型体现了顾问对关键用户工作的分配权。对一项全新技术，即使几乎没有明确的判断标准，每个行动者也可以通过观察别人的语言、姿势和动作及通过直接和间接的调查推断出别人相对于自己的技能水平。[241]在ERPⅡ采纳过程中，顾问拥有特定的符号资本，起到社会化、专业化和制度化任务分配角色的作用。为了减轻自己的负担，顾问在项目过程中将不断评估关键用户的知识，根据关键用户的知识分配相应的工作（业务流程的设计和配置）。

但是在该模型中，顾问并非完全拥有工作分配决定权，这还取决于顾问和关键用户拥有知识的相对比例。对顾问和关键用户都具备知识的系统功能，关键用户负责实现；对顾问具备知识而关键用户不具备知识（顾问感知到）的系统功能，则由顾问实施该流程。在两者的知识都不足以完成流程构建的情况下，如果顾问的知识多于关键用户，则由顾问承担这项任务；但如果关键用户知识多，顾问将要求关键用户承担大部分工作。在模型中，工作可以使得承担工作的顾问和关键用户积累更多的知识。我们用系统动力学方程表示这些推论：

$$顾问相对关键用户的知识 = \frac{顾问知识}{关键用户的知识} \qquad 方程（3）$$

$$顾问相对工作系数 = \frac{顾问相对关键用户的知识^{\alpha}}{(1 + 顾问相对关键用户的知识)^{\alpha}} \qquad 方程（4）$$

方程（3）中变量"顾问相对关键用户的知识"指顾问和关键用户知识值之比，方程（4）中变量"顾问相对工作系数"依据变量"顾问相对关键用户的知识"决定工作分配比例。

方程（4）表示，因为顾问符号资本相对而言比关键用户多，在双方都没有相关知识的情况下，如果顾问相对关键用户的知识量上升，则顾问承担更多的工作量。参数 α 表示工作的偏倚率[238]，该参数根据顾问意图和工作效率决定。例如，$\alpha < 1$ 时，表明顾问希望提升知识少的行动者能力，要求知识相对少（无论是关键用户或顾问自己）的行动者承担更多工作；$\alpha > 1$ 时，表示顾问希望快速完成项目，偏向于提高实施效率，知识越多、工作越熟练的角色（无论是关键用户或顾问自己）承担的工作越多。在本书中，我们设 $\alpha = 1$，表

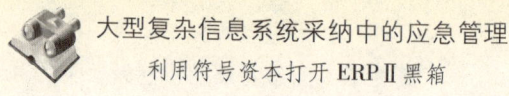

示行动者有温和的效率偏向。这跟 OB 项目的实际情况是一致的。例如，为追赶进度，财务模块实施顾问抛开效率慢的关键用户，主动承担了大部分实施工作量。方程（3）和（4）中的变量表示，在关键用户有执行能力的情况下，顾问允许关键用户承担所有具体工作；如果双方都缺乏知识，但关键用户比顾问知识多，则按对应的知识比例承担具体工作。相应的系统动力学方程表示如下：

关键用户承担的工作部分＝关键用户的知识＋（1－关键用户的知识）×（1－顾问的知识）×（1－顾问相对工作系数）   方程（5）

顾问承担的工作部分＝顾问的知识×（1－关键用户的知识）＋顾问相对工作系数×（1－顾问的知识）×（1－关键用户的知识）   方程（6）

方程（5）中变量"关键用户承担的工作部分"是指关键用户承担的那部分 IS 采纳工作；方程（6）中变量"顾问承担的工作部分"是指顾问承担的那部分 IS 采纳工作。

方程（5）表示关键用户承担的工作来源于两个部分：一部分是关键用户具备知识完成的工作；另一部分对于某些顾问和关键用户都不具备知识去完成的工作［数学表达为（1－关键用户的知识）×（1－顾问的知识）］，由关键用户的相对工作系数［数学表示为（1－顾问相对工作系数）］决定工作份额。方程（6）表示顾问承担的工作也来源于两个部分：一部分是关键用户不具备知识而由顾问去实现的工作［数学表达为（1－关键用户的知识）］；另一部分是在顾问和关键用户都不具备知识的情况下［数学表达为（1－关键用户的知识）×（1－顾问的知识）］，由顾问的相对工作系数决定工作份额。因为所有工作都是由顾问或关键用户承担，顾问承担的工作部分与关键用户承担的工作部分之和必须始终为1，即方程（5）＋方程（6）＝1。这两个方程保证了双方的工作是有一定极限的，并且按顾问相对工作系数进行工作分配。

无论谁承担工作，如果这项工作是顾问和关键用户通过面对面方式沟通并共同合作完成的，我们称为达成了"共谋"。例如，供应链模块中顾问指导关键用户完成业务流程设计。"共谋"是促使顾问和关键用户相互学习、提升双方符号资本的常用方式。在共谋过程中，顾问和关键用户可以实现充分互动，不但进行知识的分享，而且有助于双方彼此了解对方的能力，建立信任关系。

关键用户参与共谋的工作部分＝关键用户承担的工作部分×共谋工作系数

方程（7）

顾问参与共谋的工作部分 = 顾问承担的工作部分 * 共谋工作系数

$$\text{方程 （8）}$$

方程（7）、方程（8）中变量"共谋工作系数"是指顾问和关键用户达成共谋的那部分工作的比例；变量"关键用户参与共谋的工作部分"和"顾问参与共谋的工作部分"都是由顾问和关键用户承担的工作乘以该系数得出。

6.4.1.2 调节回路 B1、B2：学习效率取决于知识差距

图 6-5 符号资本影响机制模型中 B1、B2 反馈回路调节顾问和关键用户的学习产生的知识流量。这意味着随着行动者知识存量的增长，学习效率变慢。这表明，行动者学习的速度取决于其要做什么和其已经知道该怎么做之间的差距。[242] 在模型中，行动者要做什么用其承担的工作部分来表示，知道怎么做用知识来表示。相关的系统动力学方程可以表示如下：

$$关键启用的学习效率 = \frac{（关键启用参与共谋的工作部分 - 关键用户的知识）}{累积知识的时间}$$

$$\text{方程 （9）}$$

$$顾问的学习效率 = \frac{（顾问参与共谋的工作部分 - 顾问的知识）}{累积知识的时间}$$

$$\text{方程 （10）}$$

方程（9）中变量"关键用户的学习效率"是指关键用户在与顾问一起协同合作时从顾问那儿获得的知识。方程（10）中"顾问的学习效率"指顾问从关键用户那儿学习到的业务知识；"累积知识的时间"是指获取知识所需要的时间。为了简化计算，本书忽略了顾问和关键用户之间存在的个体学习能力的差异，假设这两种角色的学习能力是对等的，也没有区分角色内部的个体差异。例如，公式不考虑经验丰富的关键用户帮助那些不熟练关键用户学习的可能性。因此，顾问和关键用户的学习效率的计算都采用了同样的时间变量（累积知识的时间）。

6.4.1.3 知识资本与采纳工作的因果关系总结

方程（1）到方程（10）这几个方程构成了一个概念，即 ERP Ⅱ 采纳活动影响行动者的学习效率，从而迭代反馈到行动者的知识积累，继而又影响谁在主导 ERP Ⅱ 的实施。以上 R1a、R1b、R2a 和 R2b 四个加强循环描绘了知识积累和工作之间的相互关系。一般而言，顾问要比关键用户见多识广，因此顾问积累了更多的知识初值，如果承担更多的工作，又会导致顾问获得比关键用户

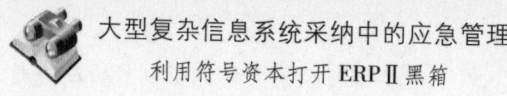

更多的知识（R2a 和 R2b）。本书认为，R2a 和 R2b 反馈回路可以解释财务顾问为什么承担了大部分工作。相反，因为关键用户起点低，对同样的工作（例如设计或配置某条业务流程），关键用户的知识增加要比顾问多。顾问和关键用户达成的共谋越多，关键用户获得的知识就越多（R1a 和 R1b）。本书认为，R1a 和 R1b 反馈环路可以解释供应链模块顾问和关键用户为什么采用共谋的互动方式。这两个增强循环是相互依存的，顾问和关键用户所承担的工作并没有严格地依赖他们的知识水平绝对值，而是与顾问和关键用户之间知识积累的相对值有关。在这两种相互交织迭代的过程中，有时候顾问承担大部分工作，有时候关键用户承担大部分工作，这取决于场域中的社会资本结构。模拟其中的关系，使我们能够探索出谁是场域中的主导者，以及帮助我们检查所研究案例中的关系与我们的想法是否一致。简单地从模型假设的数学关系看，只要模型的初值不同，随着时间的推移，将出现不同的行为特性。

6.4.2　符号资本对 ERP Ⅱ 采纳活动的影响

在 OB 项目中，不同的模块为什么会产生不同的实施结果？需要我们更深入地观察其中的机制，才能完全解释上述 OB 公司所出现的现象。通过对这些事件的回溯我们发现，这些事件不仅与顾问和关键用户的专业知识等知识资本有关，而且与行动者所拥有的符号资本——相关资质、做人表现及权威等合法性象征相关。如果顾问对关键用户的工作表现不满，关键用户就会以"这些（工作）我们不会做，你没有教我们"的说辞来应对，这显得理所当然，因为关键用户在 IS 采纳场域中承担的就是低符号资本角色。但是当关键用户提出质疑，纠正顾问不合理的方案设计时，他们就挑战了顾问的权威，颠覆了传统的符号定位。我们称为"符号逆转"，这会给顾问和关键用户带来困扰。例如，如果顾问要求关键用户提出总体方案设计或者控制实施流程，就会引起关键用户的反感。财务模块实施中，一些关键用户投诉财务顾问说："这些事（制订实施计划）不归我们管，我们干不了，这是他们（顾问）自己的工作。"因此，除了"知识资本"外，我们还需要考虑关键用户和顾问的合法性感受，也就是"符号资本"的影响。图 6-5 中 B5、R3 等回路就实现了符号资本积累过程的建模。

生产模块实施互动中，关键用户符号资本积累就是导致顾问和关键用户之间不愉快互动的根源。通过与顾问的协作互动，生产部门关键用户熟悉新系统的使用后，逐步树立了自己的专业能力的合法性和象征权威。因为缺乏生产实施经验，马顾问在与这些具有一定知识和系统经验的生产部门关键用户配对工作时，一旦出现因为分歧而争吵的情况，无论对错与否，马顾问往往都处于下风。相反的是，当有经验的供应链顾问何老师对相应的业务流程优化提出了自己的理由和依据时，他不但用管理学的理论（例如商业模式）来解释，而且还滔滔不绝地谈论他过去是如何应用该方案解决问题的，从而树立了他的权威地位，降低了关键用户的抵制。因此本书认为，承担 ERPⅡ 采纳活动的每个行动者不但积累了知识，同时也积累了相关符号资本，即如图 6-5 所示的关键用户和顾问的符号资本的存量。

生产模块的实施表明，顾问决定不和生产部门的关键用户一起合作办公，是因为存在符号逆转的威胁。顾问缺乏必要的权威，提出的方案得不到关键用户的认同，从而导致双方的沟通不适。为了减少尴尬交流的机会，保住自己的面子，生产顾问开始停止与关键用户面对面的沟通，撤回到顾问办公室，双方开始各自独立工作。关键用户自主提出功能需求，需求设计完成后才提交给顾问审核，此中间缺乏相应的沟通工作。为了表示符号逆转产生的影响，我们定义了一个变量"共谋工作系数"，表示那些顾问和关键用户经过充分沟通达成共谋的工作。模型的符号资本积累方式同知识资本积累类似。只有在顾问的指导下，关键用户实施活动才有合法性，并可以增长知识，提高权威性，促使符号资本的增长。同样，只有当顾问参与实施过程，通过在实施过程中证明自己的能力，才能提高自身的合法性，获得更多的符号资本（还有许多顾问积累权威和知识的手段，例如第 5 章提出的一些方法——进行培训、主持会议等，我们并没有表示在模型中。之所以省略了这些，原因是这些符号资本在项目周期内变化不大，我们将它们考虑在"其他来源的符号资本"中）。

我们将符号资本值的范围定义在 0 和 1 之间。我们认为符号逆转威胁来自关键用户符号资本增加后形成的对顾问权威的挑战。因为符号逆转意味着角色定义的改变，对正常的社会秩序构成一个显著的挑战[161]，因此，我们使用一个表函数实现变量"共谋工作系数"和变量"符号逆转威胁"的转换。该表函数是一个负斜率的非线性转换函数，表示在模型中，变量"符号逆转威胁"数值的微量变化可能会导致变量"共谋工作系数"数值的大幅度下降。一般而言，实施顾问经过多年的培训和实施，已经积累了一些通用的实施技能，这些技能已经不局限于某个特定的企业。因此我们认为，顾问入场后，即使不熟悉当前企业的具体情况，他们的经验也可以帮助他们获得相应的符号资本。模

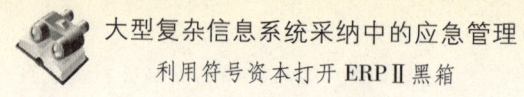
型表明，顾问在 ERP II 采纳过程中，通过对企业管理流程的优化和系统功能的满足，可以获得相应的权威。在现实中，顾问大多数受过高等教育，后又经历过长期培训和学习而获得认证，他们在系统采纳初期就具有一定的合法性，所以他们的符号资本具有下限。而关键用户受时间和资历所限，没有经历过 ERP II 相关系统的规范化培训，也没有在学校进行过系统的理论知识学习，权威性一般不会高于顾问，符号资本具有上限。

6.4.2.1 增强回路 R3：顾问的参与提升自身的权威

为了表示符号资本和符号逆转的威胁之间关系，本书引入了一些新的反馈回路。增强回路 R3 表示，顾问指导关键用户完成工作，进行的共谋越多，其对关键用户产生的影响力越强。相对于关键用户，在共谋过程中，顾问积累的符号资本要比关键用户多，从而减少了符号逆转的威胁，又鼓励顾问去实施更多的共谋。这个动态过程类似于知识积累所产生的增强回路 R1a、R1b、R2a 和 R2b。

顾问符号资本积累包含来自其他来源的符号资本（从学历、认证培训和 ERP II 产品权威等获得的符号资本）和 ERP II 采纳实践中获得的所有符号资本积累。不考虑人事变动造成的符号资本的损失，顾问来自实践的符号资本在数学上可以表示为：

$$顾问来自实践的符号资本(t) = \int_t [顾问积累符号资本的速度(S)]dS +$$

$$顾问符号资本初值 \qquad 方程（11）$$

$$顾问总符号资本 = 其他来源的符号资本 + 顾问来自实践的符号资本$$

$$方程（12）$$

方程（11）中变量"顾问来自实践的符号资本"是指在项目中通过 IS 采纳活动与关键用户进行互动过程展示的能力象征。方程（12）中"其他来源的符号资本"是指顾问通过认证考试、对关键用户进行培训和主持会议等获得的符号资本，考虑到这些符号资本在项目周期内变化不大，总体上可以视为一个常量。"顾问总符号资本"是指顾问所展示的所有符号资本总和。

6.4.2.2 调节回路 B5：关键用户权威提升会减少和顾问的共谋

相对于知识积累增强回路，关键用户符号资本的积累导致了一个调节回路 B5，限制了他们的进一步学习。调节回路 B5 表示，顾问指导关键用户进行工作可以提升自己的影响力，但是，顾问指导关键用户完成的工作越多，关键用户的知识资本、符号资本累积也就越多，关键用户就越自信。这样一来就增加了符号逆转的威胁，从而减少了顾问与关键用户的共谋，导致关键用户直接向顾问学习的速度减缓。

关键用户的符号资本、符号逆转的威胁在数学上可以表示为：

$$关键用户的符号资本(t) = \int_t \left[关键用户积累符号资本的速度(S) \right] \mathrm{d}S +$$
$$关键用户符号资本初值 \qquad 方程（13）$$

$$符号逆转的威胁 = 关键用户的符号资本 \times （1-顾问总符号资本）$$
$$方程（14）$$

方程（13）中变量"关键用户的符号资本"表示关键用户所展示的符号资本量；方程（14）中变量"符号逆转的威胁"表示关键用户因符号资本相对增加而对顾问主导地位构成的威胁程度。方程（14）说明，关键用户的符号资本越高，顾问的符号资本越低，则产生符号逆转的威胁越大。

6.4.2.3　调节回路 B3、B4：符号资本积累速度会不断减慢

符号资本作为其他三大资本的合法性表征，它的积累随着在 IS 采纳活动中所获得的知识能力的增加而增多。符号资本部分建立在对一种能力的承认上。这种能力不仅能产生知识效果，而且通过这些效果能够部分地获得权威；不仅能够规定游戏规则，而且能够规定游戏的合法性。[243] 顾问或关键用户通过完成 IS 采纳工作积累知识能力并获得承认，从而获得权威和声望（符号资本），而这种权威和声望可以规定行动者参与 IS 采纳活动的合法性。由此可见，这种权威的积累是和行动者的知识能力的积累成正比的。模型中，就像调节回路 B1 和 B2 调节知识存量那样，调节回路 B3 和 B4 规范符号资本的积累。这两个回路表示，随着符号资本存量的增长，积累速度会减慢。这在数学上可以表示为：

$$关键用户积累符号资本速度 = \frac{（关键用户参与共谋的工作部分-关键用户的符号资本）}{关键用户积累符号资本的时间}$$
$$方程（15）$$

$$顾问积累符号资本速度 = \frac{（从实践中得到的符号资本-顾问来自实践的符号资本）}{顾问积累符号资本的时间}$$
$$方程（16）$$

方程（15）中变量"关键用户积累符号资本速度"表示在项目中关键用户获取符号资本的速度。方程（16）中变量"顾问积累符号资本速度"表示在项目中顾问获取符号资本的速度。在模型中，即使是顾问和关键用户

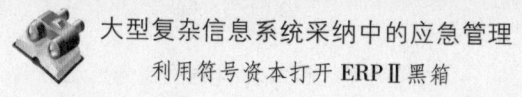

通过共谋完成同一项工作，顾问的符号资本积累速度也要高于关键用户。因为关键用户的实施行为是在顾问指导下进行的，完成同样的工作，顾问获得的声誉要高于关键用户，所以，关键用户积累符号资本的时间要长于顾问积累符号资本的时间。

6.4.2.4 符号资本与 ERP II 工作的因果关系总结

ERP II 系统是一种复杂的信息系统，不同于以往简单的个人信息系统，ERP II 的实施需要关键用户与顾问的密切配合，达成共谋才能取得良好效果。尽管咨询公司制定了标准的实施规范和程序，但是在实施现场的具体环境里，顾问往往根据关键用户的资本情况进行相应的修订。ERP II 的实施活动会产生角色与符号资本不匹配的现象。关键用户符号资本的积累本身并不是问题，也是咨询公司所期望的，因为它可以减轻顾问的负担。只有当顾问认为关键用户的符号资本过高，并开始挑战自己"制度化的角色"（Barley，1986）[161] 时，这种符号资本的不匹配关系才会使所有参与者都感到不安。因为顾问拥有权威地位，他们可以自由裁量在 IS 采纳活动中是否存在符号逆转的威胁。一旦确认威胁存在，顾问就会开始脱离与关键用户的接触，从而减少那些不愉快的沟通，试图消除关键用户对他们的社会和专业地位的挑战。然而本书认为，退出与关键用户的接触将限制顾问自己积累企业知识和构建专业权威以获取符号资本的机会。关键用户也将失去更多积累知识的机会，从而威胁到 IS 采纳效果。

6.5 系统动力学仿真

为了检验模型的有效性，我们通过模拟 OB 公司 ERP II 采纳中各模块的互动过程，输出模型中顾问和关键用户的知识积累和所承担的工作量报表，以重现 OB 项目 ERP II 采纳中各模块的相关事件场景，用于模拟评估关键用户和顾问的决策模式。我们变更了模型中顾问和关键用户的知识资本和符号资本的初始条件（其他条件是相同的），用于模拟 OB 项目 8 个半月（250 天）周期内 3 个模块实施的互动情景。例如，如果 ERP II 采纳时顾问已经具有一定的实施经验，对本行业的企业管理模式已有一定的了解，我们将顾问知识初值定在 50% 左右，说明顾问已经拥有熟练的 ERP II 系统功能知识和实施知识，但是欠缺其他 50% 的企业内部管理的个性化知识，需要通过与关键用户互动来获得。由于企业关键用户有些具有丰富知识，有些却不具备，因此，我们将同一模块下多个关键用户们的平均知识水平设为初始值。例如，关键用户的知识积累值为 30%，表明两个关键用户的知识之和为 60%。财务关键用户、供应链关键用户和生产关键用户的知识水平各不相同。我们将他们的知识初值设定为 10%、20%、30%，表明系统实施开始时财务关键用户拥有较少的 ERPⅡ 系统知识，大部分的 ERPⅡ 系统功能知识和流程优化知识需要向顾问学习或者通过操作才能获得；供应链关键用户的知识要多于财务关键用户；生产关键用户拥有的 ERPⅡ 知识最多。

6.5.1　财务模块"越俎代庖"互动过程模拟

财务模块负责人陈顾问所拥有的知识资本和符号资本要远高于关键用户，从而牢牢控制了实施主动权，财务关键用户缺乏主动性，许多本应该由关键用户承担的工作被顾问越俎代庖，采纳效果不佳。我们对参数的设置和模拟结果要符合该过程的行为特性。

在对财务模块的互动过程的模拟中，顾问和关键用户的知识资本初值分别设为 0.7 和 0.1，符号资本初值分别设为 0.4 和 0。如图 6 – 6 所示，关键用户

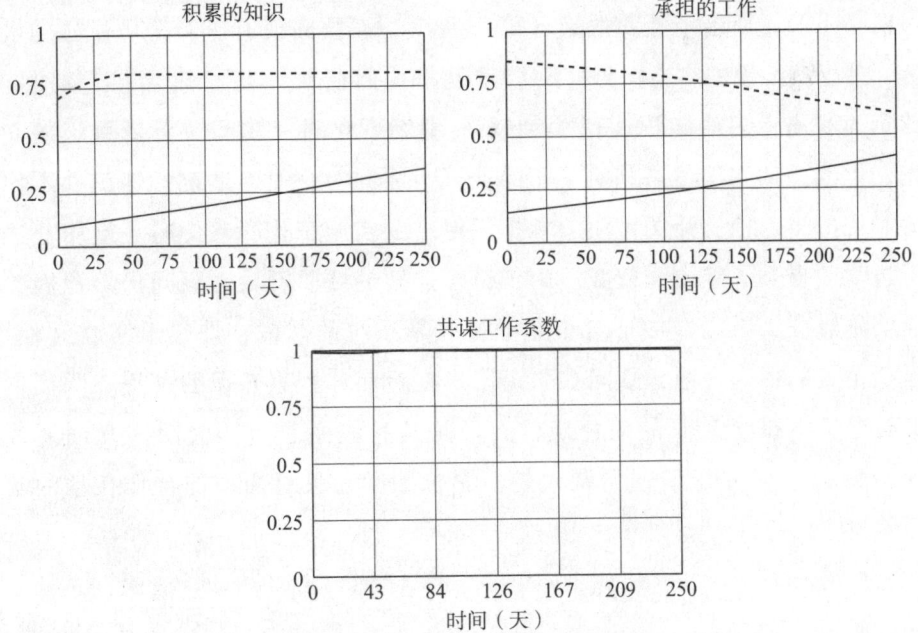

图 6 – 6　财务模块实施互动模拟结果

实线表示顾问，虚线表示关键用户

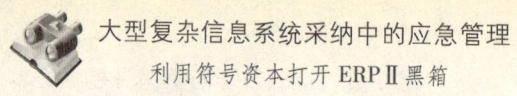
没有明显增加他们的知识，主要是因为顾问的资本量（知识资本、符号资本）的初值（0.7、0.4）远远高于关键用户的资本初值（0.1、0）。共谋系数很高，说明关键用户习惯接受顾问的指导，但是由于绝大多数工作由顾问实现，关键用户学到的知识较少。

通过模拟人员变动情况，可以进一步完善模型。在91天时，财务模块的实施顾问由于进度慢，被企业主管顾问视为实施能力不足而投诉到 OB 项目办公室并被调出项目组，新顾问开始调入，顾问的知识积累减少。图 6-7 所示为该模型在此类情况下的行为输出。

在早期阶段，顾问比关键用户拥有更多知识，导致顾问在 ERPⅡ 实施活动中承担了大部分工作，因此顾问积累了更多知识（C 和 D），而关键用户仍然缺乏经验与知识。第91天的人员变动减少了顾问的知识积累，对实施知识进行了有效重分配，并使关键用户（G）承担的工作部分立即增加。关键用户开始积累知识（A），而顾问的知识积累（C）因为承担工作的减少而相对减少。在财务模块实施前期，顾问主导实施行为，关键用户得到的学习机会不多，缺乏经验和权威（B）。因此，新顾问没有遭遇符号逆转的威胁，并保持积极的实施参与（F），这使得他们在与关键用户实施互动时能够迅速积累更多的知识（D）。在人员编制变化后，顾问缺乏新系统的知识，但双方的知识量是相对平衡的。因为顾问对企业新系统的知识并不比关键用户多，他们让关键用户承担了更多的实施工作，这使得关键用户边干边学，提升了经验和权威。由于符号逆转的威胁不大，顾问仍然积极参与实施过程，因此增加了对企业业务和新系统的理解，加快了实施过程。模拟生成的行为表明，顾问和关键用户在行使和积累知识的过程中所积累的符号资本符合自身的角色定位，但是这种关系有可能会因为互动而改变。图 6-7 展示了新顾问调入如何影响顾问与关键用户的合作互动的学习轨迹。

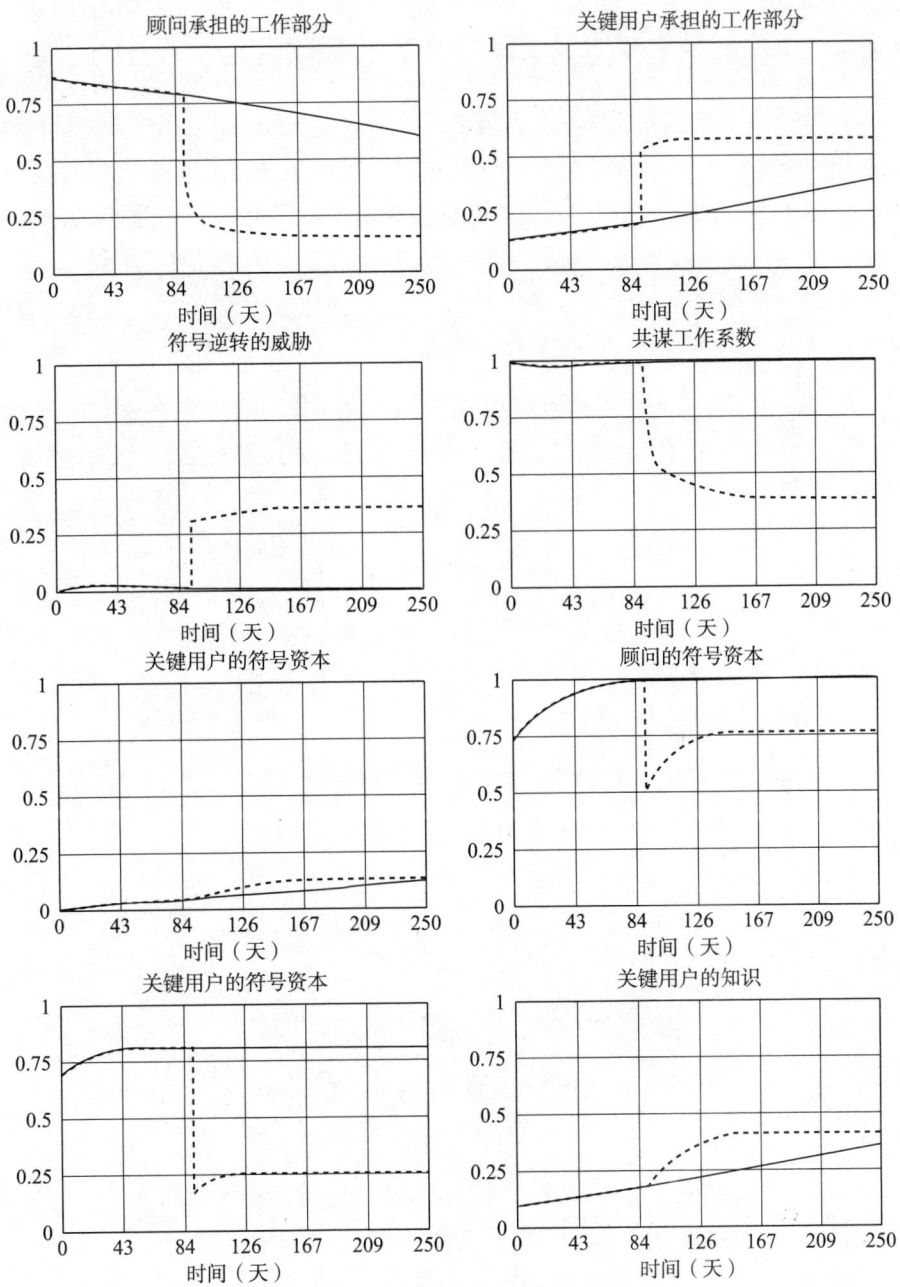

图 6－7　财务模块人事变动模拟结果

实线表示变动后，虚线表示变动前

6.5.2 供应链模块"水乳交融"互动过程模拟

在供应链模块实施过程中，负责人何顾问所拥有的知识资本和符号资本比关键用户多，但是差距不是很大，双方达成了很多共谋，实现了"水乳交融"的互动效果。在对供应链模块互动过程的模拟中，顾问和关键用户的知识资本初值分别设为 0.5 和 0.2，符号资本初值分别设为 0.4 和 0.1。图 6-8 表示，在供应链模块实施中，关键用户获得的知识较顾问多，并且成长速度较快。由于他们获得知识的速度相对于顾问较快，他们逐步承担了更多的 ERP II 实施工作。

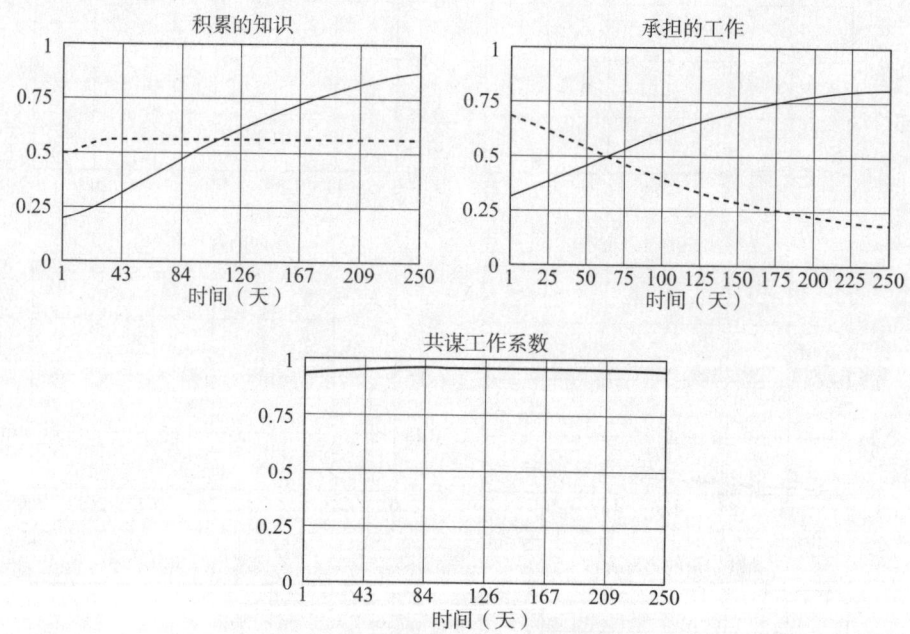

图 6-8 供应链模块实施互动模拟结果

实线表示顾问，虚线表示关键用户

如果固定资本变量的初始值，可以模拟因老顾问调离、新顾问加入而造成的顾问总资本减少情况。图 6-9 表示在第 102 天新顾问加入后模型的行为情况。

在该模型中，人事变动导致顾问的操作和符号资本的积累（B 和 D）立即下降。关键用户立即开始进行更多的决策（G）。新顾问让关键用户承担了大多数实施工作，因为关键用户的操作知识超过了顾问（A）。顾问在场时，关

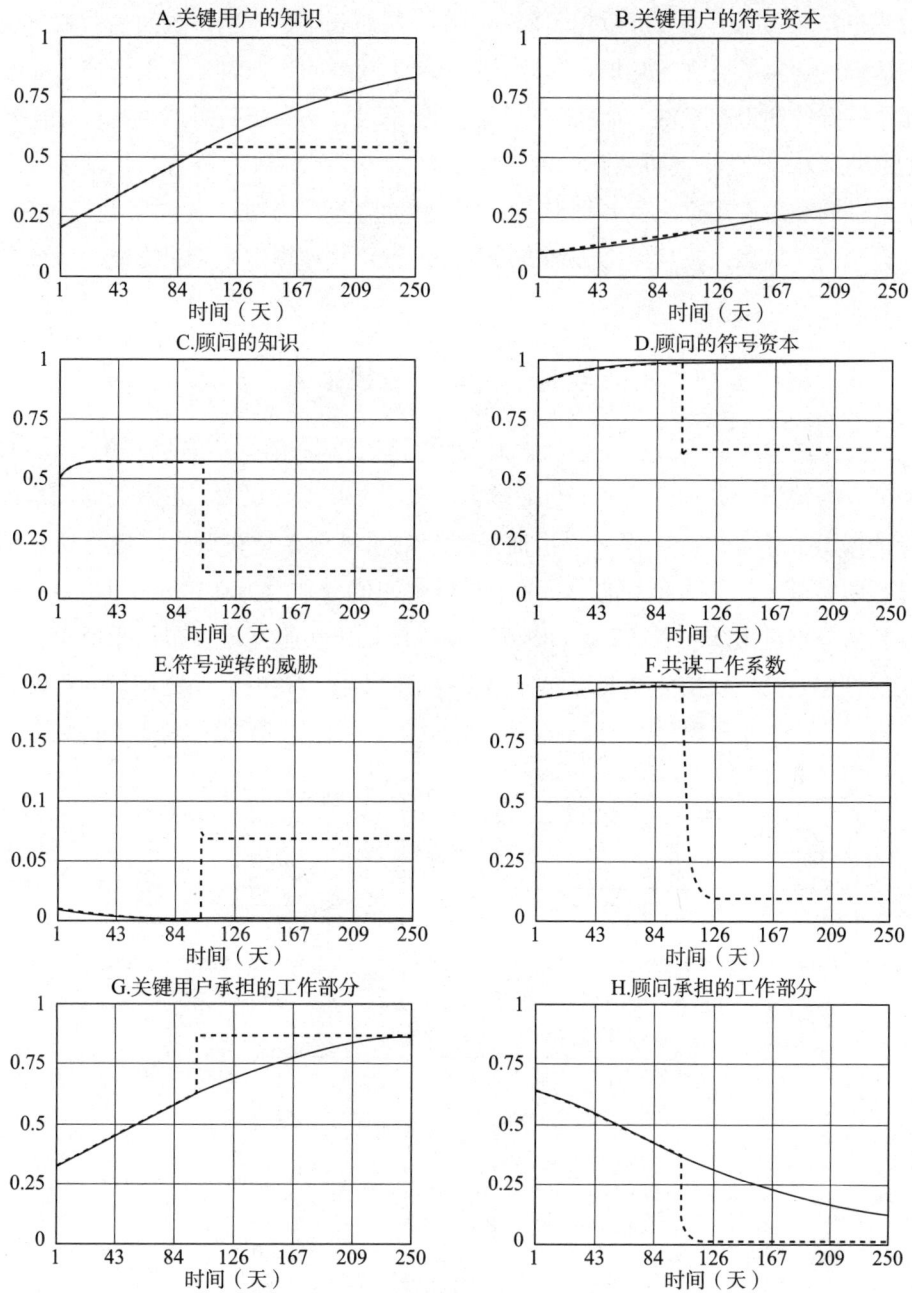

图 6 - 9 供应链模块人事变动模拟结果

实线表示变动后，虚线表示变动前

键用户在老顾问的指导下承担了部分工作，从而获得了对新系统的运营和原理的认识，积累了更多的知识。因此，第102天新顾问加入时，关键用户已经积累了一定的知识和权威，而新来顾问因经验不足，两者配对时产生了符号逆转的威胁（E）。这种威胁使新顾问在实施过程中（F）减少参与，共谋系数降低，顾问和关键用户之间各种形式的交流和学习放缓。图6-9中的比较说明，无经验的顾问调入项目组会破坏老顾问和关键用户在项目开始时形成的协作学习轨迹。

6.5.3 生产模块"水油分离"互动过程模拟

在生产模块实施过程中，负责人马顾问缺乏深入的生产管理知识和经验，所拥有的知识资本和符号资本与关键用户差距也并不是很大，以致关键用户慢慢占据了主导地位，导致了"水油分离"的采纳效果。在对供应链模块互动过程的模拟中，顾问和关键用户的知识资本初值分别设为0.3和0.3，符号资本初值分别设为0.4和0.2。如图6-10生产模块实施互动模拟结果所示，很明显，在生产模块实施初期，双方存在一定的共谋，这时候关键用户获得的知

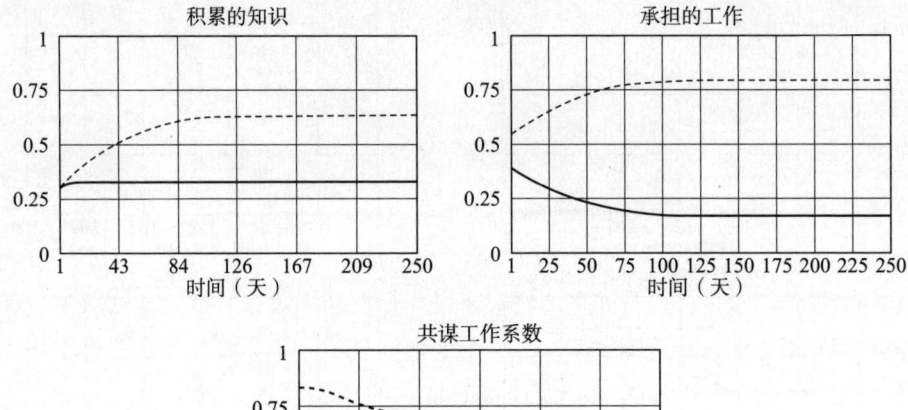

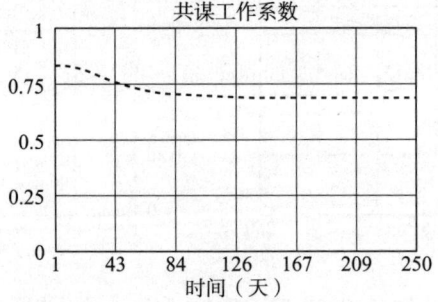

图6-10　生产模块实施互动模拟结果

实线表示顾问，虚线表示关键用户

识要多于顾问。但是随着关键用户符号资本的增加，产生了符号逆转的威胁，双方开始脱离接触，达成的共谋变少，双方的知识无法实现充分共享和交流。尽管关键用户和顾问的知识初始值相同（0.3），但是因为关键用户前 3 个月的知识积累已经高于顾问的知识积累，也积累了一定的符号资本，他们开始主导生产模块的采纳活动。

总之，从模拟结果来看，顾问和关键用户的 ERP Ⅱ 资本初始值的差异在模型中得到了放大。该模型有效地模拟了 OB 项目 ERP Ⅱ 各模块的实施互动场景。模型引入了符号资本的概念，从大资本（符号资本＋知识资本）的角度解释了 IS 采纳中顾问和关键用户之间存在的互动机制。

6.5.4 各种不同的资本初值下的角色总体效益仿真

使用系统动力学模型有助于形成一个统一的图景，阐明各模块实施中存在的各种互动。分析表明，仅改变初始条件和进行人事变动，使用一个模型就可以仿真模拟出符号资本、知识资本对各互动的影响。尽管用系统动力学模型来描述行动者的相互作用过于抽象，我们相信对知识积累和实践活动之间的递归建模可以帮助理解不同模块的顾问和关键用户为什么采用不同的互动方式。

为了更全面地探索组织 IS 采纳时所面临的挑战，我们并不局限于 OB 公司的现状模拟。通过改变模型初始条件，模拟其他可能产生的条件，可以更好地了解这些理论的关系。我们系统地改变了顾问和关键用户的资本（知识资本、符号资本）初始值，检查在模拟结束时顾问和关键用户获得的总实践收益（见表 6 - 2）。这些值表示的是行动者承担实施工作获得的知识或获得符号资本的比例。因为顾问和关键用户可以取得和行使知识及符号权威，这两个行动者技术和符号资本的初始值都可以在图上得到显示。总实践收益是关键用户进行实施时积累的知识和顾问获得的符号资本的总和（即关键用户的知识资本和顾问的符号资本的和，并实施规范化）。

表 6 - 2 各种资本初值下的总实践收益

关键用户初始资本 顾问初始资本	低资本：知识 10%，符号 0%	中资本：知识 50%，符号 18%	高资本：知识 90%，符号 35%
低资本：知识 10%，符号 20%	99%	52%	70%
中资本：知识 50%，符号 60%	78%	98%	90%
高资本：知识 90%，符号 90%	60%	82%	97%

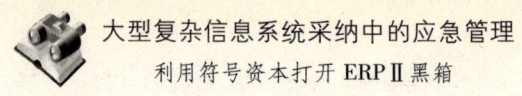

表 6 - 2 中的模拟值表明，ERP Ⅱ 实施存在两种不同的结果：资本的平衡和不平衡，具体分析如下。

（1）顾问和关键用户资本相对平衡。8 个半月内，表格内对角线位置的资本相对值使得角色实践收益达到最高水平（表 6 - 2 模拟了 ERP Ⅱ 实施后 8 个半月范围内，在不同的初始知识积累下，顾问和关键用户的实施收益总和）。模拟结果说明顾问和关键用户之间的资本积累是相对平衡的，这可以使得双方的总收益最大化。在组织 IS 采纳过程中，只有当顾问和关键用户拥有相对一致的资本时，"共谋"才容易达成。"共谋"使顾问和关键用户双方进入对方的知识领域以积累更多的知识，并通过承担实施活动把知识用于 IS 采纳。值得注意的是，知识和符号资本的值是相对的，不是绝对的，资本相对水平是影响是否达成"共谋"的原因。只要角色之间的资本处于平衡状态，顾问对关键用户具有相对权威性，颠覆性的挑战权威的行为就不会出现。模拟期间结束，关键用户几乎掌握了所采纳的新系统的全部知识，也确立了自己在企业 IS 中的权威地位；顾问也获得了实施成功的符号资本，这意味着可以拿到全部项目奖金。资本的相对平衡增加了双方共谋，促进了相互学习，使得实施工作趋向良性发展。

（2）顾问和关键用户资本相对不平衡。相反，当顾问最初的总资本远远超过关键用户时（表 6 - 2 对角线以下部分的表格），顾问常常自己进行实施工作。总的实践收益是较低的，因为关键用户很少有机会进行实践活动，从而通过学习获得知识资本。反之，如果关键用户比顾问拥有更多的总资本（表 6 - 2 对角线以上部分的表格），顾问参与减少，就会限制关键用户获得知识资本和顾问获得符号资本。资本失衡导致双方都无法从 IS 采纳中获得最大利益。

6.6 结论及讨论

OB 公司在新 ERP Ⅱ 系统采纳之前，已经采用了 ERP 进行管理。关键用户熟悉原有的 ERP 业务功能，尽管这些功能并没有形成部门之间规范的业务流程（例如采购与财务的一体化）。关键用户熟悉旧的业务流程，但缺乏将这些功能组合在一起以形成一套优化的业务流程的能力。相反，经过培训的顾问能够准确地理解原有功能需求，解释这些需求并帮助关键用户将原有管理思想与

146

ERP Ⅱ 内嵌的管理模式趋同。理想的、成功的实施结果应该是顾问和关键用户之间达成良好的互动。

尽管社会物质性理论认为组织 IS 采纳过程就是一种社会物质互动实践过程[157]，但该理论缺乏对组织 IS 采纳的实践互动过程的深入研究。我们对顾问和关键用户之间的互动关系的了解进行了深描。在实践中我们发现，即使有咨询公司提供的标准实施程序用于规范顾问和关键用户实施过程，但是并没有出现统一的、一致的互动过程，采纳结果并不令人满意。

IS 采纳实践过程中，因为存在角色的地位差异，拥有较多资本的行动者要比资本少的行动者更有权力。[244] 这种权力差异可以在 OB 公司具体模块的实施过程中体现出来。例如，如果顾问资本强于关键用户，就会实现对用户的控制；如果关键用户资本高于顾问，就会产生符号逆转。分析表明，行动者所拥有的资本之间的相对差异是确定角色之间出现协作和非协作式格局的关键。我们构建知识资本（即采纳和实施 ERP Ⅱ 系统的知识及能力）和符号资本的模型，揭示了组织 IS 采纳时顾问和关键用户这两种角色之间存在的互动影响机制，从顾问和关键用户之间的资本区别（特别是符号资本）的角度来解释为什么 IS 采纳中会产生不同的互动过程。构建这两种类型资本的迭代互动模型，使我们能够超越单纯的表面事件形式，了解其背后存在的生成机制。

顾问和关键用户之间的符号资本量差异可以导致双方的符号权力差异，从而可以解释为什么不同的顾问和关键用户组合可以产生不同的 IS 采纳效果。IS 采纳场域中，在一个给定的活动下，行动者拥有的知识资本数量往往决定谁有能力进行 IS 采纳活动，但不能保证一定就能做。而证书和技术职称作为体制合法化积累的知识和力量（即资本）的合法性符号资本，往往导致拥有证书等符号资本的行动者个体在决定做什么上拥有符号权力。通过 OB 公司 IS 采纳的互动过程我们可以证实这一点。

我们的分析结果表明，通过调节符号资本影响机制模型中的变量，可以动态模拟 OB 公司 ERP Ⅱ 采纳场域中的"水油分离""水乳交融""越俎代庖"三种不同的互动过程，证明这个模型具有一定的有效性。为了指导实践，通过调节这些变量，观察模型输出结果，就可以找出能够使参与角色协同互动、形成趋同一致结果的变量组合，用于指导 IS 采纳实践。

6.6.1　知识资本决定 IS 采纳效果

ERP Ⅱ 采纳实践包括活动的行为和行动者积累 IS 实施的知识联系在一起，

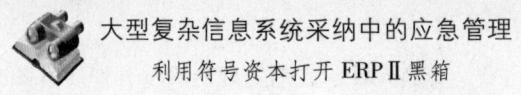

并认识到知识和活动产生的知识积累之间的关系，可以解释上述三种互动过程中的两种："越俎代庖"——顾问将关键用户排除在采纳活动之外和"水油分离"——顾问与关键用户脱离接触，井水不犯河水。当顾问和关键用户之间知识的初值差距不大时，双方的互动可以帮助关键用户积累更多的知识，从而使得角色之间的知识相对平衡，也促进双方的进一步互动。当关键用户的知识远远低于顾问的知识时，迫于进度，顾问有可能接管关键用户的工作，以牺牲用户的个性化需求为代价去完成项目，从而影响 IS 采纳效果。

6.6.2　符号资本影响知识资本的获取

本书的研究难点是如何解释关键用户比顾问拥有更多的符号资本的情况。这里的动态变化更为复杂，因为它们破坏了正常的场域结构——顾问的符号资本要高于关键用户，从而违背了深层的社会秩序，缺乏合法性。符号资本是知识资本的一种合法化表现，因此，这两种资本是密不可分的。只有在实施 ERP Ⅱ 过程中，关键用户才可以积累相应的 ERP Ⅱ 实施的知识，并获得一定的符号资本，虽然这一知识数额与接受过多年 ERP Ⅱ 培训和实践的顾问相比还是非常小的。我们的分析构建的资本模型可以解释，如果顾问的符号资本比关键用户的少，出现符号资本倒置，顾问就很难控制项目组，出现"水油分离"情况。例如，如果关键用户认为顾问不够权威，就会对顾问提出的方案进行质疑，进而夺取实施的控制权，产生符号逆转。顾问迫于无奈，为了面子，就会减少与关键用户的日常接触，以躲避符号逆转带来的不适感。符号资本倒置产生的"水油分离"的互动过程，大大限制了顾问和关键用户之间共同学习的机会，减少了知识趋同的能力。

对这些模块互动过程的模拟清楚地揭示了符号资本如何影响 IS 采纳效果。ERP Ⅱ 采纳场域中存在的游戏规则是允许顾问比关键用户更有权力，顾问有优势的业务专长，占据主导地位，关键用户降级为一个配角。但关键用户拥有优势资本时，我们并没有观察到"关键用户统治"，因为它是与场域中顾问实施权威的格局不相容的（顾问应该拥有更多的符号资本，例如顾问拥有职业资格证书，具有较高地位层级）。在"水油分离"的互动过程中，顾问在符号资本方面占据的相对位置要比关键用户更高，因此他一旦认为关键用户可以颠覆他的传统权威，就可能退出双方的互动，从而防止出现不愉快的场面。相反，在"水乳交融"的互动过程中，场域的权力结构符合游戏规则，顾问比关键用户具有更高地位，允许相互指导和协商，从而实现"最佳实践"和"企业传统"的趋同。因此，在 IS 采纳场域中，符号资本会深层次地影响 IS 采纳活动和互动，会引起关键用户知识资本积累的动态差异，从而影响顾问和关键用户之间的互动协作模式，最后造成 IS 采纳的知识趋同达不到预期目标。

6.6.3　顾问和关键用户之间需要资本均衡

研究结果显示，在 IS 采纳场域中，顾问和关键用户之间的资本差距过于巨大将无法实现互动协作。因此，明智的做法是考虑资本的相对平衡。表 6 – 2 中所建议的方案表示，保持顾问和关键用户在知识初始值上的一个相对平衡，可实现顾问和关键用户之间的协同，增进相互学习，使顾问和关键用户双方都可以获得更多的知识，实现"最佳实践"和"企业传统"的趋同融合，提高 IS 采纳的成功率。

通过建立系统动力学模型来对顾问和关键用户之间的关系进行分析，本书发现，通过相互学习，行动者获得了相应的资本和能力，从而重新定义了权力和控制。要提升关键用户的知识资本，必须让关键用户承担更多的实践活动，才能加快他们的学习，如此方能将企业中的标准流程和 ERP Ⅱ 系统中的"最佳实践"完美结合，实现更好的采纳效果。但是要实现这样的效果，必须提升关键用户的自身知识。而要提升关键用户的知识，最直接的办法就是培训，培训可以为关键用户的 IS 采纳提供一个相互学习和互动发展的空间。推而广之，表 6 – 2 的分析表明，当组织没有足够的资源来搭建一个资本初始值相对平衡的 IS 采纳场域（例如购买好的咨询服务、招聘高水平的员工）时，通过培训方式进行学习应该是一种成本效益比较好的提高采纳效果的方法。

6.6.4　讨论

本书的研究结果进一步证实了布尔迪厄的场域理论：行动者拥有的权力是相互之间进行实践活动和资本积累的结果。作为对技术和社会二元论者的一种批判，模型采用社会物质化理论[66]的观点，以动态、迭代的视角定性分析组织 IS 采纳场域中权力差异产生的原因。这不仅突出了迭代活动在 IS 实践中发挥的核心作用，也说明在迭代的实践活动中行动者的资本积累足以对观察到的互动事件产生各种影响，从而可以更准确地理解 IS 采纳过程中出现的各种互动现象。

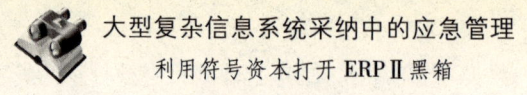
正如布尔迪厄等认为，场域中的角色习性或结构趋于稳定且很难改变。[192] 从迭代的角度看，结构以不同的速率变化，一些结构的变化比别的结构更慢。顾问对关键用户的权威（符号资本）并不是一个一成不变的环境特性，而是以前的符号资本的积累（即教育、证书、所实施产品权威和实施经历等）的结果。在具体的采纳过程中，顾问的权威还受项目个体表现的影响。但是，符号资本的改变要比知识的改变速度慢得多。具体而言，积累足够的符号资本来获得合法性权威（例如通过学校、咨询公司等）比积累足够的知识进行 IS 采纳需要更长的时间。因此，顾问需要更长的时间积累符号资本来提升自身的实施效率。

布尔迪厄场域理论比较注重资本的研究。通过区分行动者的知识资本（配置和操作 ERP II 的知识能力）和符号资本，我们能够描述场域结构；通过分析顾问和关键用户资本的相对量区别，可能了解 IS 采纳实践活动存在的问题，找出影响 IS 采纳效率的真正原因。

6.7　本章小结

本章建立了一个系统动力学模型来解释符号资本对 ERP II 实施行为的影响。为探讨这些影响，我们立足于 OB 公司的 ERP II 实施过程的数据资料构建了一个系统动力学模型。使用该模型，我们模拟了 OB 的 ERP II 采纳中几个模块的互动过程，并根据仿真模型生成的数据结果创建了一个优化的场域结构模型。

第7章 结束语

中国 20 年来 MRPⅡ/ERP/ERPⅡ 的"时髦论""找死论""油水论""喜新厌旧论"难以用 IS 工具论和 IS 社会技术论等二元论方法来解释。对信息系统的学术研究，存在一条由技术工具论逐步向社会技术论、象征符号论演变的路径，研究的哲学倾向也从单一的二元对立论转向注重实践互动论。基于因果因素、流程和社会技术理论的研究重点是关注 IS 使用意向的信念构成，能够较好地解释组织或者个体接受或拒绝信息技术的原因，这是现有研究的贡献所在。但是本书认为，这些研究在研究哲学、研究方法和研究视角上尚存在一些不足之处，从而忽视了社会学价值对组织信息系统采纳的影响。最新的社会物质性理论视角强调 IS 采纳是一种连续的实践活动，组织 IS 采纳绩效的产生根源于管理机制的交融与聚合的迭代统一，是一系列打开黑箱、融合机制和构建黑箱的过程。社会物质化理论克服了传统研究的静态缺陷，为组织 IS 采纳研究提供了一种新的视角。但是，由于该理论发展时间不长，学术界经常将该理论用于对旧理论的批判，在构建新理论上力不从心。另外，由于该理论并没有考虑到行动者的行为动力机制，即缺乏对造成这些互动的驱动力来源的研究，从而无法解释符号资本在 IS 实践过程中的应急机制。

就研究视角而言，由于缺失对组织 IS 采纳过程中符号资本的研究，我们对 IS 采纳的社会动力的理解仍然存在巨大的空白。例如，企业 IS 采纳究竟有什么社会价值？IS 采纳过程中存在哪些应急行为？这些行为受哪些因素驱使？其核心机制是什么？很少有研究能打开这个黑箱。

本书借用象征信息学及布尔迪厄的社会场域理论对组织 IS 采纳进行社会物质空间下的符号资本研究，通过将实践理论引入信息系统采纳，抛开传统的以功能特性为研究目标的研究视角，引入场域空间及符号权力剖析信息系统实施过程中所遭遇的复杂应急事项，凸显其背后隐藏的象征行为和符号资本的作用。从信息场角度来解释信息系统采纳的根本原因和动力机制，填补了信息系

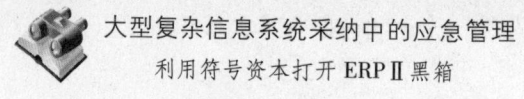
统采纳应急机制研究的断层。

本书研究的核心问题是：符号资本是怎样影响组织 IS 采纳中的应急管理机制的？在研究方法上，本书首次在国内采纳批判实在论的视角对信息系统采用"主位的"和"动态的"研究方法。本书不但采用社会学的扎根理论、案例研究方法，而且运用系统动力学建模方法深入挖掘组织采纳 ERP Ⅱ 过程中存在的各种应急行为产生机制。与传统的"客位的"研究方法不同，研究针对 IS 采纳场域中各角色的资本差异来区分不同应急行为和实施机制，从而在组织信息系统采纳的方法论和理论上有所突破，开创了象征信息学在国内外 IS 采纳领域理论和应用研究的先河。本书取得了以下研究成果。

7.1 主要研究结论

（1）IS 不能马上转换为企业眼前的经济利益，但 IS 系统采纳会显著地增加企业的符号资本，提升企业的地位和威望，具有一定的象征性价值。所以，ERP Ⅱ 的采用者必须更加注重考察 ERP Ⅱ 供应商的符号资本，区分 ERP Ⅱ 供应商的社会地位和声望。

（2）IS 系统的配置体现了组织关系的命名和企业的认可，我们不能忽略 IS 采纳时各行动者对 IS 这个符号进行加工的应急行为，在 IS 采纳中我们需要更多地关注 IS 系统应急行为背后的象征行为。IS 采纳项目可以被定义成一个权力斗争趋同场——被一系列权力关系所刻画的系统，场域斗争的目的是为了实现 IS 中内嵌的符号权力。在 IS 采纳场域中，各行动者都有权使用相应形式的资本尤其是符号资本来构建自己在 IS 采纳过程中的地位。例如，顾问凭借自身的资质证书占据较高的地位，在实施过程中占主导地位；而关键用户则不甘处于被动地位，往往凭借自身对业务的合法性资历对顾问的地位进行挑战。

（3）从 IS 采纳过程中的角色表现看，不同角色争取符号资本的应急行为机制并不相同，各自背后隐藏着丰富的象征意义。挖掘这些意义意味着打开 IS 采纳场域中蕴含的符号资本运用黑箱，从而可以实现从机制层对符号资本如何影响 IS 采纳的规律进行分析。

具备丰富符号资本的 ERP Ⅱ 厂商要不断鼓吹自身产品中存在的"最佳实践"，对企业组织进行符号暴力，这样才能获得不断进步的企业信任，巩固自己已取得的合法性地位。

ERPⅡ的采用者必须更加注重考察 ERPⅡ供应商的符号资本，区分 ERPⅡ供应商的社会地位和声望。采用不同的 ERPⅡ系统意味着企业展示了企业的符号资本，也意味着企业将拥有怎样的社会象征和标志。

ERPⅡ关键用户需要将 ERPⅡ管理思想转化为企业现有管理制度，通过自身的符号资本及其象征行为的迭代演化，将具有自身利益要求的信息在 ERPⅡ实施中改头换面，形成企业特有的基础设施。只有这样，企业的管理传统及核心竞争优势才可以在信息系统符号的演变下得到传承和发展。因此，ERPⅡ采纳中关键用户是与企业中符号资本的传承和演变联系在一起的，ERPⅡ实施中关键用户的象征行为的象征意义，事实上是企业内部符号资本不断重新分配和演化的直观解释。

ERPⅡ咨询顾问承担中西文化、内外部管理机制交流融合的中介角色，要对企业的内部架构作深入诊断分析，提出一套合理有效的将 ERPⅡ系统内的先进管理思想和企业实际的体制特点相融合的实施方案，实现外部管理机制的本土化重构。咨询顾问的工作就是符号资本的加工，其背后的象征意义在于实现 ERPⅡ符号加工，生产出符合企业和外部需要的 ERPⅡ符号产品。

（4）我们构建了顾问和关键用户的知识资本（即配置 ERPⅡ的知识能力）和符号资本的模型，发现符号资本能够提高角色的控制权，实现 IS 采纳中的应急管理机制。IS 采纳场域中，顾问和关键用户之间存在共谋，也隐性地存在工作控制权的争夺。另外，要实现全面的合谋，又要求顾问和关键用户以不同方式进行互动学习。双方是一种既竞争又合作的关系，这种竞争合作关系可能产生"越俎代庖""水乳交融""水油分离"三种不同的互动方式，而且决定系统成败。

OB 案例中，在财务模块实施过程中，关键用户缺乏主动性，许多本应该由关键用户承担的工作被顾问越俎代庖，采纳效果不佳。模拟的结果显示，关键用户没有明显增加他们的知识，这主要是因为顾问的资本量远远高于关键用户的资本初值。共谋系数很高说明关键用户习惯接受顾问的指导，但是由于绝大多数工作由顾问实现，因此关键用户学到的知识较少。

在供应链模块实施过程中，顾问和关键用户双方达成了很多共谋，实现了"水乳交融"的互动效果。模拟的结果显示，关键用户成长很快，承担了大部分实施工作，这主要是因为顾问和关键用户之间资本差异不大，存在很多共谋，获得了很多知识。

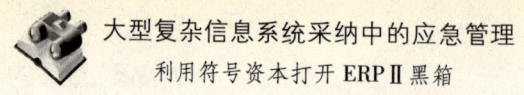
在生产模块实施过程中，顾问因为缺乏权威而让关键用户占据了主导地位，导致了"水油分离"的采纳效果。模拟的结果显示，主要是因为顾问和关键用户之间符号资本差异不大，存在符号逆转的威胁，顾问和关键用户脱离了接触，无法达成共谋，造成了"水油分离"的效果。

通过对以上模块实施互动的模型，我们打开了符号资本的影响黑箱：在组织 IS 采纳过程中，只有当顾问和关键用户拥有相对一致的资本时，"共谋"才容易达成。"共谋"使顾问和关键用户双方进入对方的知识领域以积累更多的知识，并通过承担实施活动把知识用于 IS 采纳。

（5）通过构建 IS 采纳场域分析符号资本的影响机制，我们发现，中国 20年来 MRP II／ERP／ERP II 的"时髦论""找死论""油水论""喜新厌旧论"都与符号资本的拥有者所进行的象征行为和活动有关，而且这些象征行为反映了企业 IS 采纳的应急策略。实施失败难以直接发现原因其实质就是欠缺对 IS 采纳场域中符号资本的分析——"时髦论"是企业决策者为追求合法性而采购IS 的结果；"找死论"是由于外部合法性压力而被迫上线；"油水论"部分程度上是符号资本对 IS 采纳过程中顾问和关键用户影响的结果；"喜新厌旧论"也是企业为了追求符号资本的一种象征活动。

7.2　创新之处

本书不仅把哲学领域的批判实在论研究范式引入信息系统的研究方法中，而且将社会学的实践逻辑理论引入信息系统的采纳行为中。本书通过把布尔迪厄的社会实践逻辑、场域、符号权力、符号资本及习性等概念引入信息系统的采纳研究中，剖析了信息系统实施过程中所遭遇的复杂社会事项，填补了传统的技术决定论、社会技术论和社会物质化理论的研究空白，也率先在象征信息学领域引进布尔迪厄的社会实践逻辑论，凸显了 IS 采纳背后隐藏的大资本结构及其象征价值的形成过程。

我们的学术创新及贡献有以下几个方面。

7.2.1　理论创新

从研究综述中我们发现，组织 IS 理论研究中持二元论立场的研究有两种。一种是因素决定论，采取客观、物质的技术决定立场，并以此来指导技术影响行为方式的研究；另一种是社会技术论，强调 IS 的成果来源于偶然的、额外的变数，包括组织规模大小、任务的复杂性，或者专注于人们在 IS 采纳的日常活动过程中技术演化的因果路径的技术过程论。更近的研究表明，这两种技术采纳的哲学观点都存在一定的不足，原因很简单，类似于硬币的两个面，这两种流派的理论只捕捉了问题现象的两个重要方面。[161,163]因此，社会物质性理论认为，技术和人类活动之间存在两个方向的因果关系：技术影响的人类活动和技术的变化来源于人类的日常使用活动。[161,163]这种观点认为只有在行动者所处的社会环境中和在行动者使用和修改技术的迭代互动中，我们才能观察到技术产生的瞬态结果。从社会物质化的角度，学者更理解技术如何影响行为的动态模式，这个模式经常被静态理论观点所掩盖。不过，虽然一直以来社会物质性理论提出技术和社会行动迭代互动的概念，但是，由于该理论并没有考虑到行动者的行为动力机制，即缺乏对造成这些互动的驱动力来源的研究，再加上很少有学者用这些概念创建新的理论，理论的发展存在局限性。行动者网络理论及社会物质化理论对于权力及其管理变革的机制缺乏深入研究，这为本书的研究提供了研究空间。

本书抛开传统的二元论研究视角，借用象征信息学及布尔迪厄的社会实践理论对组织 IS 采纳进行社会物质空间下的符号权力研究。通过将符号资本的概念引入信息系统采纳和实施，揭示了信息系统采纳过程中复杂的权力变革机制。本书重点分析了场域社会空间下符号权力的运行过程，剖析了信息系统实施过程中所遭遇的复杂的社会历史事项。全书从符号资本的影响角度来解释 IS 采纳绩效产生的根本原因和动力机制，使得符号学的行为力量与社会场域的资本力量得到结合，从而把社会学里的实践逻辑引入 IS 实践并与场域资本结合，弥补了社会物质性理论和象征信息学理论对权力和机制研究的不足，使得 IS 研究从经济学、组织管理学突围到社会学领域，从大资本角度深挖了信息系统采纳成败产生的根本原因和动力机制，促进了国内外信息系统理论研究的进展。

另外，本书基于布尔迪厄实践理论构建了具体的理论框架——IS 采纳的实践逻辑论，即在组织 IS 采纳过程中，IS 采纳实践 =［(IS 习性) × (IS 资本)］+IS 场域；并应用该理论框架剖析 IS 采纳的实践逻辑及场域中的符号资本总量及结构变化，包括组织和个体拥有的符号资本对信息系统采纳过程中的时间、模块实施深度、项目客户化定制的影响，可为组织 IS 创新提供新的方法论指导。

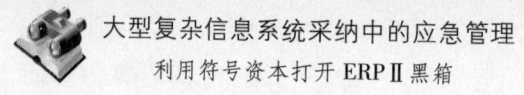
7.2.2 研究方法创新

本书把批判实在论的 IS 机制研究与系统动力学的建模结合起来，对 IS 场域中的资本结构和总量与符号资本的作用过程进行机制建模，并进行了系统动力学阈值仿真和反馈模拟，在研究方法哲学及研究方法上都有所创新。

在本书中，我们采用了系统动力学方法来分析 IS 采纳场域中的社会实践活动。首先，我们承认关键的实践活动或工作在 IS 采纳场域中的重要性。其次，我们注重场域中知识资本和符号资本的积累，这些资本能影响拥有者的行为并为他们提供权力。再次，我们的研究关注实践活动如何交错迭代影响行动者的行为和资本积累。为了了解组织 IS 采纳产生的社会动力，结合这三个方面的内容，我们利用系统动力学模型解释了特定环境下行动者符号资本积累对这些行动者产生的动态结果。

本书把布尔迪厄的社会学实践概念通过扎根理论和系统动力学仿真得到落实，弥补了社会学质性研究方面动态定量研究的不足。扎根理论可以将以经验为基础的丰富的文字描述数据进行数学形式的编码，目的是发展和完善理论认识。[17] 系统动力学往往为组织中存在的动态关系问题提供了一个重要的解决工具。[18] 通过这两种方法的结合，本书努力利用具体案例的方式实现更一般的应用。本书的分析认为，这两种方法结合构建的理论模型也可以作为一种有价值的工具，为关注具体的组织细节的深描和更广泛的理论概括之间提供重要的桥梁。本书通过机制模型的方式为具体的 IS 采纳实践提供指导建议，不仅仅提供一个描述性的立场，更多地是针对组织 IS 采纳过程，围绕顾问和关键用户的互动，构建行动者和他们的知识之间的动态关系。了解这些动态关系，可以帮助企业更成功地采纳信息系统。

本书采用系统动力学仿真的主要优点是，它可以帮助研究人员通过调节时间帧（例如几个星期、几个月、几年、几十年）来模拟场域的历史空间变化，从场域的机制结构方面区分结构动态性，从而区分哪些是稳定结构和哪些是不稳定结构。这不仅提高了我们分析场域结构的精确度，更重要的是为存在结构问题的 IS 采纳场域提供了一种优化方案。总体而言，这种分析方法为深入了解 IS 采纳现象背后的应急行为产生机制提供了理论和实证手段。

7.2.3 实践创新

本书把布尔迪厄的实践及其反思性的关系哲学应用到中国近 30 年来的典

型信息系统 MRP II/ERP/ERP II 应用中，对于归纳和提炼中国特色的信息化实践具有理论指导和实践价值。本书构建了符号资本的生成机制和影响机制模型，从模型仿真结果分析来看，企业可以通过分析 IS 采纳的象征行为及象征性需求，对企业行动者的符号资本和象征行为进行动态控制。

综上所述，本书加强了象征信息学对权力和机制研究的不足，使得符号学的行为力量与社会场域的资本力量得到结合。通过把社会学里的实践逻辑引入 IS 实践并与场域资本结合，本书打开了 IS 采纳过程中符号资本的影响黑箱，使得 IS 研究从组织管理学突围到社会学领域，从大资本角度深挖信息系统实施成败产生的根本原因和动力机制，可为组织 IS 采纳的应急策略提供新的理论及指导。

7.3　研究局限

在组织 IS 采纳这个研究领域，已经有很多研究者[142,143,153,155,245]分别从因素研究视角、流程研究视角、社会技术视角以及社会物质性视角进行了研究，获得了很多研究成果，但是采用全新的批判现实主义研究范式、考虑大资本因素影响、针对复杂的跨组织的企业系统环境的研究并不多见。本书尝试从符号资本互动的角度展开 IS 采纳的应急管理机制研究，对 IS 采纳的社会性和符号学研究有借鉴意义。由于研究资源和研究时间有限，研究仍然存在一些缺陷。

（1）本书采用系统动力学方法进行仿真，选取的是一家典型企业的实施过程，模型只选取了该企业 ERP II 三个模块的实施互动过程进行模拟，还有其他模块的互动过程有待研究。

（2）IS 采纳场域中除顾问和关键用户外，还有很多其他角色，模型只考虑了顾问和关键用户互动的情况，而忽略了其他角色的互动；只考虑了两个角色的互动，忽略了两个以上的角色互动时的情况。

（3）系统动力学模型对实际情况进行了抽象，模型考虑的只是一些核心变量，例如只考虑到知识资本和符号资本变量，没有考虑社会资本的影响；简化了一些条件，例如行动者自身的能动性影响没有被考虑在内，从而丢失了一些细节，比如角色的个体差异。

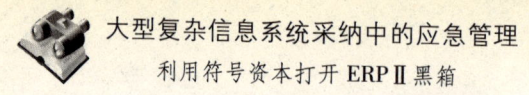
7.4　研究展望

布尔迪厄的理论可以用来很好地解释 ERP II 的案例中存在的难题，为组织 IS 采纳提供一个良好的研究角度。延续本书的研究框架，研究者下一步努力和关注的方向有：

（1）场域类型。IS 领域还存在很多其他类型的场域，除了 IS 采纳场域外，还有 IS 应用场域、IS 研发场域和 IS 价值评估场域等，这些与 IS 相关的场域同样存在很多需要我们探索的问题。

（2）场域中的其他权力关系。IS 采纳场域中，除了顾问和关键用户的关系外，还存在其他行动者的关系有待研究。例如企业管理者与被管理者的关系、顾问和项目组之间的关系等。

（3）场域的其他属性。布尔迪厄为我们提供了很多很好的理论工具，例如区隔、反思、幻象和同源性等概念。我们需要运用这些概念工具对 IS 场域进行更深入的研究和探索。

（4）与其他理论的关系。本研究的研究框架主要来自场域理论和社会物质性理论，但是也离不开其他一些理论的支撑，我们需要更进一步厘清这些理论之间的关系。例如，在我们的研究框架中，ERP II 作为符号资本如何帮助企业与外部的合法性进行趋同是很重要的内容。制度理论认为强制的、模拟的、规范的压力是影响改革被采纳的重要因素。[246] 制度压力对高层管理者参与 ERP II 的引进过程起到积极的作用。然而这些研究都没有指出外部的合法性压力是如何影响 IS 采纳过程中的角色行为及其应急机制的。

以上这些内容将是研究者下一步的努力方向。

7.5　本章小结

本章回顾了本书的所有研究内容，总结了研究结论，指出了研究意义，列出了主要创新点及贡献，并客观分析了研究存在的不足之处，探讨和展望了未来的研究方向，期望能在本书的基础上进一步提升广度和深度。

参考文献

［1］王珂，等. 一天网购 191 亿凸显巨大消费潜力［N］. 人民日报，2012 - 11 - 13：17 版.

［2］Ross J W, Vitale M R. The ERP revolution：surviving vs. thriving［J］. Information systems frontiers. 2000, 2 (2)：233 - 241.

［3］Davenport T H. Putting the enterprise into the enterprise system［J］. Harvard business review. 1998, 76 (4).

［4］O'Leary D E. Enterprise resource planning systems：systems, life cycle, electronic commerce, and risk［M］. Cambridge University Press, 2000.

［5］Markus M L. Conceptual challenges in contemporary IS research［J］. Communications of the AIS. 2000, 3 (1es)：4.

［6］Adams D A, Nelson R R, Todd P A. Perceived usefulness, ease of use, and usage of information technology：a replication［J］. MIS quarterly. 1992：227 - 247.

［7］Perrow C. Organizing to reduce the vulnerabilities of complexity［J］. Journal of contingencies and crisis management. 1999, 7 (3)：150 - 155.

［8］罗纪宁. 创建中国特色管理学的基本问题之管见［J］. 管理学报，2005, 2 (1)：11 - 17.

［9］张瑞敏. 海尔人单合一的管理模式：管理创新与 IT［Z］. http：//wenku. baidu. com/view/86379e7c31b765ce0508142e. html, 2011.

［10］沈建缘. SAP 中国突进［N］. 经济观察报，2012 - 08 - 13 (28).

［11］Davis F D. Perceived usefulness, perceived ease of use, and user acceptance of information technology［J］. MIS quarterly. 1989：319 - 340.

［12］Al - Mashari M. Constructs of process change management in ERP context：A focus on SAP R/3［J］. 2000.

［13］Lyytinen K. The Struggle with the Language in the IT—Why is LAP not in the Mainstream［C］. 2004.

［14］Bhaskar R. A realist theory of science［M］. Taylor & Francis, 1975.

[15] 布尔迪厄, 华康德, 李猛, 等. 实践与反思: 反思社会学导引 [M]. 北京: 中央编译出版社, 1998.

[16] Saunders M N, Saunders M, Lewis P, et al. Research Methods For Business Students, 5/e [M]. Pearson Education India, 2011.

[17] Glaser B G, Strauss A L. The discovery of grounded theory: Strategies for qualitative research [M]. Aldine de Gruyter, 1967.

[18] Repenning N P, Sterman J D. Capability traps and self – confirming attribution errors in the dynamics of process improvement [J]. Administrative Science Quarterly. 2002, 47 (2): 265 – 295.

[19] Sterman J D. Business dynamics: systems thinking and modeling for a complex world [M]. Irwin/McGraw – Hill Boston, 2000.

[20] Georgantzas N C, Katsamakas E G. Information systems research with system dynamics [J]. System Dynamics Review. 2008, 24 (3): 247 – 264.

[21] Law J, Urry J. Enacting the social [J]. Economy and society. 2004, 33 (3): 390 – 410.

[22] 薛华成. 信息管理系统 [M]. 北京: 清华大学出版社, 1999.

[23] Jarvenpaa S L, Ives B. Executive involvement and participation in the management of information technology [J]. MIS quarterly. 1991, 15 (2): 205 – 227.

[24] Ives B, Jarvenpaa S L, Mason R O. Global business drivers: aligning information technology to global business strategy [J]. IBM Systems Journal. 1993, 32 (1): 143 – 161.

[25] Braa K, Rolland K H. Horizontal information systems: Emergent trends and perspectives [M]. Organizational and social perspectives on information technology, Springer, 2000, 83 – 101.

[26] Star S L, Ruhleder K. Steps toward an ecology of infrastructure: Design and access for large information spaces [J]. Information systems research. 1996, 7 (1): 111 – 134.

[27] Hanseth O, Monteiro E. Inscribing behaviour in information infrastructure standards [J]. Accounting, management and information technologies. 1997, 7 (4): 183 – 211.

[28] Rolland K H. Challenging the installed base: deploying a large – scale IS in a Global Organization [C]. Citeseer, 2000.

[29] Robey D, Ross J W, Boudreau M. Learning to implement enterprise systems: an exploratory study of the dialectics of change [J]. Journal of Management Information Systems. 2002, 19 (1): 17 – 46.

[30] Glass R L. Enterprise Resource Planning – Breakthrough and/or Term Problem? [J]. ACM SIGMIS Database. 1998, 29 (2): 13 – 16.

[31] Robey D, Ross J W, Boudreau M. Learning to implement enterprise systems: an explorato-

ry study of the dialectics of change [J]. Journal of Management Information Systems. 2002, 19 (1): 17 –46.

[32] Ashurst C, Doherty N F, Peppard J. Improving the impact of IT development projects: the benefits realization capability model [J]. European Journal of Information Systems. 2008, 17 (4): 352 –370.

[33] Kanaracus C. Gartner: global IT spending growth stable [J]. InfoWorld. 2008.

[34] Hirt S G, Swanson E B. Adopting SAP at siemens power corporation [J]. Journal of Information Technology. 1999, 14 (3): 243 –251.

[35] Hanseth O, Braa K. Hunting for the treasure at the end of the rainbow: standardizing corporate IT infrastructure [J]. Computer Supported Cooperative Work (CSCW). 2001, 10 (3 –4): 261 –292.

[36] Pan S L, Newell S, Huang J, et al. Overcoming knowledge management challenges during ERP implementation: The need to integrate and share different types of knowledge [J]. Journal of the American Society for Information Science and Technology. 2007, 58 (3): 404 –419.

[37] Hanseth O, Braa K. Globalization and "risk society" [J]. From control to drift: the dynamics of corporate information infrastructures. 2000: 41 –55.

[38] Alvarez R. The myth of integration: a case study of an ERP implementation [J]. Enterprise Resource Planning Solutions and Management. Hershey: Idea Group Inc. 2002: 63 –88.

[39] Doll W J, Torkzadeh G. The relationship of MIS steering committees to size of firm and formalization of MIS planning [J]. Communications of the ACM. 1987, 30 (11): 972 –978.

[40] 布尔迪厄, 朱国华. 《区隔: 趣味判断的社会批判》引言 [J]. 文化研究, 2003, 4: 10.

[41] 布尔迪厄, 华康德, 李猛, 等. 实践与反思: 反思社会学导引 [M]. 北京: 中央编译出版社, 1998.

[42] Bourdieu P, Johnson R. The field of cultural production: Essays on art and literature [M]. Columbia University Press, 1993.

[43] Orlikowski W J, Iacono C S. Research Commentary: Desperately Seeking the "IT" in IT Research—A Call to Theorizing the IT Artifact [J]. Information Systems Research. 2001, 12 (2): 121 –134.

[44] Kling R. Critical issues in information systems research [M]. Boland J R J, Hirschheim R A, New York, NY, USA: John Wiley amp; Sons, Inc., 1987: 307 –362.

[45] Walsham G, Symons V, Waema T. Information systems as social systems: Implications for developing countries [J]. Information Technology for Development. 1988, 3 (3): 189 –204.

［46］ Scacchi W. The web of computing: Computer technology as social organization ［J］. Advances in computers. 1982: 21.

［47］ Hirschheim R A. User Experience with and Assessment of Participative Systems Design ［J］. MIS Quarterly. 1985, 9 (4): 295－304.

［48］ Newman M, Robey D. A social process model of user—analyst relationships ［J］. Mis Quarterly. 1992, 16 (2): 249－266.

［49］ Hirschheim R, Klein H K. Realizing Emancipatory Principles in Information Systems Development: The Case for ETHICS ［J］. MIS Quarterly. 1994, 18 (1): 83－109.

［50］ Myers M D. A disaster for everyone to see: an interpretive analysis of a failed IS project ［J］. Accounting, Management and Information Technologies. 1994, 4 (4): 185－201.

［51］ Hirschheim R, Klein H K, Lyytinen K. Exploring the intellectual structures of information systems development: A social action theoretic analysis ［J］. Accounting, Management and Information Technologies. 1996, 6 (1－2): 1－64.

［52］ Lee A S. Researching mis ［M］. Oxford University Press, Oxford, 1999.

［53］ Aakhus M, Jackson S. Technology, interaction, and design ［J］. Handbook of language and social interaction. 2005: 411－436.

［54］ Aakhus M. Communication as design ［J］. Communication Monographs. 2007, 74 (1): 112－117.

［55］ 胡安安, 黄丽华. 基于文化视角的中国企业员工 ERP 系统接受模型 ［J］. 科技进步与对策, 2009, 26 (3).

［56］ Hirschheim R, Newman M. Symbolism and information systems development: myth, metaphor and magic ［J］. Information Systems Research. 1991, 2 (1): 29－62.

［57］ Robey D, Newman M. Sequential patterns in information systems development: an application of a social process model ［J］. ACM Trans. Inf. Syst. 1996, 14 (1): 30－63.

［58］ Kling R. Reading "All About" Computerization: How Genre Conventions Shape Nonfiction Social Analysis ［Z］. The Information Society, 1994: 147－172.

［59］ Latour B. Science in Action: How to Follow Scientists and Engineers through Society ［M］. Harvard University Press, 1987.

［60］ Bijker W H J A. The Social Construction of Technological Systems ［M］. The MIT Press, 1987.

［61］ Bijker W A L J. Shaping Technology/Building Society: Studies in Sociotechnical Change ［M］. The MIT Press, 1992.

［62］ Akrich M. The Description of Technical Change ［J］. Shaping Technology/Building Society. 1992: 204－224.

［63］ Arkrich M A L B. A Summary of a Convenient Vocabulary for the Semiotics of Human and Nonhuman Assemblies ［J］. Shaping Technology/Building Society：150 – 175.

［64］ Giddens A. Central problems in social theory：Action，structure，and contradiction in social analysis ［M］. University of California Press，1979.

［65］ Giddens A. The Constitution of Society ［M］. University of California Press，1984.

［66］ Leonardi P M, Barley S R. Materiality and change：Challenges to building better theory about technology and organizing ［J］. Information and Organization. 2008，18（3）：159 – 176.

［67］ Goldkuhl G, Lyytinen K. A language action view of information systems ［M］. 1982.

［68］ Feldman M S, March J G. Information in organizations as signal and symbol ［J］. Administrative science quarterly. 1981：171 – 186.

［69］ Hosking D M. Chief executives，organising processes，and skill. ［J］. European Review of Applied Psychology/Revue Européenne de Psychologie Appliquée. 1991.

［70］ Bowker G C, Star S L. Sorting things out：classification and its consequences，1999 ［J］. New Baskerville：MIT. 1999.

［71］ Eriksson O,? gerfalk P J. Rethinking the meaning of identifiers in information infrastructures ［J］. Journal of the Association for Information Systems. 2010，11（8）：433 – 454.

［72］ Gray B, Bougon M G, Donnellon A. Organizations as constructions and destructions of meaning ［J］. Journal of management. 1985，11（2）：83 – 98.

［73］ 丁尔苏. 语言的符号性 ［M］. 北京：外语教学与研究出版社，2000.

［74］ David J S, Dunn C L, Mccarthy W E, et al. The research pyramid：A framework for accounting information systems research ［J］. Journal of Information Systems. 1999，13（1）：7 – 30.

［75］ Mcgaughey R E, Gunasekaran A. Evolution of enterprise resource planning ［J］. Enterprise Information Systems：Concepts，Methodologies，Tools and Applications（3 Volumes）. 2010：21.

［76］ Markus M L, Tanis C. The enterprise systems experience – from adoption to success ［J］. Framing the domains of IT research：Glimpsing the future through the past. 2000，173：173 – 207.

［77］ Esteves J, Pastor J. Enterprise resource planning systems research：an annotated bibliography ［J］. Communications of the Association for Information Systems. 2001，7（8）：1 – 52.

［78］ Esteves J, Pastor J. An ERP lifecycle—based research agenda ［C］. 1999.

［79］ Klaus H, Rosemann M, Gable G G. What is ERP? ［J］. Information systems frontiers. 2000，2（2）：141 – 162.

［80］ Davenport T H. Mission critical：realizing the promise of enterprise systems ［M］. Harvard

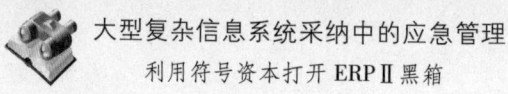
Business Press，2000.

[81] Laudon K C, Laudon J P. Management Information Systems：Organizational and Technology in the Networked Enterprise ［M］. Prentice Hall，1999.

[82] Pawlowski S. Constraints and flexibility in enterprise systems：a dialectic of system and job ［J］. 1999.

[83] Koh S, Gunasekaran A, Cooper J R. The demand for training and consultancy investment in SME – specific ERP systems implementation and operation ［J］. International journal of production economics. 2009, 122（1）：241 – 254.

[84] Ketikidis P H, Koh S, Dimitriadis N, et al. The use of information systems for logistics and supply chain management in South East Europe：current status and future direction ［J］. Omega. 2008, 36（4）：592 – 599.

[85] Robert Jacobs F. Enterprise resource planning（ERP）—A brief history ［J］. Journal of Operations Management. 2007, 25（2）：357 – 363.

[86] Loh T C, Koh S. Critical elements for a successful enterprise resource planning implementation in small – and medium – sized enterprises ［J］. International journal of production research. 2004, 42（17）：3433 – 3455.

[87] Uwizeyemungu S, Raymond L. Integration, flexibility and transversality：essential characteristics of ERP systems ［C］. 2004.

[88] Bond B, Genovese Y, Miklovic D, et al. ERP is dead – Long live ERP II ［J］. Gartner Group, New York, NY. 2000.

[89] Utagikar A. Customer Facing Processes and Customer Experience：A Structured Approach to Developing and Delivering Consistently Superior Customer Experience ［M］. West Conshohocken, PA：Infinity Publishing, 2009.

[90] Norton A L, Coulson – Thomas Y M, Coulson – Thomas C J, et al. Delivering training for highly demanding information systems ［J］. European Journal of Training and Development. 2012, 36（6）：646 – 662.

[91] Koh S, Gunasekaran A, Goodman T. Drivers, barriers and critical success factors for ERP II implementation in supply chains：A critical analysis ［J］. The Journal of Strategic Information Systems. 2011, 20（4）：385 – 402.

[92] Shankarnarayanan S. ERP systems – using IT to gain a competitive advantage ［J］. IT Works – Strategic Information for IT Professionals. 2000.

[93] Hoy P. The Changing Role of MRP II ［J］. Article APICS Magazine, August. 1996, 6（6）.

[94] Weston Jr F D. ERP II：The extended enterprise system ［J］. Business Horizons. 2003,

46 (6): 49 – 55.

[95] Pan S L, Lee J. Using e – CRM for a unified view of the customer [J]. Communications of the ACM. 2003, 46 (4): 95 – 99.

[96] Møller C. ERP Ⅱ: a conceptual framework for next – generation enterprise systems [J]. Journal of Enterprise Information Management. 2005: 483 – 497.

[97] 刘家明. ERP Ⅱ 的应用条件探讨 [J]. 嘉应学院学报, 2007, 25 (1): 55 – 58.

[98] 俞定国. 协同商务环境下的 ERP Ⅱ 分析与设计 [J]. 绍兴文理学院学报, 2007, 27 (8).

[99] 金祖庆. ERP Ⅱ 下的协同商务的功能分析 [D]. 天津大学管理学院, 2007.

[100] 郭文胜, 刘忠, 李里. ERP Ⅱ 研究及行业应用 [J]. 中国制造业信息化, 2004 (9): 79 – 82.

[101] 郭树东, 赵新刚, 肖永青. 基于协同商务的企业资源计划 Ⅱ 体系构建研究 [J]. 北京交通大学学报, 2005 (3): 101 – 105.

[102] Janstal S. Lifecycles for Business Applications and ERP Systems [Z]. Data Research DPU for Evaluation of Information Technology, white paper, http://www.dpu.se/boston_e.html, 2012.

[103] Anderegg T. ERP: AZ implementer's guide for success [M]. Resource Publishing, 2000.

[104] Beheshti H M, Beheshti C M. Improving productivity and firm performance with enterprise resource planning [J]. Enterprise Information Systems. 2010, 4 (4): 445 – 472.

[105] Chang M, Cheung W, Cheng C, et al. Understanding ERP system adoption from the user's perspective [J]. International Journal of Production Economics. 2008, 113 (2): 928 – 942.

[106] Morris M G, Venkatesh V. Job characteristics and job satisfaction: understanding the role of enterprise resource planning system implementation [J]. MIS Quarterly. 2010, 34 (1): 143.

[107] Wilkin C L, Chenhall R H. A review of IT governance: A taxonomy to inform accounting information systems [J]. Journal of Information Systems. 2010, 24 (2): 107 – 146.

[108] Koh S, Gunasekaran A, Rajkumar D. ERP Ⅱ: The involvement, benefits and impediments of collaborative information sharing [J]. International Journal of Production Economics. 2008, 113 (1): 245 – 268.

[109] Loh T C, Koh S, Simpson M. An investigation of the value of becoming an extended enterprise [J]. International Journal of Computer Integrated Manufacturing. 2006, 19 (1): 49 – 58.

[110] Kwahk K, Lee J. The role of readiness for change in ERP implementation: Theoretical bases

and empirical validation [J]. Information & Management. 2008, 45 (7): 474 – 481.

[111] Consulting D. ERP's second wave: maximizing the value of ERP – enabled processes [J]. Deloitte Consulting, New York. 1998.

[112] Ndede – Amadi A A. What strategic alignment, process redesign, enterprise resource planning, and e – commerce have in common: enterprise – wide computing [J]. Business Process Management Journal. 2004, 10 (2): 184 – 199.

[113] Nicolaou A I. Firm performance effects in relation to the implementation and use of enterprise resource planning systems [J]. Journal of Information Systems. 2004, 18 (2): 79 – 105.

[114] Osei Bryson K M, Dong L, Ngwenyama O. Exploring managerial factors affecting ERP implementation: an investigation of the Klein – Sorra model using regression splines [J]. Information Systems Journal. 2008, 18 (5): 499 – 527.

[115] Nicolaou A I. Quality of postimplementation review for enterprise resource planning systems [J]. International Journal of Accounting Information Systems. 2004, 5 (1): 25 – 49.

[116] Ward J, Hemingway C, Daniel E. A framework for addressing the organisational issues of enterprise systems implementation [J]. The Journal of Strategic Information Systems. 2005, 14 (2): 97 – 119.

[117] Robbins – Gioia L. ERP survey results point to need for higher implementation success [Z]. 2002.

[118] Themistocleous M, Irani Z, O Keefe R M. ERP and application integration: exploratory survey [J]. Business Process Management Journal. 2001, 7 (3): 195 – 204.

[119] Mishra A. Achieving Business Benefits from ERP Systems [J]. Enterprise Resource Planning for Global Economies: Managerial Issues and Challenges. 2008: 77.

[120] Shang S, Seddon P B. A comprehensive framework for classifying the benefits of ERP systems [C]. 2000.

[121] Gattiker T F, Goodhue D L. Understanding the plant level costs and benefits of ERP: will the ugly duckling always turn into a swan? [C]. IEEE, 2000.

[122] Stefanou C J. A framework for the ex – ante evaluation of ERP software [J]. European Journal of Information Systems. 2001, 10 (4): 204 – 215.

[123] Williams S P, Schubert P. Benefits of enterprise systems use [C]. IEEE, 2010.

[124] Chand D, Hachey G, Hunton J, et al. A balanced scorecard based framework for assessing the strategic impacts of ERP systems [J]. Computers in industry. 2005, 56 (6): 558 – 572.

[125] O'Grady W. Assessing benefits from ERP systems use [J]. ERP Knowledge Base. 2002.

[126] Halliday M A K, Martin J R. Writing science: Literacy and discursive power [M]. CRC

Press, 1993.

[127] Quiescenti M, Bruccoleri M, La Commare U, et al. Business process – oriented design of enterprise resource planning (ERP) systems for small and medium enterprises [J]. International Journal of Production Research. 2006, 44 (18 – 19): 3797 – 3811.

[128] Volkoff O, Strong D, Elmes M. Between a rock and a hard place: Boundary spanners in an ERP implementation [J]. AMCIS 2002 Proceedings. 2002.

[129] Somers T M, Nelson K G. A taxonomy of players and activities across the ERP project life cycle [J]. Information & Management. 2004, 41 (3): 257 – 278.

[130] 郭斌, 胡辉, 李晨. ERP 应用中组织变革的阻力研究 [J]. 金融经济: 下半月, 2010 (003): 96 – 98.

[131] Léger P. Using a simulation game approach to teach ERP concepts [M]. Montréal: HEC Montréal, Groupe de recherche en systèmes d'information, 2006.

[132] Cronan T P, Douglas D E, Alnuaimi O, et al. Decision making in an integrated business process context: Learning using an erp simulation game [J]. Decision Sciences Journal of Innovative Education. 2011, 9 (2): 227 – 234.

[133] Lucas Jr H, Walton E J, Ginzberg M J. Implementing Packaged Software [J]. Information Systems Working Papers Series, Vol. 1987.

[134] Sandoe K, Saharia A. Enterprise integration [M]. John Wiley & Sons, Inc. , 1999.

[135] Skok W, Legge M. Evaluating enterprise resource planning (ERP) systems using an interpretive approach [J]. Knowledge and Process Management. 2002, 9 (2): 72 – 82.

[136] Hendrickson B, Kolda T G. Graph partitioning models for parallel computing [J]. Parallel Computing. 2000, 26 (12): 1519 – 1534.

[137] T H Davenport L P. Working knowledge: How organizations manage what they know [M]. Harvard Business School Press, 2000.

[138] Sarker S. Toward a methodology for managing information systems implementation: A social constructivist perspective [J]. Informing Science. 2000, 3 (4): 195 – 206.

[139] Kwon T H, Zmud R W. Unifying the fragmented models of information systems implementation [C]. John Wiley & Sons, Inc. , 1987.

[140] Ginzberg M J. A Study of the Implementation Process [M]. TIMS Studies in the Management Sciences, 1979, 85 – 102.

[141] Lucas H C. Why information systems fail [M]. Columbia University Press New York, 1975.

[142] Schultz R L, Ginzberg M J, Lucas Jr H C. A structural model of implementation [J]. 1983.

［143］ Davis F D. A technology acceptance model for empirically testing new end – user information systems: Theory and results ［D］. Massachusetts Institute of Technology, Sloan School of Management, 1985.

［144］ Fishbein M, Ajzen I. Belief, attitude, intention and behavior: An introduction to theory and research ［M］. 1975.

［145］ Ajzen I. The theory of planned behavior ［J］. Organizational behavior and human decision processes. 1991, 50 (2): 179 – 211.

［146］ 王惠芬, 杨丽萍. 从 ERP 到 ERPⅡ 的关键成功因素分析 ［J］. 科技管理研究, 2010, 30 (11): 136 – 138.

［147］ Snider B, Da Silveira G J, Balakrishnan J. ERP implementation at SMEs: analysis of five Canadian cases ［J］. International Journal of Operations & Production Management. 2009, 29 (1): 4 – 29.

［148］ Finney S, Corbett M. ERP implementation: a compilation and analysis of critical success factors ［J］. Business Process Management Journal. 2007, 13 (3): 329 – 347.

［149］ Ginzberg M J. A study of the implementation process ［M］. Columbia University, Graduate School of Business, 1976.

［150］ Galbraith J R. A change process for the introduction of management information systems: a successful case ［J］. TIMS studies in Management Science. 1979, 13: 519 – 533.

［151］ Rogers E M. Diffusion of innovations ［M］. Simon and Schuster, 1995.

［152］ Mcfarlan F W, Mckenney J L, Pyburn P. The information archipelago – plotting a course ［M］. Reprint Service, Harvard business review, 1983.

［153］ Meyer A D, Goes J B. Organizational assimilation of innovations: a multilevel contextual analysis ［J］. Academy of Management Journal. 1988: 897 – 923.

［154］ Kwon T H, Zmud R W. Unifying the fragmented models of information systems implementation ［C］. John Wiley & Sons, Inc. , 1987.

［155］ Leavitt H J, March J G. Applied organizational change in industry: Structural, technological and humanistic approaches ［M］. Carnegie Institute of Technology, Graduate School of Industrial Administration, 1962.

［156］ Orlikowski W J, Scott S V. 10 Sociomateriality: Challenging the Separation of Technology, Work and Organization ［J］. The academy of management annals. 2008, 2 (1): 433 – 474.

［157］ Leonardi P. When flexible routines meet flexible technologies: Affordance, constraint, and the imbrication of human and material agencies ［J］. MIS quarterly. 2011, 35 (1): 147 – 167.

［158］ Central Problems in Social Theory: Action, Structure and Contradiction in Social Analysis

［M］. 1979.

［159］ 孟晓凡，张庆杰. ERP 项目中的咨询服务［J］. CAD/CAM 与制造业信息化，2003 （8）：14.

［160］ Robey D, Boudreau M. Accounting for the contradictory organizational consequences of information technology: Theoretical directions and methodological implications［J］. Information systems research. 1999, 10 （2）：167 –185.

［161］ Barley S R. Technology as an occasion for structuring: Evidence from observations of CT scanners and the social order of radiology departments［J］. Administrative science quarterly. 1986：78 –108.

［162］ Sproull L, Kiesler S. Reducing social context cues: Electronic mail in organizational communication［J］. Management science. 1986, 32 （11）：1492 –1512.

［163］ Orlikowski W J. The duality of technology: Rethinking the concept of technology in organizations［J］. Organization science. 1992, 3 （3）：398 –427.

［164］ 皮埃尔·布尔迪厄，包亚明. 文化资本与社会炼金术：布尔迪厄访谈录［M］. 上海：上海人民出版社，1997.

［165］ 皮埃尔·布尔迪厄，包亚明. 社会空间与象征权力［J］//社会理论的政治分化. 上海：华东师范大学，2005.

［166］ 吴飞. 新闻场与社团组织的权力冲突与对话［J］. 南京社会科学，2010 （004）：90 –97.

［167］ 马燕. 伊斯兰教福利场域与穆斯林和谐社会的构建［J］. 青海民族大学学报：社会科学版，2011 （001）：47 –52.

［168］ 朱彦明. 布尔迪厄的"科学场"观念［J］. 自然辩证法研究，2007 （1）：4.

［169］ 范国英. 论 1978 年以来的文学评奖与文学场逻辑的衍化［J］. 社会科学研究，2012 （4）：193 –202.

［170］ 曾剑斌. 休闲体育场域中"文化资本"理论探析［J］. 体育科学研究，2010, 14 （003）：54 –56.

［171］ 李艳培. 布尔迪厄场域理论研究综述［J］. 决策与信息：财经观察，2008 （6）.

［172］ 皮埃尔·布尔迪厄，蒋梓骅. 实践感［J］. 当代外国文学，2004, 1：1.

［173］ 李克建. 生成结构主义：布尔迪厄的教育社会学研究方法论［J］. 全球教育展望，2010 （2）：7.

［174］ 傅科，Foucault Michel, 哈伯马斯，等. 激进的美学锋芒［M］. 北京：中国人民大学出版社，2003.

［175］ Swartz D. Culture and power: The sociology of Pierre Bourdieu［M］. University of Chicago Press, 1997：74.

［176］ 赵一凡. 象征权力［J］. 外国文学，2010 （1）：102 –111.

[177] 李占伟. 布尔迪厄文艺思想研究 [D]. 山东师范大学, 2011.

[178] 皮埃尔·布尔迪厄. 帕斯卡尔式的沉思 [M]. 北京: 生活·读书·新知三联书店, 2009.

[179] 斯沃茨, 陶东风. 文化与权力: 布尔迪厄的社会学 [M]. 上海: 上海译文出版社, 2006.

[180] Bourdieu P. The Logic of Practice, trans [J]. R. Nice. Cambridge: Polity. 1990.

[181] Bourdieu P, Thompson J B. Language and symbolic power [M]. Harvard University Press, 1991.

[182] Bourdieu P. Outline of a Theory of Practice [M]. Cambridge University Press, 1977.

[183] 侯钧生. 西方社会学理论教程 [M]. 天津: 南开大学出版社, 2006.

[184] 高宣扬. 布尔迪厄的社会理论 [M]. 上海: 同济大学出版社, 2004.

[185] 李末子. 从资本符号看资本文明的演进逻辑及其发展趋势——马克思资本批判思想的当代反思与深化 [J]. 上海交通大学学报: 哲学社会科学版, 2010 (003): 75 – 82.

[186] 杜旌. 知识员工工作测量方法认可度实证研究 [J]. 科研管理, 2005, 26 (1): 29 – 35.

[187] 王屯, 闫广芬. 符号资本在大学社会评价中的作用探析 [J]. 教育科学文摘, 2010, 29 (006): 74 – 75.

[188] Ge 伦斯基 Lenski, 关信平. 权力与特权: 社会分层的理论 [M]. 杭州: 浙江人民出版社, 1988.

[189] Treiman D J. A standard occupational prestige scale for use with historical data [J]. The Journal of Interdisciplinary History. 1976, 7 (2): 283 – 304.

[190] Grasmick H G. The occupational prestige structure: a multidimensional scaling approach [J]. The Sociological Quarterly. 1976, 17 (1): 90 – 108.

[191] 李春玲. 当代中国社会的声望分层——职业声望与社会经济地位指数测量 [J]. 社会学研究, 2005 (2): 74 – 102.

[192] Bourdieu P, Wacquant L J. An invitation to reflexive sociology [M]. University of Chicago Press, 1992.

[193] Foucault M. Discipline and Punish: The Birth of the Prison (Vintage, New York) [J]. 1979.

[194] Orlikowski W J. Using technology and constituting structures: A practice lens for studying technology in organizations [J]. Organization science. 2000, 11 (4): 404 – 428.

[195] Giddens A. The constitution of society: Outline of the theory of structuration [M]. Univ of California Press, 1984.

[196] Bourdieu P, Passeron J. Reproduction in education, society and culture [M]. SAGE publications Limited, 1990.

［197］Dobson P J. The philosophy of critical realism—an opportunity for information systems research ［J］. Information Systems Frontiers. 2001, 3 (2): 199 – 210.

［198］Klein H K. Seeking the new and the critical in critical realism: déjà vu? ［J］. Information and organization. 2004, 14 (2): 123 – 144.

［199］Mingers J. Critical realism and information systems: brief responses to Monod and Klein ［J］. Information and organization. 2004, 14 (2): 145 – 153.

［200］Mingers J. Real – izing information systems: critical realism as an underpinning philosophy for information systems ［J］. Information and organization. 2004, 14 (2): 87 – 103.

［201］Mingers J, Walsham G. Toward ethical information systems: the contribution of discourse ethics ［J］. MIS Quarterly. 2010, 34 (4): 833 – 854.

［202］Mutch A. Critical realism, managers and information ［J］. British Journal of Management. 1999, 10 (4): 323 – 333.

［203］Bygstad B. Generative mechanisms for innovation in information infrastructures ［J］. Information and Organization. 2010, 20 (3): 156 – 168.

［204］Hevner A R, March S T, Park J, et al. Design science in information systems research ［J］. MIS quarterly. 2004, 28 (1): 75 – 105.

［205］Smith M L. Overcoming theory – practice inconsistencies: Critical realism and information systems research ［J］. Information and organization. 2006, 16 (3): 191 – 211.

［206］Mutch A. Technology, organization, and structure—a morphogenetic approach ［J］. Organization Science. 2010, 21 (2): 507 – 520.

［207］Reimers K, Johnston R B. The use of an explicitly theory – driven data coding method for high – level theory testing in IOIS ［C］. 2008.

［208］Faulkner P, Runde J. On the identity of technological objects and user innovations in function ［J］. Academy of Management Review. 2009, 34 (3): 442 – 462.

［209］Volkoff O, Strong D M, Elmes M B. Technological embeddedness and organizational change ［J］. Organization Science. 2007, 18 (5): 832 – 848.

［210］Wynn Jr D E, Williams C K. Critical realm – based explanatory case study research in information systems ［J］. 2008.

［211］Zachariadis M, Scott S V. Diversity in IS research: developing a mixed methodology approach to understanding the business value of payment system innovation in financial services ［J］. 2007.

［212］Bhaskar R. The Possibility of Naturalism: A Philosophical Critique of the Contemporary Human Sciences (Critical Realism—Interventions) ［J］. 1998.

［213］任晓明，赵华. 批判实在论的因果机制思想探析 ［J］. 自然辩证法研究，2009

(9)：39－43.

［214］Hedström P, Swedberg R. Social mechanisms：An analytical approach to social theory ［M］. Cambridge University Press, 1998.

［215］潘淑满. 质性研究理论与应用［M］. 台湾：心理出版社，2003.

［216］Habermas J. Science and technology as ideology［J］. Towards a rational society. 1971.

［217］Archer M S. Realist social theory：The morphogenetic approach［M］. Cambridge University Press，1995.

［218］Mingers J. Combining IS research methods：towards a pluralist methodology［J］. Information systems research. 2001, 12（3）：240－259.

［219］Orlikowski W J, Baroudi J J. Studying information technology in organizations：Research approaches and assumptions［J］. Information systems research. 1991, 2（1）：1－28.

［220］Nandhakumar J, Jones M. Too close for comfort? Distance and engagement in interpretive information systems research［J］. Information Systems Journal. 1997, 7（2）：109－131.

［221］Robey D. Research commentary：diversity in information systems research：threat, promise, and responsibility［J］. Information Systems Research. 1996, 7（4）：400－408.

［222］Landry M, Banville C. A disciplined methodological pluralism for MIS research［J］. Accounting, Management and Information Technologies. 1992, 2（2）：77－97.

［223］Strauss A L. Qualitative analysis for social scientists［M］. Cambridge University Press, 1987.

［224］凯西，卡麦兹. 建构扎根理论：质性研究实践指南［M］. 重庆：重庆大学出版社，2009.

［225］徐宗国. 扎根理论研究法：渊源，原则，技术与意义［J］. 香港社会科学学报，1997（4）：194－221.

［226］齐力，林本炫. 质性研究方法与资料分析［M］. 台湾：高雄复文图书出版社，2003.

［227］Corbin J M, Strauss A. Grounded theory research：Procedures, canons, and evaluative criteria［J］. Qualitative sociology. 1990, 13（1）：3－21.

［228］Creswell J W. Qualitative inquiry and research design：Choosing among five approaches ［M］. SAGE Publications, Incorporated, 1998.

［229］安艳芳. 定性资料计算机分析软件 NVivo 应用解析［J］. 中国科技信息，2012（5）：33.

［230］Vensim P. Ventana Systems, Inc［J］. Avaiable at：http：//www. vensim. com. 2013.

［231］胡安安，黄丽华. 基于文化视角的中国企业员工 ERP 系统接受模型［J］. 科技进步与对策，2009，26（3）.

［232］Brown A D. Politics, symbolic action and myth making in pursuit of legitimacy［J］. Organization studies. 1994, 15（6）: 861 – 878.

［233］Bourdieu P, Clough L C. The state nobility: Elite schools in the field of power［M］. Stanford University Press（Stanford, Calif）, 1996.

［234］用友学院. 用友管理软件学院简介. http://www.bjufu.com.cn/adout/aduot.htm［Z］. 2013.

［235］Heath H, Cowley S. Developing a grounded theory approach: a comparison of Glaser and Strauss［J］. International journal of nursing studies. 2004, 41（2）: 141 – 150.

［236］Berger P, Luckmann T. The social construction of knowledge: A treatise in the sociology of knowledge［M］. Garden City, NY: Doubleday, 1966.

［237］Weick K E, Sutcliffe K M, Obstfeld D. Organizing and the process of sensemaking［J］. Organization science. 2005, 16（4）: 409 – 421.

［238］Black L J, Carlile P R, Repenning N P. A dynamic theory of expertise and occupational boundaries in new technology implementation: Building on Barley's study of CT scanning［J］. Administrative Science Quarterly. 2004, 49（4）: 572 – 607.

［239］李焕荣, 张晓芹. 基于系统动力学的知识团队绩效管理研究［J］. 科技进步与对策, 2007, 24（5）: 177 – 179.

［240］Li X, Madnick S E. Understanding the Organizational Traps in Implementing Net – Centric Systems［J］. 2011 Progress Report: Research on Understanding the Challenges to Net – Centric Systems and Mitigating Approaches. 2012: 7.

［241］Garfinkel H. Studies in ethnomethodology［M］. Englewood Cliffs NJ, 1967.

［242］Piaget J, Chomsky N. Opening the debate［J］. Language and learning: the debate between Jean Piaget and Noam Chomsky. Harvard University Press, Cambridge. 1980: 23 – 34.

［243］皮埃尔・布尔迪厄, 刘成富, 张艳. 科学的社会用途: 写给科学场的临床社会学［M］. 南京: 南京大学出版社, 2005.

［244］Bourdieu P. The field of cultural production, or: The economic world reversed［J］. Poetics. 1983, 12（4）: 311 – 356.

［245］Leonardi P M. Organizing technology: Toward a theory of socio – material imbrication［D］. Stanford University, 2007.

［246］Dimaggio P J, Powell W W. The iron cage revisited: Institutional isomorphism and collective rationality in organizational fields［J］. American sociological review. 1983: 147 – 160.